VICENTE LOMBARDO TOLEDANO

El maestro Lombardo Toledano con Martín Tavira Urióstegui, en 1956, en la ciudad de Morelia, Michoacán (fotografía propiedad del compilador)

VICENTE LOMBARDO TOLEDANO

TOLEDANO

Acción y pensamiento

Estudio introductorio y selección de
MARTÍN TAVIRA URIÓSTEGUI

FONDO DE CULTURA ECONÓMICA

MÉXICO

Primera edicíón en español, 1999

Portada: Vicente Lombardo Toledano, 1952, montaje basado en una fotografía tomada del libro *Vicente Lombardo Toledano. Campaña presidencial de 1952*, vol. 2, CEFPSVLT, México, 1997. Las fotografías que aparecen en las páginas 14, 102, 201 y 268 proceden de la misma fuente.

D. R. © 1999, Fondo de Cultura Económica
Carretera Picacho-Ajusco, 227; 14200 México, D. F.

ISBN 968-16-5783-7

Impreso en México

A mis nietos
RICARDO, ERIK, ALAN RAÚL, ITZEL y VLADIMIR

AGRADECIMIENTOS

Expreso mi reconocimiento a las instituciones que me ayudaron para que este trabajo pudiera salir adelante. Al Centro de Estudios Filosóficos, Políticos y Sociales Vicente Lombardo Toledano, cuya directora, maestra Marcela Lombardo Toledano, me permitió el acceso al fondo documental. A la Universidad Michoacana de San Nicolás de Hidalgo —mi casa de estudios—, que me permitió distribuir las molestias en varias de sus dependencias: la Secretaría Auxiliar, la de Planeación y la de Servicio Social; así como la Escuela de Historia y el Instituto de Investigaciones Históricas, el cual cargó con el mayor peso de mis errores y rectificaciones y puso en mis manos el volumen completo.

PREÁMBULO

La historia, como proceso de cambio social, está bordada de pasiones. Sus protagonistas han dado sus ideas, su sacrificio y su propia vida por ideales que muchas veces no alcanzan a ver realizados. Pero la historia, entendida como ciencia, también está tejida de pasiones, porque quienes investigan y escriben acerca de acontecimientos y personalidades no pueden ser indiferentes ante el drama de los pueblos. Por eso consideramos que los historiadores no pueden ser neutrales. Sus simpatías o sus antipatías pueden desbordarse en cada línea que redactan. Cada tratadista tiene una visión del pasado en función de cómo avizora el porvenir. Parafraseando a Lombardo Toledano, diríamos que el pasado no siempre tiene que guardarse en los archivos, porque ese pasado puede tener vida en el presente y ser catapulta para los combates del futuro.

Claro, la pasión del historiador no debe oscurecer el conocimiento. La objetividad debe ser siempre su norte. El criterio de la verdad debe sustentarse en hechos reales, no inventados, sujetos a la prueba suficiente. Las hipótesis planteadas, como en todas las ciencias, han de sufrir el fuego de la demostración. Lo importante no es que la búsqueda de la verdad en la historia esté despojada de "partidismos filosóficos", sino cuál de ellos es el mejor camino para encontrarla.

Vicente Lombardo Toledano despertó en su tiempo pasiones encontradas y las sigue despertando el día de hoy. Fue una personalidad combativa y combatida por quienes han navegado a contrapelo de la historia. Sin embargo, nadie puede negar la riqueza de su talento y la influencia que ha tenido en el proceso revolucionario de México.

Nosotros guardamos admiración y gratitud por quien tanto nos enseñó. Durante 16 años —desde su campaña a la Presidencia de la República en 1952 hasta su muerte en 1968— tuvimos el honor de estar cerca de él por nuestra militancia política y por nuestro humilde quehacer universitario. Nos hemos esforzado por estudiarlo, pero una vida no alcanza para abordar las diversas facetas

11

de un mexicano universal. Nos asomamos a su obra teórica y práctica con el temor siempre de errar el camino. Un simple estudio introductorio nos plantea un universo de problemas: ¿Por dónde empezar y en dónde terminar? ¿Cómo armar una antología ante miles de cuartillas sobre una compleja red de temas? Tal vez se nos reproche el no haber hecho una buena selección de trabajos relativos a los aspectos más relevantes de su pensamiento. Pero, ¿cuáles son los mejores?

Ahí están los retos. ¿Cuándo se escribirá la Biografía —así con mayúscula— de Vicente Lombardo Toledano?

M. T. U.

Julio de 1998

PRIMERA PARTE

ESTUDIO INTRODUCTORIO

Conferencia de Lombardo Toledano sobre Leonardo da Vinci en el Colegio de San Nicolás de la Universidad Michoacana de San Nicolás de Hidalgo, junio de 1952

I. LOMBARDO Y SUS CIRCUNSTANCIAS

Diría Perogrullo que toda personalidad de la historia es hija de su tiempo. Sin embargo, esta expresión tiene un rico contenido, el cual hay que explicar para poder entender la dimensión de la obra y el pensamiento de un hombre.

Los protagonistas fundamentales del devenir social llevan siempre en su ser algunos de los rasgos inconfundibles del pueblo que los engendró. El paisaje variopinto de la economía, de las contradicciones sociales y políticas y de las manifestaciones esenciales de la cultura transmite a los hombres ideas e ideales que los impulsan a enfrentarse a la realidad. Con el arsenal que ella misma les dio, combaten para transformarla.

Lejos estamos del pensamiento de un Carlyle o de un Nietzsche. No compartimos la tesis de que son los grandes hombres —los superhombres— los que arrastran a una sociedad pasiva por el plano inclinado de la historia. Son los pueblos "los arquitectos de su propio destino", si se nos permite parafrasear al poeta, y los hombres notables influyen en la medida en que son capaces de interpretar el sentido de los anhelos de una sociedad que quiere avanzar y en que saben desbrozar el camino.

Algunas veces corre de boca en boca una frase que pretende ser mágica: "hace falta un líder que venga a poner las cosas en su lugar". Pero es que los conductores están dentro de la necesidad social. Cuando las condiciones han madurado para un cambio, forzosamente surgen los dirigentes, de una u otra estatura, según las circunstancias. Así ha sido la experiencia mexicana y la de los demás pueblos de la Tierra. La Independencia, la Reforma y la Revolución mexicana estuvieron en el aire mientras el pueblo no encontró la coyuntura para el estallido, es decir, las condiciones objetivas y subjetivas. Cuando el momento llegó, aparecieron los conductores. Ésta es la ley de la historia.

Moría el siglo XIX cuando nació Vicente Lombardo Toledano. El régimen porfirista apenas llegaba a la juventud con sus casi dos décadas de existencia. En el escenario del mundo un fenómeno irrumpía dentro del proceso de desarrollo capitalista: las grandes potencias llegaban a la etapa de la exportación de sus recursos financieros para explotar a los países débiles en sus riquezas materiales y en sus recursos humanos; pero también para avasallarlos en lo político.

Por un venturoso azar —una casualidad histórica—, los destinos de México y de Vicente Lombardo Toledano corren paralelos. Tenía 18 años de existencia el régimen porfirista cuando Puebla vio nacer a su ilustre hijo. Perecía un siglo y nacía un hombre que se había de hermanar con el siglo siguiente. Cuando el Porfiriato se afianzaba y adquiría su sello propio, Lombardo apenas hacía sus primeras letras, sin tener conciencia cabal del terreno que pisaba. Cuando despertaba a la adolescencia, estallaba la Revolución mexicana. Entonces "comencé a pensar en México", como él solía decirlo. Sus estudios universitarios los realizaba cuando nuestro suelo se anegaba de sangre en un movimiento social que produjo alrededor de un millón de muertos. Terminaba sus carreras —derecho y filosofía— en 1918, un año después de promulgada la Carta de Querétaro, en la que se estampaba el programa revolucionario y con la cual terminaba formalmente la etapa armada de nuestro movimiento social.

También Lombardo Toledano concluía una etapa de sus estudios en las aulas, aunque su formación ideológica y política se habría de prolongar por lo menos una década más. Pero ya había hecho sus armas para participar en otras batallas, ya no sangrientas sino de enormes responsabilidades para construir un nuevo Estado, una nueva sociedad, con inteligencia y sabiduría.

1. *El escenario internacional.* Hacia fines del siglo XIX, como lo hemos dicho, el sistema capitalista llegaba a la etapa imperialista, girando alrededor de dos ejes: los Estados Unidos e Inglaterra. Una consecuencia natural de la expansión imperialista tenía que ser la distribución de áreas de influencia de los monopolios internacionales y el reparto del mundo subdesarrollado entre las potencias hegemónicas.

Las etapas más relevantes de la Revolución mexicana, especialmente el periodo de la Revolución constitucionalista, habrían de ser más o menos coetáneas de acontecimientos que cambiarían la faz del mundo. El 26 de marzo de 1913 se firma el Plan de Guadalupe.

Diescisiete meses después —el 15 de agosto de 1914— entran las fuerzas constitucionalistas en la ciudad de México, comandadas por Álvaro Obregón. Claro que quedan conflictos pendientes en el seno de la Revolución —la lucha de facciones les llama Jesús Silva Herzog, lucha de clases les llamaríamos nosotros—, antagonismos entre Carranza y Zapata y entre el Varón de Cuatro Ciénegas y Villa, que se decidieron en choques sangrientos. El 1º de diciembre de 1916 se reúne el Congreso Constituyente en Querétaro. El 31 de enero de 1917 concluye sus trabajos. La nueva Carta Política es promulgada el 5 de febrero de este mismo año.

El 28 de julio de 1914 Austria le declara la guerra a Serbia. Cuatro años y cuatro meses después —11 de noviembre de 1918— se firma el armisticio de Compiègne entre Alemania y los Estados aliados, y el 28 de junio del año siguiente se documenta la llamada Paz de Versalles. La Rusia soviética, por necesidades de una estrategia revolucionaria, se había visto obligada a firmar el Tratado de Brest-Litovsk el 3 de marzo de 1918. Ésta fue la primera Guerra Mundial. La primera gran contienda interimperialista por un nuevo reparto del mundo. Alemania había llegado tarde al capitalismo y, por ende, a la etapa imperialista, bajo la dirección de los magnates de los poderosos consorcios de la industria, del comercio y de la banca. "De este modo se inicia la expansión hacia afuera del imperio que busca sus mercados propios. El imperio que quiere su mundo colonial también."[1]

En la vieja Rusia de los zares soplan los vientos que anuncian el vendaval de un salto histórico. En 1905 se da el "ensayo general". En 1917 estalla primero la Revolución de febrero, que derroca a Nicolás II; después —7 de noviembre o 25 de octubre en el viejo calendario— la Revolución socialista de octubre. Con ella cambia de fisonomía el panorama internacional y una nueva correlación de fuerzas hace su aparición: el mundo bipolar con toda su secuela de contradicciones, que habría de caracterizar la historia de la humanidad por más de siete décadas.

2. *La estructura económico-social de México.* Vicente Lombardo Toledano considera que para desentrañar las causas de la Revolución mexicana hay que tomar en cuenta tres premisas: el régimen eco-

---

[1] Vicente Lombardo Toledano, *El neonazismo, sus características y peligros*, Ediciones de la Facultad de Ciencias Políticas y Sociales, UNAM, México, 1960, pp. 25-26.

nómico impuesto por el coloniaje español; las supervivencias de las relaciones feudal-esclavistas de producción heredadas de las tres centurias de sometimiento, con las modalidades naturales surgidas después de la emancipación política del país, y "la intervención del imperialismo extranjero en la vida doméstica de México a partir de la segunda mitad del siglo xix".[2]

La estructura económico-social durante el Porfiriato descansaba en la concentración de la tierra en pocas manos. "El 1% de la población era propietaria del 95% del territorio nacional. A los pequeños propietarios correspondía el 2% de la propiedad rústica y a los pueblos y comunidades sólo el 1%, a pesar de que estos tres sectores de la sociedad constituían el 96% de la población dedicada a la agricultura."[3] Las haciendas encadenaban al campesinado a través de la famosa tienda de raya. Esta situación provocaba diversas formas de servidumbre, que sería largo enumerar. Así, tenía que aflorar la primera aguda contradicción entre las masas rurales y la clase terrateniente. Dentro del concepto de "masas rurales" tal vez sea permitido incluir a los pequeños y medianos propietarios —pequeña burguesía del campo—, que sufrió despojos y toda clase de exacciones por parte de los latifundistas.

Por otra parte, al latifundismo lo caracterizaba una producción consuntiva; es decir, la existencia de centros y regiones de autoconsumo. En una situación así tenía que sucumbir una población de un bajísimo poder de compra por su pobreza y miseria extremas. Estos factores, como es natural, tenían que impedir la formación de un mercado nacional que impulsara la ampliación del comercio interior y la producción industrial. Estas condiciones del latifundismo tenían que provocar una segunda contradicción: la que se daba entre los señores de la tierra por un lado, y la de diversos sectores de la burguesía industrial y mercantil por el otro.

La política porfirista en materia agraria no tan sólo favoreció el latifundismo nacional sino también el capital extranjero. Las normas dictadas por el régimen tendían a la disolución de las comunidades indígenas y a la desaparición de las propiedades de los pueblos con el fin de hartar a los nuevos terratenientes. La legis-

[2] Vicente Lombardo Toledano, *La Revolución mexicana*, t. II, 1921-1967, Instituto de Estudios Históricos de la Revolución Mexicana, México, 1988, p. 307.

[3] Vicente Lombardo Toledano, "Carta a la juventud sobre la Revolución mexicana", en la recopilación *La juventud en México y en el mundo*, Ediciones de la Juventud Popular Socialista, México, 1980, p. 143.

lación porfirista despojó a los pueblos y comunidades indígenas de las aguas de uso colectivo para entregárselas a los particulares, especialmente extranjeros, con el pretexto de destinarlas a la "agricultura moderna" y a fines industriales. Esto explica la prolongada guerra en el noroeste del país contra los yaquis y los mayos, que se resistieron al despojo de sus aguas y tierras y fueron llevados como esclavos a Yucatán. Igual origen tienen otras sublevaciones en diversos estados de la República, como Veracruz, Chiapas, Yucatán, etcétera.

En la frontera norte, varias compañías norteamericanas se apoderaron de grandes extensiones de tierra. Además, dentro de este cuadro de la penetración de los capitales extranjeros a nuestro país, tenemos que referirnos al hecho de lo que podríamos llamar el neocolonialismo: "En menos de medio siglo los monopolios norteamericanos y británicos, principalmente, invierten parte considerable de sus recursos en México. En los ferrocarriles, en la industria minero-metalúrgica, en las fundiciones, en la industria textil, en la industria petrolera".[4] La industria textil pertenecía a capitales españoles y franceses.

Por lo que respecta al subsuelo, la legislación porfirista —1884, 1887 y 1892— echaba abajo la tradición que venía desde la Colonia —las Ordenanzas de Aranjuez— de que ese patrimonio pertenecía a la nación —a la corona decían las normas de la península—. Por esa ancha vía llena de franquicias y privilegios —propiedad absoluta del subsuelo, exención de impuestos, tolerancia y protección a los abusos para el despojo de tierras—, los magnates extranjeros se fueron adueñando de nuestra riqueza petrolera. Dos poderosos monopolios petroleros que se expandían ya por todo el mundo enterraron sus puntales en un recurso natural que habría de cambiar la faz de la tierra y habría de ser factor de dominio imperialista: la Standard Oil Company, de los Estados Unidos, y la Royal Dutch Shell Company, de Inglaterra y Holanda.

Uno de los nudos que nos atan al dominio imperial era el de la deuda externa, la cual ascendía en 1910 a 823 millones de pesos y cuyo pago estaba garantizado con el 62% de los impuestos de las aduanas. La banca estaba en manos de capitales franceses, ingleses, españoles y norteamericanos, estos últimos dedicados "a controlar

---

[4] Vicente Lombardo Toledano, *La Revolución mexicana, op. cit.*, p. 315.

los bancos hipotecarios".[5] Por lo que respecta al comercio exterior, ya para 1910 nuestra dependencia de los Estados Unidos era innegable: el 60% de nuestras importaciones provenían de este país, y el 77% de nuestras exportaciones iban hacia la potencia norteña. Nuestra balanza comercial era favorable sólo en el terreno de las ilusiones, porque "hay que tomar en cuenta que tanto las empresas que vendían a los norteamericanos eran norteamericanas en territorio mexicano, y las compañías que compraban en los Estados Unidos eran en buena parte empresas yanquis en nuestro propio país".[6]

En resumen, la industria primaria y la manufacturera pertenecían a las inversiones extranjeras. "De 1892 a 1907, contra una inversión total de 591 millones de pesos de los capitales mexicanos en la economía nacional, había 1 317 millones de pesos de empresas extranjeras, de los cuales 711 millones eran norteamericanos."[7]

Para 1910, "se calculaba que el valor de la riqueza total de México —cálculo de los norteamericanos— ascendía a 2 434 millones de dólares. Las inversiones extranjeras ascendían a 1 699 millones de dólares, más de la mitad de la riqueza total de México. Y de esa suma de 1 699 millones, 1 378 correspondían a las inversiones norteamericanas y 321 millones a las inversiones británicas".[8] Así pues, "México era una colonia económica de las grandes potencias imperialistas".[9] De este hecho se desprende otra contradicción más —la tercera—, que se daba "entre los intereses de la nación y el capital extranjero invertido en el país".[10] En otros términos, era la contradicción entre la nación mexicana y el imperialismo.[11]

No podemos olvidarnos de la naciente clase obrera, a pesar de que era numéricamente débil, con apenas 200 000 miembros. Ella carecía de todo derecho, sin posibilidad legal de organizarse y de exigir, sin normas protectoras en su defensa y sin mejoramiento en los diversos órdenes de su vida. Las relaciones obrero-patronales se regían por el derecho civil, y la huelga estaba considerada por el código penal

---

[5] *Ibidem*, p. 317.
[6] *Ibidem*, p. 318.
[7] Vicente Lombardo Toledano, "Carta a la juventud sobre la Revolución mexicana", *op. cit.*, p. 145.
[8] Vicente Lombardo Toledano, *La Revolución mexicana, op. cit.*, p. 318.
[9] Martín Tavira Urióstegui, *Vicente Lombardo Toledano, rasgos de su lucha proletaria*, coed. Publicaciones Mexicanas y Partido Popular Socialista, México, 1990, p. 15.
[10] Vicente Lombardo Toledano, *La Revolución mexicana, op. cit.*, p. 313.
[11] Vicente Lombardo Toledano, *La situación política de México con motivo del conflicto ferrocarrilero*, Ediciones del Partido Popular, México, 1959, pp. 3-4.

vigente como un delito contra la libertad de industria y de comercio. De modo que hay que reconocer la cuarta contradicción entre esa clase trabajadora y la burguesía, pugna que no se quedó en el alegato puramente verbal, sino que saltó al campo de la huelga, desafiando todos los resortes políticos y militares de la dictadura.

Entre la intelectualidad había un sector europeizante que seguía las corrientes del pensamiento que estaban de moda en el Viejo Continente. Pero había otro sector de intelectuales ligados a la clase obrera y que influían en ella con la ideología anarcosindicalista. Éstos fueron los intelectuales que fecundaron y propagaron las ideas y los ideales del Partido Liberal Mexicano a partir de 1906. Esta intelectualidad radical habría de entrar en choque —quinta contradicción— tanto con la clase terrateniente como con la burguesía, así como con el régimen dictatorial.

Recordemos que Porfirio Díaz se rebeló primero contra Benito Juárez y después contra Sebastián Lerdo de Tejada, enarbolando la bandera de la democracia y de la no reelección. Pero al hacerse con el poder al derrocar a Lerdo en 1876, comenzó a negar en la práctica sus prédicas estampadas en el Plan de la Noria y en el Plan de Tuxtepec. Durante sus más de 30 años de autocracia, pisoteó los principios del régimen republicano y federal, los derechos del hombre y el respeto a la voluntad popular; llenó las cárceles de presos políticos y reprimió con sangre toda manifestación de inconformidad. Por eso tenía que surgir la sexta contradicción entre las fuerzas democráticas y las distintas expresiones del gobierno de la tiranía tuxtepecana.

Es muy interesante seguir las tesis de Vicente Lombardo Toledano —como lo hemos venido haciendo— sobre las causas, las características y los objetivos de la Revolución mexicana, porque precisamente la visión que tuvo respecto de esta eclosión social explica su posición política y la línea estratégica y táctica que concibió y aplicó, como lo veremos más adelante.

Para el ilustre dirigente y pensador poblano, la fuerza que apuntalaba al régimen porfirista era una alianza entre el sector de los latifundistas conservadores con mentalidad feudal y los monopolios extranjeros. Esta alianza produjo dos consecuencias: trabó el desarrollo capitalista en nuestro país y frenó el ascenso de una burguesía nacional que estaba ya surgiendo.[12]

---

[12] Vicente Lombardo Toledano, *La Revolución mexicana, op. cit.*, p. 318.

Como sucede en todo movimiento revolucionario auténtico, son las masas populares —los trabajadores del campo y de la ciudad— las protagonistas esenciales. Los primeros levantamientos anunciando el estallido de 1910 fueron obra de los campesinos con sus rebeliones armadas y los obreros con sus huelgas, como las de Cananea y Río Blanco. Pero estos prolegómenos habrían de agitar la conciencia de otros sectores que se incorporarían posteriormente a la lucha.

Si bien no había una burguesía industrial vigorosa decidida a combatir contra sus enemigos naturales —monopolios extranjeros y terratenientes conservadores— sí existía una burguesía rural, principalmente en el norte del país, que desarrollaba una agricultura moderna, productora también de materias primas para la industria y con vínculos en la metalurgia y en la manufactura, cuyos intereses chocaban abiertamente con los capitales foráneos y con una agricultura atrasada. Estaba constituida por terratenientes aburguesados —como les llama el maestro Lombardo— de tendencia progresista, entre los cuales habrían de surgir caudillos de primera línea, como Venustiano Carranza y Francisco I. Madero.[13]

Pero también dentro de la pequeña burguesía del campo y de la ciudad y en las filas de la intelectualidad de ideas radicales habrían de emerger a la palestra revolucionaria personalidades que le darían tono ideológico y programa avanzado a la Revolución.

Este breve análisis nos conduce a precisar que la Revolución mexicana debería apuntar sus baterías hacia tres objetivos fundamentales: la destrucción del latifundismo, con toda su secuela de relaciones semifeudales; la reivindicación de las riquezas nacionales en poder de los monopolios extranjeros, y la instauración de un régimen democrático. Por tanto, nuestro movimiento social de 1910-1917 se habría de caracterizar por ser antifeudal, antimperialista y democrático, como lo explicó en diversos trabajos el propio Lombardo Toledano. Una revolución democrático-burguesa, pero distinta de las europeas de los siglos XVII y XVIII, porque la nuestra no combatió sólo hacia el interior del país, sino que tuvo que enfrentarse a los enclaves que el imperialismo tenía en nuestro territorio. Revolución que tuvo lugar en un país semifeudal y semicolonial y en una etapa de grandes acontecimientos internacionales: la primera guerra interimperialista y la primera revolución socialista.[14]

[13] *Ibidem*, p. 319.
[14] *Ibidem*, pp. 319-320.

II. EL PANORAMA DE LAS IDEAS

Es INTERESANTE conocer un poco el legado cultural que Lombardo Toledano recogió de las aulas universitarias, y de todo el ambiente ideológico que nutrió su conciencia juvenil, para poder entender varias cosas: sus primeros pasos en la lucha política y sindical, sus primeros trabajos teóricos y el salto que dio de la filosofía espiritualista al materialismo dialéctico.

Dentro del escenario de la cultura deben destacarse las ideas filosóficas, que ubican al hombre en su vida y en su mundo y le conforman una personalidad que se enfrenta a su momento histórico. La filosofía, "como síntesis y remate del conocimiento y la cultura",[1] forja en el pensamiento de las generaciones principios que las guían por los senderos de la práctica política o de la batalla de las ideas. Por eso es importante conocer a Lombardo en las "circunstancias filosóficas" de sus años estudiantiles y un poco más allá de los recintos universitarios.

Con el triunfo de la Reforma y de la República, las condiciones estaban dadas para imprimirle un nuevo rumbo a la educación. Es natural que no pudiera ponerse en práctica una nueva educación sin una nueva filosofía que la orientara. ¿Cuál debía ser esa filosofía de acuerdo con las condiciones de un país como México, cuyas fuerzas motrices se proponían impulsar el desarrollo económico por la vía de la industrialización?

En Europa el capitalismo industrial estaba consolidado. La burguesía había afianzado su poder económico y político después de la Revolución de 1848. Una nueva filosofía debía servir de sustento a ese "nuevo orden". El progreso debía ser entendido como "el desarrollo del orden". Cambio dentro del sistema capitalista inmutable, como el mejor de los mundos posibles.

---

[1] Caso-Lombardo, *Idealismo vs. materialismo dialéctico*, Ediciones de la Universidad Obrera de México, México, 1963, p. 11.

El positivismo

La nueva filosofía fue el positivismo, sistema creado por Augusto Comte, pensador francés de mediados del siglo XIX, cuyo discípulo directo, Gabino Barreda, lo introdujo en México al fundar la Escuela Nacional Preparatoria en 1868.

Comte se propuso —como dice Abbagnano— transformar la filosofía en religión y la ciencia en filosofía.[2] Su propósito era el de crear un sistema que revolucionara —regenerara— cultural, política y religiosamente la civilización occidental. En dos columnas descansaba su doctrina: la teoría de la ciencia y la filosofía de la historia. Para entender la esencia de estas dos cuestiones, el punto de partida debe ser la "ley de los tres estados" o de las tres etapas por las que atraviesa el espíritu humano. La primera sería el "estado teológico" o infancia del conocimiento, que trata de explicar la esencia de los fenómenos por medio de factores sobrenaturales o divinos. La segunda, o "estado metafísico" del conocimiento, atribuía las causas primeras y finales de la realidad a entidades abstractas. La tercera, o "estado positivo", simplemente descarta los "absolutos" y los "misterios" y se atiene sólo a la realidad observada, al "dato positivo". Estas diversas formas o caminos para abordar la realidad en el devenir de la gnoseología han dado lugar a los tres métodos del conocimiento: el teológico, el metafísico y el positivo. Por tanto, si el conocimiento positivo descarta escudriñar fuera de la "experiencia vivida" o de los datos sensoriales, entonces la filosofía es la misma ciencia y la ciencia es la filosofía.

El pensamiento de Augusto Comte conduce al enciclopedismo en la ciencia, puesto que el "conocimiento positivo" llega a los últimos rincones de la existencia y a la totalidad de los problemas del hombre. Para remontar las dificultades de un universo tan rico, las ciencias tienen que clasificarse y enseñarse de acuerdo con su grado de dificultad: de lo más simple a lo más complejo, de lo más general a lo más concreto.

El método positivo no podía ignorar a la sociedad. Su estudio requería una nueva ciencia: la sociología. De acuerdo con la concepción comtiana, la sociedad está sujeta a las mismas leyes de la

---

[2] Nicolás Abbagnano, *Historia de la filosofía*, t. III, Ediciones Montaner y Simón, Barcelona, 1973, p. 243.

naturaleza, especialmente a las leyes físicas; en consecuencia, también merece el nombre de física social. De acuerdo con el positivismo, si la sociedad está sujeta a leyes físicas, entonces su progreso es mecánico y está sujeto a la fatalidad. Si el desarrollo social pasa, como el espíritu del hombre, por tres etapas, la militar, la intermedia y la científico-industrial —con su conocimiento positivo—, entonces esta última cierra el ciclo de la evolución, y el progreso ya no saldrá de ella porque se ha llegado al "fin de la historia", como dicen ciertos teóricos de nuestro tiempo. De modo que las revoluciones en el futuro están descartadas. El "estado positivo" de la mente y la etapa científico-industrial de la sociedad tienen que llevar a la unificación de la humanidad en los aspectos científicos, políticos y aun religiosos. La anarquía y la división provocadas por las etapas anteriores cederán el paso a un nuevo Estado, gobernado por la nueva ciencia, la sociología, que llevará a la sociocracia; esto es, al gobierno de los sabios positivistas, como en la Antigüedad Platón habló del Estado regido por el filósofo-rey.

Una variante del positivismo es el "evolucionismo liberal" de Herbert Spencer, quien consideró que la sociedad era un verdadero organismo biológico, de ahí la denominación también de "organicismo" a esta corriente del positivismo inglés. Para este pensador, las leyes de la sociedad son leyes biológicas. Por eso se habla de "biologismo" spenceriano o de la "biologización" de la sociología. A pesar de que el positivismo, en general, rechaza la interpretación metafísica de la realidad, para Spencer la evolución universal es la esencia misma de toda la existencia, el "principio cósmico [que] afecta de una manera especial al hombre",[3] aunque nuestra razón no pueda penetrar en este "misterio", sino sólo en las leyes de los fenómenos. Lo inescrutable será campo de la religión. Por eso entre ciencia y religión, según Spencer, habrá siempre una compenetración y conciliación. Podríamos decir que hay un parentesco entre este "principio cósmico" y el "élan vital" bergsoniano, que gobierna la "duración" o el fluir del espíritu, aunque se diga que el "intuicionismo" fue la "protesta" contra el positivismo.

Spencer no proyectó, como Comte, un gobierno sociocrático ni trató de crear, como el filósofo de Montpellier, una nueva religión; pero sus ideas sociológicas condujeron indudablemente a consecuen-

---

[3] Johannes Hirschberger, *Historia de la filosofía*, t. II, Herder, Barcelona, 1967, p. 351.

cias políticas. Hizo suyo el principio de la "selección natural" de Darwin, pero lo trasladó a la realidad social —el darwinismo social— con la denominación de "supervivencia del más apto", concepción que ha llevado al racismo, a la justificación de la desigualdad social y del dominio de los países poderosos sobre pueblos débiles. Su tesis de que la evolución lleva a la integración y al equilibrio en todos los órdenes de la existencia lo condujo a sostener que el desarrollo social tendrá que ser gradual, sin discontinuidades violentas, y que las fuerzas espontáneas del mundo y la vida impulsarán el progreso. Por tanto, en la sociedad deben ser esas fuerzas espontáneas las que decidan el cambio en un ambiente de absoluta libertad individual. El Estado no debe perturbar ese libre juego de los factores sociales, so pena de desatar revoluciones y de embravecer así las aguas del devenir que la naturaleza ha hecho tranquilas. Los males o enfermedades del organismo social —las injusticias— deben ser remediados por los propios agentes "libres", ya que la propia enfermedad creará los anticuerpos, diríamos nosotros.

Pensamos que esta versión spenceriana del positivismo, que revivió de un modo radical el liberalismo individualista dieciochesco, acentuó su influencia en México durante el Porfiriato, ya en el siglo XX algunos de cuyos epígonos la siguieron predicando incluso mucho más allá de la etapa de la dictadura.

LA FILOSOFÍA IRRACIONALISTA

Tenemos que pergeñar algunas ideas sobre la esencia de la filosofía irracionalista, como la llaman algunos pensadores, incluyendo al mexicano Samuel Ramos, porque esa corriente también hizo su irrupción en México fundamentalmente a partir de la segunda década del siglo XX.

Para el pensamiento marxista, el irracionalismo no es más que "una de las tendencias importantes de la filosofía burguesa reaccionaria",[4] contundente afirmación del afamado filósofo húngaro Georg Lukács, tal vez el tratadista que ha investigado con mayor rigor y amplitud las raíces y el desarrollo de esta tendencia que desembocó en el fascismo. "El desprecio por el entendimiento y la

---

[4] Georg Lukács, *El asalto a la razón*, Fondo de Cultura Económica, México, 1959, p. 3.

razón, la glorificación lisa y llana de la intuición, la teoría aristó-
crata del conocimiento, la repulsa del progreso social, la mitomanía,
etc. son otros tantos motivos que podemos descubrir sin dificultades, poco más o menos, en todo irracionalista."[5]

Siendo el irracionalismo "un fenómeno internacional, sobre todo
en el periodo imperialista",[6] es natural que surgiera primero en las
potencias más desarrolladas como los Estados Unidos, Inglaterra
y Francia. Sus vertientes más importantes son el pragmatismo, el
neorrealismo y el personalismo en los países anglosajones, y el intuicionismo bergsoniano en Francia, aunque no se puede ignorar la
influencia de Benedetto Croce dentro y fuera de Italia. En México
prenden con llama más viva el pragmatismo y el bergsonismo.

El pragmatismo

Para Dynnik el pragmatismo es la corriente que refleja la estructura de una sociedad que había llegado al desarrollo impetuoso de
la industria y de las comunicaciones, así como al dominio de los monopolios.[7] El poder económico y político de los Estados Unidos reclamaba una filosofía que pudiera penetrar en la conciencia del
hombre de la calle y que exaltara el espíritu "utilitarista e individualista" del hombre de negocios, que persigue el éxito, así como
los valores de una nación henchida de mesianismo, reiteradamente
autoproclamada como guía del mundo. Se afirma incluso que el
pragmatismo es la creación filosófica más original de los Estados
Unidos. Es una derivación del empirismo inglés y del positivismo,
ya que consideraba que la realidad no es más que la experiencia, entendida como la vivencia sensorial.

Seguramente el pragmatista más influyente de fines del siglo XIX
y principios del XX es William James, sin olvidar la importancia
que tuvo John Dewey, principalmente en el terreno educativo.

La filosofía de James, conocida como "filosofía de la acción", es
propia del hombre práctico que no va hacia las nubes de la especulación, sino que desciende al terreno macizo de quien persigue metas concretas. Diríamos, entonces, que es una filosofía que tiene

---

[5] *Ibidem*, p. 9.
[6] *Ibidem*, pp. 14-15.
[7] M. A. Dynnik *et al.*, *Historia de la filosofía*, t. V, Grijalbo, México, 1963, p. 606.

como criterio de la verdad la práctica, pero no como la entendió el materialismo dialéctico —como la lucha del hombre para transformar la naturaleza y la sociedad—, sino como la acción que mira hacia la utilidad. Lo verdadero es lo útil. Por lo tanto, el criterio de la verdad no es más que la utilidad como fruto de una actividad. En forma sencilla se podría decir, con Lukács, que "verdad y utilidad son conceptos sinónimos" para William James.[8]

Si las ideas están al servicio de la utilidad, entonces la verdad es relativa. Si James reclamaba un mundo pluralista en el cual hubiera absoluta independencia y libertad de los hombres, cada quien con su acción y con sus fines utilitarios, entonces tendría que haber una multiplicidad de verdades. Es la vuelta al sofista Protágoras: "el hombre es la medida de todas las cosas". Y los fines utilitaristas de una política hacia el exterior también pueden encerrarse en aquella fórmula brutal de John Foster Dulles: los Estados Unidos no tienen amigos, sino intereses. Sería la versión "filosófica" de la sentencia política de Maquiavelo: el fin justifica la verdad. O una paráfrasis del lema bíblico: la utilidad os hará libres. De esta manera queda borrada la frontera entre la verdad y el error. Cualquier idea, religiosa o política, se convierte en verdad si representa una utilidad para los fines prácticos.

El irracionalismo pragmatista se emparienta con el intuicionismo —James y Bergson, contemporáneos, compartían amistad y tesis— al poner en cuarentena el trabajo intelectual creador de conceptos, ya que "...conocer la vida mediante [ellos] significa detener su movimiento, cortarla en pedazos..."[9]

Ya veremos por qué el pragmatismo, ayuno de verdadero humanismo, fue la "novedad" filosófica para ciertos pensadores mexicanos de las primeras décadas del siglo XX.

EL ROMANTICISMO FILOSÓFICO

La filosofía irracionalista está considerada como un afluente del caudal ideológico conocido como el romanticismo, movimiento que afloró en la segunda mitad del siglo XVIII, se acentuó a principios del XIX y fue el que le dio el perfil a la cultura de esa centuria, y cuyos fulgores todavía llegaron a iluminar el siglo XX.

[8] Georg Lukács, *op. cit.*, p. 19.
[9] Citado por Dynnik, *op. cit.*, p. 609.

El romanticismo es un concepto huidizo, que se resiste a ser encerrado en una fórmula definitoria, porque él mismo es un universo de ideas, una eclosión con tendencias contrapuestas y un verdadero océano con oleadas que van a golpear tiempos distantes y distintos.

Sin embargo, se han ensayado ciertas definiciones que no son más que aproximaciones al concepto. Javier del Prado, citando el diccionario Lexis, explica que el romanticismo es el "conjunto de movimientos intelectuales que a partir de finales del siglo XVIII hicieron prevalecer, en Alemania y en Inglaterra, primero, y luego en Francia, Italia y España, el sentimiento sobre la razón, y la imaginación sobre el análisis crítico".[10] Siendo el romanticismo un movimiento cultural cuya influencia no ha tenido paralelo en la historia moderna del mundo occidental, es necesario considerarlo "más como un modo de pensar, de sentir y de actuar que como un sistema de escritura..."[11]

Parece que es opinión generalizada reputar a Alemania como la cuna del romanticismo filosófico y literario, e inclusive musical. El *Sturm und Drang* ("Tempestad y empuje"), especie de chubasco literario, a partir de la década de los setenta del siglo XVIII, está considerado como el precursor del romanticismo, como una rebelión juvenil que protesta contra todo lo establecido; como un "fuego volcánico" que proclama "la autonomía del corazón y los sentimientos frente a las actitudes racionalistas a ultranza",[12] y cuyos protagonistas principales fueron Goethe, Schiller —ambos en su juventud—, Herder y Hamann. Es el primer brote de irracionalismo en lo que se ha dado en llamar "la aurora romántica".[13]

A pesar de que el *Sturm und Drang* estaba cargado de irracionalismo porque ensalzaba el sentimiento, la fe y la intuición mística frente a la razón, enmarcada en el agnosticismo kantiano, la valoraba, sin embargo, al igual que lo había hecho la Ilustración, como una fuerza finita que moraba en los hombres de carne y hueso. El romanticismo en filosofía "nace cuando este concepto de la razón es abandonado y se comienza a entender por razón una fuerza in-

---

[10] Javier del Prado, "La aurora romántica", en *Historia universal de la literatura*, t. 3, Origen, ediciones para el Pacto Andino, Bogotá, Colombia, pp. 155-156.

[11] Javier del Prado, "El romanticismo francés", en *op. cit.*, t. 2, p. 233.

[12] Manuel José González, "Goethe: El espíritu universal", en *Historia universal de la literatura*, *op. cit.*, pp. 122-123.

[13] Javier del Prado, "La aurora romántica", *op. cit.*, t. 3, p. 153.

finita (es decir, omnipotente) que habita en el mundo y lo domina, constituyendo así la sustancia misma del mundo".[14]

Diríamos nosotros que el iluminismo ubicó la razón en los hombres y en la tierra, mientras que el romanticismo la llevó al cielo, como una potencia etérea. Es la llamada filosofía clásica alemana la que representa este romanticismo filosófico, con el Yo infinito de Fichte, la Razón absoluta de Schelling y la Idea absoluta de Hegel. De este "absoluto" o principio infinito, se dice, irradia la libertad creadora del hombre.

El bergsonismo

Ahora abordemos las difíciles cuestiones —para nosotros— relativas al "irracionalismo romántico" de "esa deliciosa y sutil filosofía bergsoniana", como la calificó Aníbal Ponce, "...fugitiva por esencia, y por esencia intraducible. Al curioso que se acerca hasta ella con la intención de comprenderla, le exige el sacrificio de lo que tenemos por más noble: las reglas inviolables de la lógica, los cuadros severos de nuestra inteligencia. Contra la ciencia clara y distinta, exalta en cambio el ímpetu irracional y soberano; contra el lenguaje preciso y el adjetivo ceñido, la metáfora fulgurante y la fluidez sugestiva".[15] O para decirlo con la frase contundente de Yankelevitch: "...artillería de metáforas deflagrantes...".[16] ¿Cómo podía la intelectualidad mexicana de las primeras décadas del siglo XX "resistir al encanto de una filosofía en espiral que partiendo de los hechos se convierte en poesía...?"[17]

La filosofía de Henri Bergson constituye una verdadera cruzada que a tropel entra en "territorios de infieles" para tratar de destruir todo el bagaje de verdades objetivas proclamadas por las ciencias naturales, bajo la interpretación del pensamiento positivista, particularmente del evolucionismo spenceriano. Contra las doctrinas referidas a ese mundo material "muerto", con su movimiento "puramente mecánico"; contra esa "inteligencia fabricadora" que sólo mira hacia un grosero practicismo de utilidad inmediata, Bergson pre-

---

[14] Nicolás Abbagnano, *op. cit.*, p. 26.

[15] Aníbal Ponce, "¿El marxismo sin nación?", en *Antología de Óscar Terán*, Siglo XXI, Cuadernos del Pasado y del Presente, México, 1983, p. 83.

[16] Vladimir Yankelevitch, *Henri Bergson*, Universidad Veracruzana, Biblioteca de la Facultad de Filosofía y Letras, Xalapa, Veracruz, México, 1962, p. 192.

[17] Aníbal Ponce, *op. cit.*, p. 83.

dica con audacia y vehemencia sus "novísimas" concepciones filosóficas, que según él y algunos de sus epígonos se salen de los sistemas trillados —al fin y al cabo "la filosofía no se puede sistematizar"—, de dicotomías corrientes, para sacar a flote una doctrina "fluida" —como la vida misma—, místico-irracional, que refleje un "mundo de movimiento de vida, de tiempo y duración".[18]

Si Marx puso de pie lo que Hegel había puesto de cabeza al considerar que el espíritu no es más que el mundo material traspuesto en el cerebro del hombre, Bergson hizo las cosas al revés: colocó el "misterio de la vida" en el centro del universo, y la intuición como la facultad suprema para penetrar en el interior de la conciencia. Originalmente spenceriano, descalificó el movimiento dialéctico de la naturaleza, así como la dialéctica contenida en la teoría de la evolución de Darwin, con un supino menosprecio a las tesis sobre la herencia de los caracteres adquiridos. Destronar el reino de la razón que guió al conocimiento durante los siglos XVII y XVIII; romper los pretendidos títulos legítimos de la ciencia; quitarle al intelecto sus arrestos de omnipotencia para incursionar en todos los campos, incluyendo los del espíritu, y poner la metafísica en el podio de la dirección filosófica con el relámpago de la intuición y el acicate del sentimiento fue la misión de la "filosofía de la *durée*". Si el positivismo había condenado la filosofía al ostracismo y confinado la ciencia al laboratorio para que sólo buscara el "dato positivo", entonces el bergsonismo tenía que escudriñar en el "verdadero fondo de la existencia" con una lámpara más resplandeciente que la de Diógenes, para reencontrar al "hombre metafísico" que inquiere sobre lo absoluto, lo infinito, la causa primera de su ser, su fin último, en suma, la esencia de la realidad; problemas inalcanzables para el intelecto y, en consecuencia, para la ciencia, que sólo encuentra la superficie, las relaciones externas de las cosas, y las traduce en conceptos o símbolos. Ese campo metafísico está vedado a la inteligencia, pero está abierto a una vía más ancha y de llegada rápida: la intuición.

Bergson exalta la vida y propugna por desencadenarla de las leyes mecánicas, de los factores psicofísicos, de lo espacial, así como del pensamiento aprisionado por las fórmulas científicas, para hendir esa especie de sexto sentido místico, del mismo género que el instinto —la intuición—, en la intimidad de la corriente de la vida, es decir, en el "impulso vital".

[18] Georg Lukács, *op. cit.*, p. 22.

Al enfrentarse Bergson "con todas las corrientes mecanicistas, materialistas y deterministas de su tiempo[...] pone su concepción del mundo bajo el signo de la vida. Filosofía del ser es para él filosofía de la vida. Interpreta el ser como impulso vital [élan vital]".[19] Es así como esta línea de pensamiento se enmarca dentro de la "filosofía de la vida".

La vida es movimiento. Hay un impulso que la lleva hacia adelante, en ascenso. La vida toda está impregnada de una "evolución creadora". Pero este impulso vital (élan vital) es espiritualidad pura. El movimiento se encuentra en la propia conciencia. Lo dijo el propio Bergson con cierta claridad: "...la materia y la vida que llenan el mundo están también en nosotros; las fuerzas que obran en todas las cosas las sentimos en nosotros; cualquiera [que] sea la esencia íntima de lo que es y de lo que se hace, nosotros somos ello. Descendemos entonces al interior de nosotros mismos: cuanto más profundo sea el punto que toquemos, más fuerte será el impulso que nos volverá a la superficie. La intuición filosófica es ese contacto, la filosofía es ese impulso".[20]

Para Bergson, filosofía del ser es filosofía de la vida. La vida es esa fuerza del espíritu, ese fluir impetuoso que jamás se interrumpe, como una onda infinita que se expande por el mundo, que lo llena todo y que irrumpe en el hombre.

¿Quién no descubre en todas estas elucubraciones una especie de mezcla o entrecruzamiento de idealismo subjetivo e idealismo objetivo?

Bergson se refiere constantemente a la espiritualidad pura, que es impulso vital, como un fluir en el tiempo, pero ajeno al espacio, que es propio de la materia. A esta evolución del espíritu Bergson la denomina duración; por eso su corriente es conocida como la "filosofía de la *durée*". Si esta corriente de conciencia no puede detenerse jamás, no tiene sentido hablar de continuidad y discontinuidad. Pero tampoco es admisible hablar de espacio-tiempo, puesto que el espacio corresponde a la materia, a lo mecánico, a lo estático, a lo medible y numerable; en cambio, el tiempo es un tiempo humano, un tiempo espiritual, podríamos decir, variable siempre, heterogéneo e imprevisto, que se resiste a ser evaluado y conceptuado.

---

[19] Johannes Hirschberger, *op. cit.*, p. 379.
[20] Henri Bergson, *Introducción a la metafísica. La risa*, Porrúa, México, 1996, pp. 40-41.

Para Bergson, materia y espíritu, más que principios, son tendencias opuestas: la conciencia pura fluye en forma ascendente; en cambio, la materia es un obstáculo a esa acción. La vida —el élan vital— es como un río que avanza impetuoso, pero que salva o perfora montañas, las cuales constituyen la materia. Así como el bien se afirma ante el mal —diría la moral—, el espíritu se afirma ante la materia. La libertad en un sentido político se forja en lucha contra la tiranía. El espíritu, en el sentido bergsoniano, labra su destino —su libertad— a base de golpe tras golpe contra la tiranía de la materia. La materia es el mal, porque estorba y pervierte; pero es el bien, porque contribuye al empuje de la vida. "No hay mal que por bien no venga", le diría el espíritu a la materia. Ésta es la extraña dialéctica bergsoniana del espíritu en el tiempo, pero sin el espacio; como "la pura duración [...] una sucesión de cambios cualitativos que se funden, que se penetran, sin contornos precisos, sin tendencia alguna a exteriorizarse unos en relación con los otros, sin parentesco alguno con el nombre: esto sería la heterogeneidad pura".[21]

Es evidente que la dialéctica de Bergson nada tiene que ver con la dialéctica del mundo material que se refleja en el pensar, a lo que no quiso o no pudo llegar. Para él la materia es inerte, sólo espacial, sujeta al movimiento mecánico, a la repetición *ad infinitum*. Puso de cabeza el evolucionismo de Spencer, erigiendo la "duración" de la conciencia —su flujo permanente— como núcleo de su "dialéctica" espiritualista. ¡Engañosa dialéctica!, a nuestro juicio.

Pero Bergson encuentra una vía no intelectual para llegar a la esencia del ser: la intuición, una "simpatía por la cual nos transportamos al interior de un objeto para coincidir con lo que tiene de único y por consiguiente de inexpresable".[22] Así, sería la metafísica con la intuición, y no la ciencia con la inteligencia, la que tendría, como dice Abbagnano, "la visión directa del espíritu por parte del espíritu".[23] Quiere decir, entonces, que la intuición va a lo profundo del ser, a la "duración", esto es, a la espiritualidad o conciencia pura.

La inteligencia —la ciencia— para sacar provecho de la naturaleza la conoce, la descuartiza en conceptos, lucha contra ella para dominarla y fabricar algo con sus pedazos. En cambio, la intuición

[21] Henri Bergson, *Memoria y vida*, Ediciones Atalaya, Barcelona, España, 1995, p. 16.
[22] Henri Bergson, *Introducción a la metafísica*, *op. cit.*, p. 6.
[23] Nicolás Abbagnano, *op. cit.*, p. 398.

—la metafísica— trata a la naturaleza con amor, como compañera, para verla reflejada en el interior de la vida. El intelecto es imparcial porque trata con lo externo, con la objetividad. La intuición es parcial, obra con simpatía, porque se compenetra de la subjetividad; busca el acomodamiento hacia el fondo del espíritu para llegar, inclusive, a la realidad que llena el mundo y que está en nosotros. La intuición filosófica es esa especie de acoplamiento. Cuando nos deslumbramos con algo nuevo, es la intuición la que se dispara, una especie de amor a primera vista, una pasión que se acrecienta cuando se mantiene el vínculo, pasión ajena al desamor de los rígidos y fríos esquemas de la ciencia.

Esta simpatía —esta comunidad de sentimientos— es diáfana en la intuición estética, porque el arte es desinteresado, no apunta a un objeto utilitario, hace a un lado los símbolos intelectuales y se deja arrastrar por el relámpago que alumbra la belleza, llenando de espiritualidad las obras artísticas.

Podemos ver en toda esta especulación el "irracionalismo romántico" de que hemos hablado en líneas anteriores. Pero es evidente que el intuicionismo bergsoniano entra en franca contradicción con sus postulados, puesto que también elabora conceptos —símbolos— a los que tanto critica, aunque sean conceptos falsos o dudosos. A nuestro criterio, el bergsonismo no supera el agnosticismo.

Tal parece, pues, que el bergsonismo es una sutil revoltura de corrientes diversas, una especie de eclecticismo filosófico que se presenta como un pensamiento original.

Algunos tratadistas hablan del bergsonismo como un "nuevo espiritualismo". Claro que es espiritualismo. Pero, ¿será "nuevo"?

EMILE BOUTROUX

Otro paradigma filosófico de la generación de Vicente Lombardo Toledano, que corresponde a la "filosofía de la vida" y al "irracionalismo romántico" de Francia, es Emile Boutroux. Su espiritualismo antipositivista y su labor empeñosa en escudriñar el interior de la conciencia —como único sentimiento del ser que está en el hombre— con métodos ajenos al intelecto y a la ciencia indudablemente que lo acercan y lo hacen coincidir con Bergson en múltiples aspectos. El arrojo temerario de Boutroux contra el positivismo lo mostró en su crítica a las leyes de la naturaleza. Concibió un universo rico y heterogéneo, constituido por franjas u órdenes separados entre sí, irreductibles los unos a los otros y henchidos de originalidad. De manera que es la contingencia, y no la necesidad, la que gobierna la existencia. Esta visión anárquica —diríamos, si no es un desafuero a la precisión del lenguaje— lo llevó a una nueva dimensión antintelectualista de la "filosofía de la contingencia" —*La contingencia de las leyes de la naturaleza* es el título de una de sus obras principales—, así llamada porque niega que leyes objetivas puedan regir el mundo y la vida. "Las que nosotros llamamos leyes de la naturaleza —dice— son el conjunto de métodos que hemos hallado para asimilar las cosas a nuestra inteligencia y plegarlas a nuestros deseos [...] Una noción justa de las leyes naturales hace al hombre poseedor de sí mismo, y, al mismo tiempo, le muestra que su libertad puede ser eficaz y puede dirigir los fenómenos."[24] Con este razonamiento —¿intuición?— se llega a la conclusión de que las leyes naturales no existen fuera de la conciencia, sino que son "creaciones libres" del espíritu, es decir, son puramente subjetivas.

Al igual que Henri Bergson, Emile Boutroux encontró en su espiritualidad acomodo para la fe religiosa, que está fuera del enfoque de la ciencia; pero que es fuente inagotable de creaciones nuevas en el espíritu, así como también de amor y entusiasmo.

Se podrán ver en los trabajos juveniles de Lombardo Toledano claras influencias de este otro pensador.

Éstas son algunas moléculas, que podemos mostrar, del caudal filosófico que invadió —¿anegó?— a México, de aguas no siempre cristalinas, cuando la generación de Vicente Lombardo Toledano se formó en la Universidad Nacional de México.

---

[24] Citado por Abbagnano, *op. cit.*, p. 352.

III. EL "ÉLAN VITAL" DE LOMBARDO

"Yo NACÍ el 16 de julio de 1894 en un pueblo llamado Teziutlán, abreviatura de la palabra Teziuyutepezintlancingo, que quiere decir en lengua náhuatl 'lugar en donde cae granizo'. Esta población fue fundada por los españoles en el siglo XVIII, y está enclavada en una región densamente poblada por varios grupos indígenas que hablan sus propias lenguas: el otomí en el norte, el totonaca, el olmeca-mexicano y el náhuatl. De niño aprendí el olmeca-mexicano; pero aunque lo entiendo, todavía no lo hablo bien por falta de práctica."[1]

Así comenzó Vicente Lombardo Toledano a contar su vida a los esposos Wilkie. Podemos afirmar que pocos hombres de la historia y que hacen historia nacen y dan sus primeros pasos en un entorno geográfico, familiar, educativo y espiritual plenamente sano. La Sierra Norte del estado de Puebla es una región montañosa, llena de bosques, de clima templado húmedo —frío en invierno— con abundantes lluvias, "un verdadero paraíso".

Como lo expresó el ilustre teziuteco, su ascendencia era italiana, española e indígena. Su abuelo paterno, Vicenzo Lombardo Catti, formaba parte de un grupo de jóvenes piamonteses que habían venido a México a cumplir un contrato con el gobierno juarista para enseñar pequeñas industrias agrícolas. Pero nuestro país, que acababa de desangrarse con la guerra de Reforma, ahora tenía que afrontar la Intervención francesa, y todos los planes sobre el desarrollo industrial que pretendía poner en práctica el régimen liberal tenían que quedar aplazados.

Lombardo Catti encontró en México una lucha que se hermanaba con la de Italia. Piamonte, Lombardía y Liguria eran tres regiones de fuertes tradiciones liberales y nacionalistas. Fue en el norte de la patria de Dante donde brotaron las sociedades secretas de pensamiento revolucionario, como la de los Carbonarios y de la "Joven Italia", creada por Guiseppe Mazzini, el genovés, para hacer del país del Renacimiento una sola nación libre. Allí estalló —en Lombardía—

[1] James W. Wilkie y Edna Monzón de Wilkie, *México visto en el siglo XX*, entrevista con Vicente Lombardo Toledano, Ediciones del Partido Popular Socialista, México, 1982, p. 11.

la revolución de independencia en 1848 contra el dominio de Austria. Mazzini y Giuseppe Garibaldi eran los capitanes de la gran gesta. Aquí, Benito Juárez combatía por nuestra segunda independencia. Quien fuera garibaldino en Italia tenía que ser juarista en México. Así, Lombardo Catti encontró su segunda patria y decidió quedarse.

Su amor político lo llevó al otro amor y se casó con una mexicana de nombre Marcelina Carpio, mestiza, con herencias totonacas. El matrimonio Lombardo Carpio procreó varios hijos, uno de ellos, Vicente, fue el padre de Lombardo Toledano.

Un país que apenas iniciaba la liquidación del feudalismo eclesiástico, en medio de tormentas armadas, requería de gente emprendedora, de mentalidad moderna, burguesa en su sentido progresista, que contribuyera a sacar el país de su atraso. Lombardo Catti era de esa estirpe, con arrojo en las empresas; descubrió minas cerca de Teziutlán —adonde había llevado a radicar a su familia—, las explotó y se hizo de una buena fortuna. Además, no era un simple negociante deshumanizado: había terminado el bachillerato en Turín, capital del Piamonte, y su cultura general y política le daban un lugar distinguido en la sociedad.

Vicente Lombardo Carpio unió su destino al de una joven teziuteca, Isabel Toledano Toledano, "probablemente de antecedentes sefarditas", según el testimonio del propio maestro Lombardo Toledano.[2] Teziutlán tiene una ubicación estratégica: sus caminos se abren en abanico hacia todos los rumbos, de ahí que fuera centro también de amplio tráfico comercial. Una visión certera de los negocios podía dar oportunidades sin fin. Lombardo Carpio la tenía, y con amplia perspectiva. Dedicado al comercio de productos del petróleo, a los seguros y a la compra de acciones petroleras en una amplia región de Puebla y Veracruz, logró también una posición de prosperidad económica.

Sin las contingencias que da la pobreza, el matrimonio Lombardo Toledano pudo construir un hogar pleno de vida, en un ambiente de seguridad económica y de equilibrio moral y espiritual. Con el trabajo y el ejemplo, forjó en sus hijos elevados valores de educación y responsabilidad. "Mi vida de niño —relató Lombardo— fue una vida de niño feliz, sin preocupaciones de ninguna clase, dedi-

---

[2] *Ibidem*, p. 12.

cado a la escuela y, al mismo tiempo, al campo. Mi padre era un hombre muy amante de la naturaleza; le gustaba mucho la cacería. Como era rico, tenía caballos y perros que importaba de los Estados Unidos; yo participaba, naturalmente, de sus aficiones."[3] El maestro Alberto Beltrán presenta en un grabado, con más vehemencia que una descripción literaria, a Lombardo niño, caminando por veredas, entre un tupido follaje, acompañado de su perro y de su rifle, al hombro derecho. Va pensativo, tal vez haciendo las mil interrogaciones que sus imágenes le sugieren, como inquieren los filósofos, que se hacen niños preguntones, según la opinión de García Morente.

El niño Vicente ingresó al Liceo Teziuteco para cursar la enseñanza primaria. Era una institución de prestigio, laica, fruto de la pedagogía más avanzada, dirigida por el profesor Antonio Audirac, discípulo de Enrique Rébsamen, notable educador suizo que había venido a México en 1884, atraído por los escritos de Carlos von Gagern, un internacionalista que participó al lado de los liberales en la guerra de Reforma y en la lucha contra la Intervención francesa. Rébsamen dejó profunda huella en la educación nacional, junto con otro pedagogo de origen alemán, Enrique Laubscher. El primero fundó la normal de Xalapa en 1886, y el segundo, la de México, al año siguiente. Rébsamen sembró en el país una amplia literatura pedagógica y organizó la educación de varios estados de la República.

Para que prosiguiera sus estudios, Lombardo Toledano fue enviado en 1910 a la ciudad de México a fin de que ingresara al Internado Nacional, ubicado en las inmediaciones de lo que hoy es la plaza España, en la colonia Roma. A la edad de 15 años era muy difícil que hubiera definido su vocación. "Nadie me guió en mis estudios —le explicó a Henri Barbusse—. En mi casa no hubo profesionales ni ambiente de cultura. Mi padre no me indicó tampoco qué carrera debía yo seguir. Entre la escuela de comercio y el bachillerato opté por este último, sólo porque había menos alumnos y creí que estudiaría mejor entre pocos que entre muchos. Obligado por el plan de estudios de la escuela a elegir una profesión, decidí ser ingeniero, después médico y finalmente abogado, debido al interés que despertaron en mí las diversas disciplinas, didácticamente dispuestas según la clasificación comtiana de las ciencias."[4]

[3] *Ibidem*, p. 14.
[4] Vicente Lombardo Toledano, *Carta a Henri Barbusse*, fechada el 23 de junio de 1935,

Como en esa época no existía la escuela secundaria como una institución popular con una finalidad en sí misma, el bachillerato era de cinco años. De modo que después de cursar dos años en el Internado Nacional pasó a San Ildefonso para completar el ciclo. Pronto ocupó su lugar de alumno sobresaliente. Solía recordarnos que, en 1910, en un acto de premiación que tuvo lugar en el teatro Arbeu, al que asistió Porfirio Díaz y Justo Sierra, ministro de Instrucción Pública y Bellas Artes, el "Héroe del 2 de Abril" puso en sus manos el diploma que correspondía al estudiante de más altas calificaciones, y le dijo con voz campanuda: "Lo felicito, joven; trabaje usted por la patria".

¿Cuál era el "panorama filosófico" que le daba fisonomía a la educación cuando Lombardo llegó a la ciudad de México? Parece que la respuesta es rápida: la filosofía oficial del régimen era el positivismo, algunas de cuyas tesis ya hemos examinado.

No fue una casualidad que el sistema político mexicano triunfante en 1867 adoptara la nueva filosofía. Si quedaba atrás una etapa de inestabilidad, de permanentes guerras civiles, en la que el clero católico tenía la preeminencia espiritual, ahora tenía que emerger una época de desarrollo industrial. Había obtenido la victoria una nueva clase social, una burguesía en formación, que debía tener como arma doctrinaria una filosofía opuesta a la que había prevalecido en los estadios anteriores. "Las ideas —dice Lombardo— han estado vinculadas a una época y a una clase social. La clase dominante de la sociedad es la que impone las ideas dominantes."[5] De modo que el positivismo tenía que ser una doctrina filosófica instrumental "al servicio de un determinado grupo político y social [y] en contra de otros grupos".[6] Así, el positivismo no llegó a México por casualidad —porque Barreda fue a estudiar a Francia y se vinculó con la Reforma y el gobierno de Benito Juárez—, sino que fue una necesidad histórica.

En la "Oración cívica" que Gabino Barreda pronunció el 16 de septiembre de 1867, en la ciudad de Guanajuato, clarificó la transformación que debía realizar el país en los nuevos tiempos. Así como

copia mecanográfica, p. 1, Fondo Documental del Centro de Estudios Filosóficos, Políticos y Sociales Vicente Lombardo Toledano.

[5] Vicente Lombardo Toledano, "La batalla de las ideas en nuestro tiempo", en *Selección de obras de Vicente Lombardo Toledano*, Partido Popular Socialista, presentación de José Francisco Ruiz Massieu, gobernador del estado de Guerrero, 1989, p. 9.

[6] Leopoldo Zea, *El positivismo en México*, El Colegio de México, 1943, p. 26.

Comte pretendía con su pensamiento "regenerar" el mundo occidental, Barreda consideraba que la reforma educativa debía contribuir
a acabar con la anarquía y a unificar la nación bajo el signo de la
ciencia. El país debía entrar en la era industrial y en una nueva
etapa en el desarrollo del conocimiento: la del espíritu positivo,
con la "emancipación científica, emancipación religiosa, emancipación política".[7] El liberalismo y la Reforma tenían la misión de
sepultar el dominio del clero. El nuevo "orden dinámico" debía sus-
tituir el viejo "orden estático" de la Iglesia católica y del ejército
para que el pensamiento, liberado de las ataduras teológicas y metafísicas, pudiera avizorar el porvenir y afrontarlo con decisión.
Para Barreda, México era el centro del mundo en su combate por
el progreso y desde él tenía que decidirse el futuro de la humanidad.
"En este conflicto —decía Barreda— entre el retroceso europeo y
la civilización americana, en esta lucha del principio monárquico
contra el principio republicano, en este último esfuerzo contra la
emancipación, los republicanos se encontraban solos contra el orbe
entero."[8]

Pero esta burguesía en formación —¿pequeña burguesía?— que
comenzó a aplicar las Leyes de Reforma y la Constitución de 1857,
y que tenía ímpetus revolucionarios, ya no va a ser la burguesía de
la dictadura porfirista en su plenitud. Los capitales extranjeros,
apoderados de las palancas de la economía nacional, habían im-
pedido la formación de una burguesía nacional vigorosa. Lo que
había —ya lo hemos dicho— era una clase terrateniente y especu-
ladora, de mentalidad feudal, servidora de la burguesía imperialista. Este grupo sólo tenía de la "mentalidad positiva" el grosero
interés económico, y su machacona invocación a la ciencia sólo
era una simulación para justificar un régimen de privilegios y de
profunda desigualdad social. "Poca política y mucha administración", era la traducción porfirista —si vale la expresión— del lema
positivista: "orden y progreso".

Para las fuerzas opositoras a la dictadura tuxtepecana, el positivismo era la doctrina que daba sustento al opresivo régimen. El grupo de "los científicos" era el símbolo de una oligarquía encaramada
en la burocracia, que había amasado enormes fortunas a base del
tráfico de influencias, como decimos hoy.

---

[7] *Ibidem*, p. 57.
[8] Gabino Barreda, "Oración cívica", citado por Leopoldo Zea, *op. cit.*, p. 61.

De ahí que a principios del siglo XX la nueva generación de intelectuales comenzara a movilizarse y a crear organizaciones fuera de los marcos oficiales. Se trataba de difundir nuevas ideas filosóficas para arrojar de su pedestal al positivismo. Así, en 1907 los jóvenes emisarios de una nueva cultura, que se habían agrupado en torno de la revista *Savia Moderna*, fundada por Alfonso Cravioto y Luis Castillo Ledón, crearon una Sociedad de Conferencias, que en 1909 —28 de octubre— se habría de transformar en el Ateneo de la Juventud, el cual "representa un recodo en la historia de las ideas en México —como dice Juan Hernández Luna—. No tiene los perfiles de las instituciones del coloniaje, ni las características de las agrupaciones del Porfiriato. Es el primer centro libre de cultura que nace entre el ocaso de la dictadura porfirista y el amanecer de la Revolución del 20 de noviembre. Tiene, por tanto, fisonomía propia: es el asilo de una nueva era de pensamiento en México".[9] Los ateneístas fueron Alfonso Reyes, Antonio Caso, los dominicanos Pedro y Max Henríquez Ureña, Julio Torri, Enrique González Martínez, Roberto Argüelles Bringas, Eduardo Colín, Joaquín Méndez Rivas, Rafael López, Antonio Médiz Bolio, Rafael Cabrera, Alfonso Cravioto, Jesús T. Acevedo, Martín Luis Guzmán, Diego Rivera, Roberto Montenegro, Alfredo Robles Martínez, Manuel M. Ponce, Julián Carrillo, Carlos González Peña, Isidro Fabela, Manuel de la Parra, Mariano Silva y Aceves y Federico Mariscal. Toda la sabiduría de México —las bellas artes y la ciencia— estaba bien representada. Antonio Caso fue el primer presidente del Ateneo de la Juventud. En 1915 se convirtió en el Ateneo de México, con iguales objetivos: llevar la cultura a las masas populares, combatir el positivismo y trabajar con nuevas ideas filosóficas.

En realidad, el estudio de la filosofía había sido desterrado de las instituciones de educación superior. Para el positivismo, la ciencia —las diversas ciencias— era la filosofía y viceversa. Toda especulación que se saliera del "dato positivo" debía ser desechada, porque era una regresión hacia el estado "metafísico" del espíritu. Por eso, el maestro Justo Sierra en su discurso inaugural de la Universidad Nacional, el 22 de septiembre de 1910, demandó un lugar para la "implorante", es decir, la filosofía. Dentro de la universidad fue creada la Escuela de Altos Estudios, precisamente para elevar la

---

[9] Juan Hernández Luna, *Conferencias del Ateneo de la Juventud*, Universidad Nacional Autónoma de México, México, 1984, p. 15.

calidad de los estudios de las humanidades, la filosofía en primer lugar. Su primer director fue Porfirio Parra, y su primer profesor de filosofía, Antonio Caso.

Los ateneístas que con mayor denuedo se lanzaron a atacar el positivismo fueron Antonio Caso y José Vasconcelos —"almas gemelas" les llama Torres Orozco—. Pero Antonio Caso habría de ser el maestro por excelencia en las aulas universitarias y quien mayor influencia habría de tener en sus alumnos; atendía una larga lista de asignaturas: psicología, introducción a la filosofía y ética, en la Escuela Nacional Preparatoria; estética, ética, epistemología, historia de la filosofía y filosofía de la historia, en la Escuela de Altos Estudios; sociología, en la Facultad de Derecho y Ciencias Sociales; y lógica en la Normal de Maestros. "En lo que va de este siglo —dice Samuel Ramos— Caso representa en la historia intelectual de México el primer hombre dedicado francamente a la filosofía [...] Su talento, su elocuencia, su entusiasmo le atrajeron pronto un público numeroso que llegó a apasionarse por la enseñanza del joven maestro."[10]

Con tanto prestigio, dictó conferencias y escribió ensayos en contra del positivismo. En dos obras —*Filósofos y doctrinas morales* y *Problemas filosóficos*—, publicadas en 1915, Antonio Caso plasmó sus ideas frente al comtismo, bajo la influencia principalmente de Bergson. A riesgo de cometer graves omisiones, nos atreveríamos a resumir sus tesis antipositivistas, siguiendo a Rosa Krauze de Kolteniuk,[11] de esta forma: *1)* la ciencia no puede impedir la religión, porque la verdad sobre Dios no es racional; *2)* a Dios se llega por procedimientos como la intuición, la inspiración, la iluminación; *3)* la ciencia no tiene por qué oponerse a la religión, ya que mientras aquélla permanece en la naturaleza, ésta se dirige a lo sobrenatural; *4)* el positivismo es dogmático, porque parte de un artículo de fe: la realidad del mundo exterior que determina la sensación y la percepción; *5)* la ciencia proporciona los datos de la experiencia; la filosofía los toma y los armoniza en una síntesis superior; de esa manera, la religión y la metafísica complementan las expresiones de la ciencia; *6)* los positivistas son infieles porque

---

[10] Samuel Ramos, "Hipótesis", colección de ensayos, en *Obras completas*, t. i, Universidad Nacional Autónoma de México, 1990, p. 58.
[11] Rosa Krauze de Kolteniuk, *La filosofía de Antonio Caso*, Universidad Nacional Autónoma de México, 1961, pp. 66-103.

reducen la experiencia a la sensación y la percepción, y dejan de lado las experiencias de la metafísica y la religión; 7) la ciencia, como economía del esfuerzo cognoscente, tiene un valor puramente instrumental, como lo señaló Mach; 8) si la metafísica no podía ser determinista, tenía que aceptar la tesis de Boutroux de la contingencia de las leyes naturales y de la espontaneidad del universo; 9) si sólo hubiera leyes fatales y nuestra conciencia estuviera sometida a ellas, sería imposible la moral; 10) los sistemas intelectualistas, como el positivismo, limitan el espíritu y asfixian al hombre; 11) la misión del hombre, de perfeccionarse espiritualmente en lo individual y lo social, tiene que chocar con ese mundo positivista anquilosado.

Ésas eran las refutaciones filosóficas —académicas— al positivismo. Pero fueron los juicios de Caso de carácter político —mucho más débiles— los que hirieron la susceptibilidad positivista de los comtianos ortodoxos: 1) el fracaso del positivismo se refleja en la profunda crisis moral que sufre la República; 2) el positivismo es una corriente desprovista de ideales, que lleva al desprecio por la "cultura artística, moral, cívica, religiosa, histórica y humana..."; 3) es una filosofía que carece de moral y que sólo impulsa a los hombres hacia los bienes materiales; 4) los resultados de este "positivismo práctico" del siglo pasado son tremendamente dolorosos; 5) en suma, el positivismo triunfó con la dictadura de Porfirio Díaz.

Fue el filósofo michoacano —moreliano—, orgulloso de ser nicolaíta, José Torres Orozco, médico de profesión, quien hizo la réplica más contundente a Antonio Caso desde el positivismo clásico, diríamos, fiel al pensador de Montpellier. Torres Orozco era un hombre talentoso, de cultura enciclopédica, quien dominaba varias lenguas. Samuel Ramos lo llamó "el único positivista mexicano". Había sido discípulo directo de Caso en la Escuela de Altos Estudios a partir de 1916. Claro, mientras en la Universidad Nacional la influencia positivista estaba en franco derrumbe y se enseñoreaba el espiritualismo más desenfrenado, en las instituciones de provincia, como la Universidad Michoacana de San Nicolás de Hidalgo, en donde Torres Orozco fue distinguido profesor, Augusto Comte seguía alimentando el *pathos* filosófico de las nuevas generaciones, ya muy avanzado el siglo xx.

Los argumentos de Torres contra Caso pueden sintetizarse así: "El estado moral de un pueblo no depende de un pensador ni de una filosofía: es una resultante de factores múltiples…"[12] No puede culparse a una corriente filosófica del carácter de un régimen político. Por tanto, la tiranía porfirista no se derivó de la filosofía positiva. No se le pueden atribuir al positivismo las ambiciones materiales, pues siempre ha habido hombres ávidos de bienestar antes de que surgiera esta doctrina, la cual, contra lo que dicen sus enemigos, está llena de ideales, de altruismo y de solidaridad social. Caso comete el error lógico del paralogismo del cuarto término *(fallacia quaternio terminorum)* al falsear el concepto de "positivismo práctico", considerándolo como orientado al egoísmo y al utilitarismo, cuando en realidad impulsa al ser humano hacia la verdad y la ética.

El tema del darwinismo social habría de provocar las contradicciones ideológicas entre José Vasconcelos y José Torres. En un discurso pronunciado el 9 de diciembre de 1922 en el Continental Memorial Hall de Washington, "Ulises Criollo" habló de la postración de la cultura mexicana en los medios universitarios por culpa del positivismo. Atribuyó a doctrinarios positivistas juicios negativos acerca de la capacidad del indio y de la clase trabajadora para redimirse, salir de la opresión y derrocar el despotismo porfiriano porque, según la "ciencia" positiva, el ángulo facial de los aborígenes no correspondía al tipo escocés o noruego. Para Vasconcelos, la propia Revolución había dado un mentís a la idea de la "selección de la especie" en el progreso humano, según la cual los más aptos —poderosos— tienen derecho de explotar a los ineptos, a los débiles. José Torres, con su irredenta ortodoxia pero con sobrado talento, expresó que nadie —ningún positivista verdadero— había hecho tal afirmación y que Vasconcelos más bien se dejaba engañar por la "selección artificial" —selección viciosa— producida por las complicaciones de la vida, "que desvirtúan los resultados saludables de la selección natural", condicionantes del progreso y de la sana moral. El triunfo de los más aptos y los más fuertes contra la tiranía fue el resultado de la "ley ineludible" de la selección natural.[13]

Volvamos al maestro Antonio Caso, roble frondoso —casi solitario— en el paisaje filosófico de nuestro país durante las primeras

[12] José Torres Orozco, "Antonio Caso y el positivismo", en *Veinte ensayos sobre filosofía y psicología*, Universidad Michoacana de San Nicolás de Hidalgo, Centro de Estudios de la Cultura Nicolaíta, Morelia, Michoacán, México, 1993, p. 131.
[13] José Torres Orozco, "La crisis del positivismo", en *op. cit.*, pp. 111-117.

décadas de la vigésima centuria. "En lo que va de este siglo —dice
Samuel Ramos— Caso representa en la historia intelectual de México el primer hombre que consagra íntegramente su vida a la filosofía [...] Los principios de la nueva convicción filosófica de Caso
y la argumentación para defenderlos están tomados de las obras
de Boutroux, Bergson y James."[14]

Ramos, educado en el positivismo, buscaba otros caminos filosóficos. "Por el año de 1916 —confiesa— atravesaba yo una onda
crisis espiritual [...] Antonio Caso se encontraba entonces en pleno
éxito como profesor de filosofía. Atraído por su fama, fui a escucharlo a la Escuela de Altos Estudios [...] Sus lecciones eran una vehemente requisitoria contra el positivismo y la defensa de una nueva
filosofía que reivindicaba el sentido espiritual de la existencia."[15]

Siendo el testimonio de Ramos de elevada calidad por el lugar
que este filósofo ocupa en la cultura nacional, pensamos que el
maestro Caso, para ese entonces, tal vez aún no calaba hondo en
otros pensadores. Por su parte, Rosa Krauze expone estos esclarece-
dores datos: "Desde 1927, cuando menos, ya había llegado a su
conocimiento la filosofía de Scheler, de Windelband y Rickert, a quien
cita por primera vez en *Ramos y yo* [...] Scheler y los pensadores
de la escuela de Baden lo inclinaron en 1933 hacia la axiología. Para
esta fecha también había tenido referencias de Husserl, pero no fue
sino hasta poco más tarde que profundizó en su obra y la adoptó
en 1934. Un año después, citaba a Meyerson, Scheler y Husserl; si
no suplieron en su ánimo a James, Boutroux y Bergson, sí consi-
guieron dar un giro nuevo a su pensamiento, que desde entonces
procuró conciliarlos en una forma *sui generis*".[16] De manera que la
generación de Lombardo Toledano —generación de 1915, se le llama— recibió sus veneros filosóficos del pragmatismo y del bergsonismo, particularmente de este irracionalismo francés, en la Escuela de Altos Estudios; y en esas corrientes navegó hacia sus primeras
elucubraciones teóricas el futuro dirigente obrero.

Los fundamentos que hemos expuesto en el capítulo anterior sobre la filosofía irracionalista —especialmente la relativa al intuicionismo bergsoniano— nos ahorran el esfuerzo de asomarnos con
cierto detenimiento en el pensamiento filosófico de Antonio Caso,

[14] Samuel Ramos, *Historia de la filosofía en México*, en *op. cit.*, t. II, UNAM, pp. 211-212.
[15] Samuel Ramos, "Hipótesis", *op. cit.*, p. 79.
[16] Rosa Krauze de Kolteniuk, *op. cit.*, pp. 234-235.

porque en verdad, contra lo que dicen muy respetados tratadistas, a nuestro juicio no es un pensador original. Diríamos que su eclecticismo asoma por todas partes. En la tan conocida crítica que Samuel Ramos hizo a su maestro en la revista *Ulises* (1927), el pensador michoacano dice de su mentor: "Observemos sus libros y veamos cómo la abundancia de citas apenas deja lugar para que el autor ofrezca sus propias razones. Parece que los grandes maestros de la filosofía son para él autoridades infalibles".[17] Recurre permanentemente, diríamos nosotros, a los "argumentos de autoridad", como lo hacía la escolástica. "Proyecta en los filósofos su propia personalidad de actor, que por desventura ha crecido a expensas de su aptitud de pensador."[18] Creemos que Ramos exagera cuando sostiene que "Caso no es escritor". Para nosotros sí lo es; retórico si se quiere, pero con su estilo personal.

La obra que puede considerarse como la *summa* de la ideología casista es *La existencia como economía, como desinterés y como caridad*, que se editó en 1916, 1919 y 1943. Refleja todo un proceso de revisión, de reafirmaciones, retoques aquí y allá y agregados de nuevos hallazgos. Pero podemos decir que la generación de 1915 la conoció en su versión original y, naturalmente, en el verbo siempre encendido de elocuencia del maestro Caso.

El título es engañoso en cierta forma. Uno espera toda una teoría económica. Pero no, se trata de una teoría gnoseológica. Toda la secuencia de las tesis que contiene el trabajo parte de la teoría biológica del conocimiento, que desprendió de varios autores, pero particularmente del pragmatismo de James y del empiriocriticismo de Ernst Mach. Esta doctrina considera que la inteligencia va afinando su esencia con el desarrollo de la vida; es decir, el intelecto va reaccionando con las necesidades que la propia vida enfrenta. El pensamiento teórico, la formulación de categorías y toda la gama de operaciones lógicas responderían a las exigencias del ser vivo ante su medio. De esta manera, la inteligencia estaría ligada a la materia —como lo sostuvo Bergson—, materia biológica del hombre y materia que le rodea. Al generalizar el conocimiento, la razón va abarcando un radio más amplio de la realidad y las categorías lógicas se reducen en número, es decir, "se economizan". Así se engendra una subvertiente gnoseológica: la teoría económica

---

[17] Samuel Ramos, "Hipótesis", *op. cit.*, p. 65.
[18] *Ibidem*, p. 68.

del conocimiento. "La economía de la existencia —escribió el maestro Caso— rige con absoluto imperio el mundo de la vida y sus manifestaciones: nutrirse, crecer, reproducirse, luchar, jugar y morir [...], todo ello es la diversa expresión, más o menos compleja, de la ecuación fundamental del universo como economía: 'vida = *maximum* de provecho con *minimum* de esfuerzo'."[19] En consecuencia, la ciencia, como la vida, es utilitaria, persigue la comodidad; es decir, es egoísta e interesada, porque todo su quehacer está en función del yo. La inteligencia "fabricadora", correlacionada con la ciencia, también es egoísta, porque persigue el mismo interés utilitario.

Pero el ser humano tiene un excedente de energía, un *surplus* sobre el cual puede fincarse la *acción desinteresada y la caridad*. Ya el arte no es, como la ciencia, un arsenal de conceptos, sino producto de una intuición creadora: la "intuición estética". Entonces es la intuición —la inspiración, el sentimiento—, y no la razón, el camino para arribar a la obra de arte. "El arte —insiste el maestro Caso— es desinterés innato que la vida no explica; reclama un esfuerzo enorme y su resultado es inútil. Las obras de arte no sirven a la economía de la existencia."[20] Como, según Boutroux, las leyes de la naturaleza son contingentes, la causalidad es indeterminada. Por tanto, no estando sujeto el hombre a la necesidad, es libre, y por eso puede ser creador.

Si la voluntad humana no está encadenada, entonces por un sentimiento profundo puede brotar el bien de manera espontánea, porque no está sujeta a ningún imperativo categórico, como quería Kant. Así, la individualidad —la personalidad— se reafirma, se libera plenamente, porque abdica "heroicamente" de su egoísmo, de su interés propio y va a la acción caritativa, para darse a los demás. Así surge la existencia como caridad, que proclama la ecuación: "sacrificio = *maximum* de esfuerzo con *minimum* de provecho".[21] De manera que el hombre pleno sería acción, estaría en el mundo para obrar. Jesús es el verdadero fundador de la ética, porque no hizo de la moral una teoría sino una práctica. "Jesús murió por espontánea inspiración; no hacía silogismos; vivía."[22]

El siguiente párrafo que vamos a transcribir es la radiografía más

[19] Antonio Caso, *Antología filosófica*, Biblioteca del Estudiante Universitario, UNAM, México, 1993, p. 49.
[20] *Ibidem*, p. 53.
[21] *Ibidem*, p. 59.
[22] Citado por Rosa Krauze de Kolteniuk, *op. cit.*, p. 137.

nítida del cuerpo doctrinario de Antonio Caso: "Lector: lo que aquí se dice es filosofía, y la filosofía es un interés de conocimiento. La caridad es acción. Ve y comete actos de caridad. Entonces, además de sabio, serás santo. La filosofía es imposible sin la caridad; pero la caridad es perfectamente posible sin la filosofía, porque la primera es una idea, un pensamiento, y la segunda, una experiencia, una acción. Tu siglo es egoísta y perverso. Ama, sin embargo, a los hombres de tu siglo que parecen no saber ya amar, que sólo obran por hambre y por codicia. El que no lo hace no lo sabrá nunca. Todas las filosofías de los hombres de ciencia no valen nada ante la acción desinteresada de un hombre de bien".[23]

Recordemos que en el baño de sangre que produjo la Revolución francesa una de las víctimas fue Antonio Lorenzo de Lavoisier, quien pidió unos días de vida para terminar unos experimentos. El juez que lo condenó a muerte le espetó aquella célebre frase: "La Revolución no necesita de sabios". Haciendo la paráfrasis, el intuicionismo místico de Caso diría: "La caridad no necesita de sabios". En el fondo, esta posición niega la necesidad de la filosofía. El positivismo la negó con el "dato científico". Caso la niega casi con su pragmatismo henchido de cristianismo.

Ahora nos damos cuenta por qué el pensamiento de Caso es romántico y por qué su filosofía es irracionalista; y cómo hizo una simbiosis del pragmatismo con el cristianismo. Claro, un cristianismo sin una religión determinada, a la que el maestro Caso consideraba como una forma de egoísmo.

¿El ideario de Antonio Caso podía contribuir a resolver los problemas de México? Él dio su respuesta: "Mi actitud no se cuida de abogar por las ideas filosóficas tomando en cuenta las necesidades del país [...] La filosofía no es un asunto de oportunidad. Lo que me interesa es pensar. Si resulto oportuno, tanto mejor, si no, lo deploro, pero sigo pensando".[24] Esto nos recuerda aquella contestación que dio a los periodistas nuestro talentoso maestro Emilio Uranga sobre el existencialismo, ante pregunta semejante: los problemas de México son técnicos, no filosóficos.

Podemos destacar algunas opiniones del maestro Caso sobre México. Según su criterio, nuestro país ha padecido una especie de bovarismo: ha vivido imitando, extralógicamente, ideas e institu-

---

[23] Antonio Caso, *op. cit.*, p. 76.
[24] Citado por Rosa Krauze de Kolteniuk, *op. cit.*, p. 360.

ciones del extranjero, como el personaje de la novela de Flaubert que vivía pensando que era otro, distinto de su verdadera identidad. La Constitución de 1857, por ejemplo, sólo "ha regido soberanamente en el venerable papel en que está escrita"; pero en la realidad no ha sido nuestra ley fundamental porque es un trasunto de principios ajenos.[25]

Caso incursionó en la "filosofía de lo mexicano". Para algunos tratadistas, es el primer pensador que emprendió esa labor. Habló de la psicología del mexicano, de su "pereza soberbia", resultado del medio y de la mezcla racial: "las dos razas cambiaron sólo sus malas prendas y reservaron sus buenos atributos".[26]

Consecuente con su ideología, juzgó que los problemas de México eran esencialmente de carácter moral. Con amor y caridad podían ser resueltos. Con amor y caridad podían evitarse las revoluciones. El perfeccionamiento de la democracia debía ser el proceso natural de nuestro pueblo, porque sólo con ella es posible "la armonía colectiva de gobernantes y gobernados".[27]

Debe destacarse la posición latinoamericanista del maestro Caso. Nos hizo ver la tremenda diferencia entre el coloso del norte y los pueblos aquende del Bravo. Abogó por la unidad de América Latina por ser una comunidad de raza, de costumbres y de ideales. De estas apreciaciones bien puede desprenderse su posición antimperialista.

Estos valores éticos de generosidad, de sacrificio por el bien de los demás, de solidaridad con los que menos tienen y de reprobación contra el egoísmo fue el legado que dejó el maestro Caso a sus discípulos. Lombardo Toledano lo habría de conservar y llevar a la práctica, aunque por caminos distintos.

Hemos dicho que la Escuela Nacional Preparatoria nació bajo la influencia del positivismo barrediano, corriente que fue apagando sus ecos a medida que nuevas tendencias filosóficas invadían los recintos universitarios. Los mentores positivistas clásicos, si vale decirlo así, debido a su edad, ya no tenían los arrestos para seguir formando legiones. Justo Sierra estaba retirado de las aulas. Porfirio Parra, cuyo libro *Nuevo sistema de lógica inductiva y deductiva* era texto oficial en San Ildefonso, fue maestro de Lombardo allá por 1912, pero falleció al poco tiempo.

[25] Antonio Caso, *op. cit.*, p. 224.
[26] *Ibidem*, p. 206.
[27] *Ibidem*, p. 221

Lombardo Toledano veía en Antonio Caso, Pedro Henríquez Ureña y Agustín Aragón a sus verdaderos guías en su formación cultural. Aragón era el sumo pontífice del positivismo en México, director de la *Revista Positiva*, pero no impartió clases al joven teziuteco. "Éste no fue catedrático de la Escuela Nacional Preparatoria —informa Lombardo—; pero por la amistad estrecha que me ligaba a Teófilo Olea Leyva, sobrino suyo, tenía yo un trato íntimo con él y libre acceso a su biblioteca. Fue el exponente mayor de la doctrina positivista, que aceptaba hasta en su aspecto religioso, después de desaparecidos Gabino Barreda, Porfirio Parra y otros más de sus ilustres colaboradores y discípulos. Lo que el ingeniero Agustín Aragón me enseñó principalmente fue el amor a la ciencia como espina dorsal del conocimiento."[28]

Como hemos visto, los hombres del Ateneo de la Juventud acusaron al positivismo de todos los males que padecía la nación y hasta de palanca ideológica de la dictadura porfiriana. Pero Lombardo Toledano reconoce el alto valor que poseyó frente al dogmatismo colonial que había oscurecido la conciencia de los educandos antes de la Reforma: el positivismo "en su aspecto educativo tuvo grandes virtudes y rindió magníficos frutos. Después de varios siglos de enseñanza metafísica, que ahorraba el pensar y disponía el ánimo hacia la fantasía, la revolución liberal dispuesta a liquidar la estructura económica y social del largo pasado necesitaba un nuevo sistema de enseñanza que diera a los mexicanos una noción real del mundo y de la vida".[29]

El maestro Caso dejó su impronta filosófica en la generación de Lombardo a través de las diversas cátedras que impartió en las instituciones universitarias. En 1915, el joven poblano ingresó simultáneamente en la Escuela de Jurisprudencia y en la Escuela de Altos Estudios para cursar las carreras de derecho y filosofía. En ellas la palabra apasionada del maestro Caso era la fuerza centrípeta que hacía que la juventud estudiosa se agolpara literalmente en sus sesiones de clase. De manera que era el irracionalismo romántico —fundamentalmente en su versión bergsoniana— la tendencia filosófica de mayor impacto. "Como ustedes saben —dijo Lombardo a un grupo de jóvenes que le rendían homenaje en su cumpleaños—, yo pasé

---

[28] Luis Calderón Vega, *Los Siete Sabios de México*, Editorial Jus, México, 1972, p. 71.
[29] Vicente Lombardo Toledano, *Las corrientes filosóficas en la vida de México*, Ediciones de la Universidad Obrera de México, México, 1976, pp. 77-78.

por la Universidad Nacional muchos años, en donde me formé y a la cual serví también un tiempo largo. Fui, como todos los estudiantes de cada generación, un receptáculo de las enseñanzas de mis maestros. Por esa razón, mis primeras preocupaciones filosóficas y también mis primeras preocupaciones de tipo programático, lanzadas hacia el futuro de nuestra patria, fueron ideas y principios basados en el idealismo filosófico. No había otra posición para aquella generación de la cual yo formé parte."[30] Y claro, el reconocimiento sin reservas a su maestro: "Don Antonio Caso fue para mí, y sigue siendo en el recuerdo y en mi afecto personal, el maestro por antonomasia..."[31]

No es un juego de niños inquietos estudiar con éxito sobresaliente dos profesiones al mismo tiempo, pero sí puede ser juego de jóvenes talentosos llevar en las mochilas escolares una pesada carga de asignaturas y todavía robarle tiempo a las horas formales de estudio para canalizar, por vías creadoras, la energía física e intelectual. La cultura fue el "élan vital" por excelencia del Lombardo estudiante, aunque sus inquietudes políticas comenzaban también a aflorar en su personalidad. Enriquecer la cultura propia, mover a la juventud con el acicate del saber y extender la ciencia y el arte hacia el entorno social fueron las causas que lo condujeron a forjar organizaciones de estudio, de debate y de creación. Así, formó el Club de Lectores de Henrick Ibsen y la Academia de Estudios Sociales. Pero fue la Sociedad de Conferencias y Conciertos, fundada el 5 de septiembre de 1916 —el célebre grupo conocido como el de los Siete Sabios—, la que dejaría su brillante estela en el cielo cultural de México: Vicente Lombardo Toledano, Manuel Gómez Morin, Teófilo Olea Leyva, Alberto Vázquez del Mercado, Antonio Castro Leal, Alfonso Caso y Jesús Moreno Baca. Siete inteligencias ansiosas de ampliar su horizonte humanístico y de compartirlo con los universitarios y con la sociedad. Todos tenían siempre algo que decir. Lombardo, por ejemplo, disertó sobre las posibilidades del socialismo en México. Románticos en filosofía, sin embargo, su pasión vibraba también con los acordes solemnes de Beethoven. Así, bajo su ímpetu, lograron un hecho que sólo se repite en intervalos históricos: la Orquesta Sinfónica ejecutó las nueve sinfonías del genio de Bonn bajo la batuta del maestro Julián Carrillo.

[30] Vicente Lombardo Toledano, *Palabras a los jóvenes del PPS*, versión taquigráfica de María González Ayón, s. f., copia mecanográfica, p. 2.
[31] Luis Calderón Vega, *op. cit.*, pp. 71-72.

La generación de 1915 concluía una jornada al terminar el nivel de licenciatura en 1918. Pero sólo llegaba a un paraje. Nuevos caminos se abrirían. Otras cumbres tendría que escalar para tener a la vista otras perspectivas, con el bagaje filosófico que la universidad le había entregado. ¿Qué peso tenía este bagaje? "Del ambiente universitario —explicó Lombardo a Barbusse— recibí la doctrina del socialismo cristiano. El socialismo cristiano [...] emanaba de la doctrina filosófica espiritualista, sustentada oficialmente en la Universidad por mis maestros."[32]

El despertar de su conciencia política con la Revolución mexicana y sus vínculos tempranos con la clase obrera lo inclinaron del "humanismo burgués" al "humanismo proletario", para decirlo con el lenguaje de Aníbal Ponce. Haciendo reminiscencias de su generación, Lombardo expuso: "Ninguno de nosotros era marxista. No conocíamos a Marx. No se encontraban siquiera libros de Marx o del marxismo en México[...] Y nuestras enseñanzas habían sido una mezcolanza de humanismo, cristianismo, socialismo[...] ¡todo revuelto!... Desde entonces tuve un enorme interés por conocer el marxismo; pero sólo me fue posible lograrlo cuando dejé de ser estudiante".[33]

[32] Vicente Lombardo Toledano, *Carta a Henri Barbusse*, *op. cit.*, p. 3.
[33] Luis Calderón Vega, *op. cit.*, pp. 76-77.

IV. EL SINDICALISMO REVOLUCIONARIO

En 1919 Lombardo Toledano presentó sus exámenes recepcionales para obtener dos grados universitarios: el 15 de marzo, el de licenciado en derecho en la Facultad de Jurisprudencia, y el 13 de junio, el de profesor académico de filosofía en la Escuela de Altos Estudios.

Claro que no era un joven que tuviera los caminos inciertos y los horizontes en las brumas de la inseguridad. Al contrario, su talento y preparación le abrieron amplias perspectivas en la cultura, en el magisterio y en el periodismo. Aun sin haberse titulado, desde 1918 inició su actividad docente en la Escuela Nacional Preparatoria, impartiendo la cátedra de ética. Una vez graduado en leyes, fue nombrado secretario de la Facultad de Derecho y ascendió en su carrera de profesor universitario para impartir distintas asignaturas en la propia institución jurídica, en la Facultad de Comercio y en la Escuela de Verano para Extranjeros. Según el testimonio de su esposa Rosa María Otero y Gama, ésta fue la etapa de su vida en que la mayor parte de su tiempo estuvo dedicado a la enseñanza en la máxima casa de estudios de nuestro país.[1] Por supuesto que ya tenía obra escrita. Pero para 1919 redactó dos trabajos: un libro de *Ética* y un breve ensayo titulado *Definiciones sobre derecho público,* ambos para uso de sus alumnos. En ese mismo año da comienzo uno de sus quehaceres de toda su vida: el periodismo. Al lado de personalidades como Martín Luis Guzmán, Enrique González Martínez, Manuel Gómez Morin y el poeta colombiano Porfirio Barba Jacob, es editorialista en *El Heraldo de México,* fundado por el general Salvador Alvarado.[2]

¿Y el ejercicio de su profesión de abogado? Hay un hecho desconocido porque no ha sido consignado por quienes han escrito sobre su vida. Nosotros lo guardamos en la memoria debido a que tuvimos el privilegio de que el propio maestro Lombardo Toledano nos lo contara. Además, el testimonio de su hija, Marcela Lombardo

---

[1] Rosa María Otero y Gama, "Efemérides de Vicente Lombardo Toledano", en *Vicente Lombardo Toledano, obra histórico-cronológica,* t. I, vol. I, Centro de Estudios Filosóficos, Políticos y Sociales Vicente Lombardo Toledano, México, 1994, pp. 382-383.

[2] *Ibidem,* p. 383.

Otero, nos ha ampliado la información. Poco después de haberse recibido de abogado, viajó a Coyuca de Catalán, estado de Guerrero, en el corazón de la llamada Tierra Caliente, para atender en el distrito judicial De Mina un asunto relativo a la herencia de unos menores. Aquélla era una región completamente aislada, conectada con Iguala o Toluca sólo por caminos de herradura. Solía relatarnos que siguió la ruta de los valles y quebradas que flanquean la Sierra de Nanchititla, en el Estado de México. ¿Fue el único negocio que atendió como litigante? No lo sabemos. Pero con los honorarios que ganó en él solventó los gastos de su casamiento con su compañera de la Escuela de Altos Estudios, Rosa María Otero y Gama, que tuvo lugar el 22 de abril de 1921. De esa unión nacieron sus hijas Rosa María, Adriana y Marcela. Un prospecto halagüeño para el joven jurista podía ser el de montar un despacho con todas las de la ley para dedicarse a defender asuntos particulares en los tribunales y llegar a ser un próspero abogado postulante. Las oportunidades no podían faltarle. Amigos y parientes le ofrecieron gruesos recursos económicos para que atendiera a clientes con negocios que podían ser minas de oro y plata. Pero un joven que ya ha sentido "toda la profundidad del drama social de México", por haber presenciado la explosión de la Revolución mexicana y por sus vínculos tempranos con la clase obrera a través de la Universidad Popular Mexicana, tenía que afrontar una crisis interior que le confió a su padre, quien, dejando en libertad a su hijo para que escogiera su camino, le dijo: "...nunca hagas nada en contra de tus convicciones, jamás".[3] "Quienes empezamos a meditar sobre lo que México era cuando estalló la Revolución —dice Lombardo— descubrimos la magnitud del drama en que vivía, y esta revelación decidió el curso de nuestra existencia. Se presentó entonces para los jóvenes de mi generación un dilema: labrar nuestro porvenir como individuos, buscando nuestra felicidad al margen de la profunda convulsión que sacudía al pueblo, o vivir dentro de ella y tratar de contribuir al logro de las metas que pretendía alcanzar. Yo opté por el segundo camino, después de dudas y vacilaciones, cuando salí de la escuela, porque son tentadores la riqueza y los bienes que proporciona."[4] Por lo pronto, prosiguió con sus

[3] James W. Wilkie y Edna Monzón de Wilkie, *op. cit.*, p. 46.
[4] Vicente Lombardo Toledano, "Lo que la vida me ha enseñado", en *Escritos en "Siempre"!*, t. I, vol. 1, Centro de Estudios Filosóficos, Políticos y Sociales Vicente Lombardo Toledano, México, 1994, p. 55.

tareas docentes en la Universidad Nacional y con su oficio de escritor.

La Universidad Popular Mexicana nació bajo los auspicios del Ateneo de México —antes Ateneo de la Juventud— con propósitos humanistas: extender la cultura hacia las capas proletarias. Pero el vendaval de la Revolución llevó a la diáspora a los miembros de este centro del saber. No fue sino hasta 1917 que Alberto J. Pani y Alfonso Pruneda la reabrieron y la reorganizaron. Pruneda, su rector, nombró ese mismo año a Vicente Lombardo Toledano como secretario de ella. Ahí se volverían a escuchar las disertaciones de Antonio Caso y de otros destacados ateneístas. La Universidad Popular le permitió al joven poblano relacionarse directamente con la clase proletaria y con sus organizaciones sindicales y lo llevó a ahondar en el derecho industrial, como entonces se llamaba al derecho obrero. Dictaba conferencias y asesoraba a los trabajadores y a sus sindicatos en sus problemas laborales. Ahí encontró la gran oportunidad de hablarle al pueblo y de transmitirle sus conocimientos con la palabra sencilla y clara, forjando así la didáctica del discurso sobrio y de rigurosa secuencia lógica, y el arte de llevar a las amplias masas las ideas más complejas y profundas.

La Universidad Popular Mexicana le tendió el puente para que arribara a la primera central de la clase trabajadora que surgió a nivel nacional, enviándolo como delegado al congreso constituyente de la Confederación Regional Obrera Mexicana —la CROM—, que tuvo lugar en la ciudad de Saltillo, en 1918, convocado por el gobernador de Coahuila, Gustavo Espinoza Mireles, en cumplimiento de un decreto del Congreso local. Su asistencia a esa asamblea tuvo un objetivo primordial: "Proponer la organización de universidades populares en los principales centros de trabajo de la República".[5]

Cortemos el hilo cronológico para señalar algunos antecedentes. Es bien sabido que la estructura agraria y semicolonial de América Latina, con incipiente capitalismo de influencia foránea, propició una fuerte repercusión del anarquismo en la región durante la etapa inicial del movimiento obrero, tendencia que venía de la parte menos industrializada de Europa, como España, Italia y el sur de Francia. La clase trabajadora mexicana tenía una rica herencia de ideas y de luchas en esta vertiente del pensamiento político. En la

---

[5] Vicente Lombardo Toledano, *Carta a Henri Barbusse, op. cit.*, p. 2.

segunda mitad del siglo XIX el socialismo utópico y el anarquismo se hermanaron para impulsar los primeros combates del artesanado y del naciente proletariado. El anarquista de origen griego Plotino Rhodakanati, quizá a partir de la década de los sesenta del siglo decimonono, dio a conocer en México el pensamiento de Proudhon, Fourier y Saint-Simon a través de centros de adoctrinamiento, de los que salieron líderes que habrían de guiar huelgas y rebeliones y que habrían de fundar las primeras organizaciones de trabajadores y los primeros órganos de la prensa obrera. Ya a principios del siglo XX, Kropotkin y Bakunin le dieron la orientación filosófico-política al Partido Liberal Mexicano, bajo el liderazgo de Ricardo Flores Magón, cuyo programa de 1906 recoge, sin embargo, con sabiduría y fidelidad las demandas de la clase obrera mexicana, las cuales tendrían respuestas concretas en el artículo 123 de la Constitución de 1917.

En 1912 fue creada la Casa del Obrero Mundial, también con el ímpetu de la doctrina anarcosindicalista. Era un centro de discusión y difusión de esta corriente, así como de preparación de cuadros con el fin de darle lineamientos de lucha a las masas trabajadoras, siempre bajo la táctica de la "acción directa". El momento histórico que habría de vivir el país después de la Revolución constitucionalista —contienda armada entre carrancistas y villistas— obligó a los dirigentes de esta agrupación a abandonar su "apoliticismo" neutral y a firmar un pacto con el primer jefe del Ejército Constitucionalista, en el puerto de Veracruz, el 17 de febrero de 1915, mediante el cual la clase obrera se comprometía a tomar las armas y a hacer propaganda contra la División del Norte y, a cambio de ello, el régimen se obligaba a atender las demandas de los trabajadores, dictando las normas conducentes. Pero la propia realidad de México, más vehemente que la doctrina, empujó a los conductores de la Casa del Obrero Mundial a cambiar radicalmente sus posiciones tácticas e ideológicas.

Era evidente que la Confederación Regional Obrera Mexicana no brotaba en un erial. La siembra anarcosindicalista tenía que abonarle el terreno. Su lema "Salud y revolución social" era un trasplante que venía de la Casa del Obrero Mundial. Otra vez las circunstancias sociales y políticas de la nación obligaron a la CROM a saltar de la "acción directa" a la "acción múltiple"; es decir, a combinar la lucha económica con la lucha política.

La CROM también emprende la tarea de organizar al campesinado para llevar la reforma agraria hacia adelante. "Esa central —explica Lombardo— representa la liquidación de la ideología anarquista, que, como en toda América Latina, fue la que más influjo tuvo en los primeros sindicatos."[6] Con las nuevas posiciones, el Grupo Acción que comandaba Luis N. Morones dentro de la CROM creó, en 1919, el Partido Laborista Mexicano, siguiendo el modelo del Labor Party de Inglaterra, de corte no revolucionario sino reformista.[7]

A partir de 1920, la militancia de Lombardo en las filas de los trabajadores se acrecienta. En febrero de ese año funda la Liga de Profesores del Distrito Federal —primer sindicato de mentores que apareció en México—, de la que fue su primer secretario general. Ya con esa representatividad asistió a la III Convención de la CROM, que se realizó en Orizaba, Veracruz, en 1921. Esa asamblea fue muy importante para el líder magisterial porque se relacionó con personalidades tan avanzadas como Felipe Carrillo Puerto.

Vincular la cultura con la causa del proletariado fue la divisa permanente de Vicente Lombardo Toledano. Su relevante papel en la educación superior —era director de la Escuela Nacional Preparatoria— y su liderazgo en el magisterio le facilitaron la tarea de formar, el 6 de febrero de 1922, el Grupo Solidario del Movimiento Obrero, al que se integraron artistas e intelectuales muy destacados como José Clemente Orozco, Diego Rivera, Alfonso Caso, Pedro Henríquez Ureña, Carlos Pellicer, Enrique Delhumeau y otros muchos. El propio Orozco consideró que el propósito de Lombardo en este esfuerzo era el de "interesar a los intelectuales en los problemas obreros".[8]

En septiembre de 1923 Lombardo ingresa a la máxima dirigencia de la CROM —a su Comité Central— al ser elegido secretario de Educación por la V Convención, que se llevó a cabo en Guadalajara. Es importante su contribución a la VI Convención de esa central obrera, que tuvo lugar en Ciudad Juárez, Chihuahua, en noviembre de 1924,

[6] Vicente Lombardo Toledano, "La evolución de la América Latina después de la segunda Guerra Mundial", trabajo fechado en Moscú el 27 de mayo de 1959, copia mecanográfica, p. 7, Fondo Documental del Centro de Estudios Filosóficos, Políticos y Sociales Vicente Lombardo Toledano.

[7] James W. Wilkie y Edna Monzón de Wilkie, *op. cit.*, p. 48.

[8] José Clemente Orozco, *Autobiografía*, Secretaría de Educación Pública, México, 1983, p. 82.

porque en ella presentó una importante ponencia: "El problema de la educación en México", en la que hace críticas tanto al laicismo —neutralismo— en la educación, estipulado por el artículo 3° constitucional, como a la imitación extralógica de sistemas pedagógicos extranjeros, y propugna por una educación que despierte la conciencia de clase de los trabajadores a fin de que puedan defender sus propios intereses.

Persistente va a ser el empeño de Lombardo por unificar a los trabajadores a partir de que quedó instituida la Liga de Profesores del Distrito Federal. Ahora su labor se encamina a crear un solo sindicato del magisterio nacional. Su propósito se hace realidad al lograr que la CROM convoque a los mentores de México a un congreso especial en 1927, del cual ha de surgir la Federación Nacional de Maestros, también con la conducción de Lombardo como secretario general. Desde este espacio sindical, en ese mismo año, dirige la primera huelga victoriosa de profesores, que estalla en el puerto de Veracruz a causa de la falta de pago de los salarios. En este conflicto resalta un hecho histórico para el movimiento obrero: Lombardo sostuvo la tesis —aceptada por el ayuntamiento de aquella ciudad— de que el Estado debe ser considerado como patrón respecto de sus trabajadores, principio que habría de despertar polémicas, pero que poco a poco se fue imponiendo. En la VIII Convención Nacional de la CROM, el propio Lombardo presentó un amplio estudio sobre esta cuestión y varias demandas favorables a quienes laboran al servicio del gobierno: igualdad de derechos de todos los trabajadores del país, independientemente de quién sea el patrón; también presentó una convocatoria para crear la Federación Nacional de Trabajadores al Servicio del Estado.

Es conveniente hacer un paréntesis para entender mejor el proceso de cambio en el pensamiento filosófico y político de Vicente Lombardo Toledano. "El decenio de 1920 a 1930 —cuenta él mismo— fue decisivo en mi vida intelectual y en mi vida de militante político. En primer término porque estudié sistemáticamente la filosofía para renovar el acervo cultural que yo había recibido en la UNAM. De manera sistemática fui remplazando mi pensamiento filosófico idealista por la doctrina del materialismo dialéctico."[9] Dos casualidades —dentro de la necesidad del desarrollo histórico de México

---

[9] James W. Wilkie y Edna Monzón de Wilkie, *op. cit.*, p. 52.

y del movimiento obrero— deben tomarse en cuenta para explicar la llegada de Lombardo al marxismo: su primer viaje a los Estados Unidos y a Europa en 1925. En Nueva York asistió en representación del Ayuntamiento de México, junto con el arquitecto Federico E. Mariscal, a un Congreso Internacional de Planeación de Ciudades y Regiones. Ahí conoció e hizo amistad con el líder socialista Eugenio Debs.[10] A continuación fue al Viejo Continente como observador de la CROM a la Conferencia Internacional del Trabajo, que se realizó en Ginebra. Recorrió varios países y estableció relaciones con diversos dirigentes del proletariado. En la Babel de Hierro y en París, principalmente, visitó librerías y obtuvo créditos para adquirir las obras clásicas del marxismo. "En aquella época —dice— no dominaba el inglés[...] Cuando recibí *El Capital* de Marx, pasé seis meses de estudio, todas las noches, tres horas diarias, con el diccionario en la mano, hasta que terminé."[11] Naturalmente que en este camino no se pueden señalar fechas que marquen los virajes del pensamiento. La práctica y la teoría renovadas, al ir horadando los campos de la lucha social y política, mostrarán sus filos y su potencia. Las exigencias del pueblo mexicano para que fueran cumplidos los objetivos de la Revolución removieron la conciencia de muchos hombres como Lombardo y los impulsaron a la búsqueda de armas eficaces para las nuevas batallas. La filosofía espiritualista y el intuicionismo bergsoniano resultaban instrumentos estériles para construir el nuevo Estado mexicano.

El país tomaba su rumbo. El presidente Álvaro Obregón, que gobernó de 1920 a 1924, fue el primer mandatario que emprendió los cambios en la estructura económico-social al poner en marcha la reforma agraria: repartió cerca de 1 125 000 hectáreas. La táctica de la "acción múltiple", proclamada por Morones y su grupo, no llevó a la CROM a la vanguardia del pueblo ni a posiciones avanzadas que le permitieran señalar rutas para el progreso de la clase trabajadora y de la nación, sino que convirtieron la central en un aparato al servicio del gobierno en turno con el fin de que sus cuadros se acomodaran en los puestos públicos. Lombardo Toledano tenía otra tesitura política que le permitió construir un sindicalismo distinto: el sindicalismo revolucionario, que sabe ligar los intereses económicos de los trabajadores con las reivindicaciones sociales

[10] Rosa María Otero y Gama, *op. cit.*, p. 390.
[11] James W. Wilkie y Edna Monzón de Wilkie, *op. cit.*, p. 50.

del pueblo y las que corresponden a la nación para su independencia económica y política. Todo esto es necesario exponerlo para poder entender su papel durante los más de ocho años en que militó en las filas de la CROM como miembro de su Comité Central, así como las causas de su rompimiento con la organización en 1932.

Plutarco Elías Calles, que tuvo el timón del Estado de 1924 a 1928, prosiguió la política progresista durante los dos primeros años de su régimen: repartió casi tres millones de hectáreas y comenzó la modernización del país, construyendo su infraestructura bajo la intervención directa del Estado. Pero ante la presión del imperialismo norteamericano —de su embajador Dwight Morrow— Calles comenzó a desandar el camino, a renegar de la reforma agraria y a desvirtuar la esencia de la Revolución, predicando que ella debía pugnar por la armonía de clases y ayudar tanto a los poderosos como a los débiles. Lombardo, desde la CROM, respondió con una idea que jamás abandonaría: la Revolución es un movimiento unilateral a favor de los de abajo.[12] Este pensamiento motivó una de las primeras disensiones con el grupo moronista.

Al ser asesinado el presidente electo —reelecto— Álvaro Obregón el 17 de julio de 1928, no se hizo esperar la hostilidad de Calles contra la CROM y el Partido Laborista Mexicano (PLM), ya que el Hombre de Sonora en sus ambiciones desbordadas por ser el "hombre fuerte" no podía arrastrar herencias del pasado que le estorbaran. Lombardo consideraba que había llegado el momento de quitar pretextos para atacar a la CROM y propuso, el 9 de diciembre de 1928, la disolución del PLM, al cual el régimen había convertido en cabeza de turco y cuya existencia era inútil a todas luces. Sin embargo, la dirigencia de esa agrupación hizo oídos sordos.

La clase trabajadora tenía amparados sus derechos en la Carta de Querétaro; pero cada estado iba dictando sus propias leyes laborales. Derechos sociales de tanta relevancia requerían una legislación de carácter federal. Ante tal demanda, se llevó a cabo la Convención Obrero-Patronal, del 15 de noviembre al 8 de diciembre de 1928, para discutir un proyecto de Código Federal del Trabajo, cuyo autor era Emilio Portes Gil, secretario de Gobernación del presidente Calles. Vicente Lombardo Toledano fue el vocero de la

[12] *Ibidem*, p. 70.

confederación en esa asamblea. Sus tesis vertidas ahí fijaron rumbos para una legislación realmente avanzada. He aquí algunas de las más importantes: *1)* el proletariado debe manifestarse en un frente único, sin distinguir entre patrones privados y públicos; *2)* el Estado debe ser colocado en la misma situación que el patrón privado; *3)* la ley no debe distinguir entre trabajadores manuales o intelectuales, agrícolas o industriales, de empresas privadas o públicas o que laboren al servicio del Estado; todos deben poseer los mismos derechos; *4)* el sindicato mayoritario es el que debe celebrar el contrato colectivo de trabajo; *5)* debe rechazarse la cláusula del proyecto de que en los contratos-ley es posible pactar que los trabajadores pueden renunciar a la huelga, porque se caería en la anticonstitucionalidad; *6)* el proyecto no tiene por qué hablar del reconocimiento o no a la "personalidad jurídica de los sindicatos", porque esa "personalidad" es inherente a éstos, sea reconocida o no; *7)* el Estado no debe intervenir en la vida de los sindicatos; *8)* los sindicatos no son instituciones de beneficencia sino de derecho público; *9)* prohibir, como lo hace el proyecto, que los sindicatos intervengan en política es contrario a la Carta Magna y una reminiscencia del anarquismo; *10)* desconocer la "personalidad jurídica" de un sindicato cuando éste acepta en su seno a los "agitadores", como lo estipula el proyecto, es una disposición opuesta a la Carta de Querétaro, puesto que el artículo 123 reconoce implícitamente la lucha de clases y el derecho a la coacción, como es la presión que se ejerce con la huelga; *11)* reconocimiento al derecho de la clase obrera de intervenir en la dirección de las empresas.[13] Por acuerdo de la IX Convención de la CROM, a propuesta de Lombardo, la delegación se retiró de los debates para no cargar con la responsabilidad de convalidar con su presencia ese proyecto que no podía satisfacer al proletariado.

Lombardo Toledano vuelve a llevar sus tesis a una nueva Convención Pro Ley del Trabajo en agosto de 1929, que realizan sólo las organizaciones obreras.

Emilio Portes Gil, presidente provisional de la República desde el 30 de noviembre de 1928, remitió su proyecto de Código Federal del Trabajo al Congreso de la Unión el 6 de septiembre de 1929, el cual provocó oposición en la Cámara de Diputados. Después de

[13] Vicente Lombardo Toledano, *Obras completas*, t. V, Gobierno del Estado de Puebla, México, 1990, pp. 67-154.

amplios debates dentro y fuera del Congreso, finalmente fue aprobado y promulgado el 18 de agosto de 1931.

Viendo los hechos con objetividad, son evidentes las aportaciones
de Vicente Lombardo Toledano al derecho obrero mexicano, tanto
en materia de normas jurídicas como en el terreno de la teoría.

Los campos tenían que deslindarse: por un lado, el sindicalismo
reformista y colaboracionista de Morones y su grupo; y por el otro,
el sindicalismo revolucionario de Lombardo, que se hace más claro y preciso. Dos discursos suyos son los dos explosivos que abren
la grieta entre ambas posiciones. El primero fue pronunciado en el
Frontón Nacional, por invitación de la Unión Tipográfica Nacional, el 23 de julio de 1932, que se conoce con el título de "El camino
está a la izquierda". Fue un discurso doctrinario y, al mismo tiempo, de denuncia y crítica. Explicó la esencia del capitalismo y los
cambios que provocó en la sociedad. Denunció la incapacidad del
gobierno para planificar el desarrollo económico y llevar a cabo
las reformas revolucionarias que demandaba el pueblo, así como la
demagogia de la burguesía para sumir a la clase trabajadora en el
sacrificio con la cantilena de "mantener las fuentes de trabajo"; criticó al Partido Laborista por su ineficacia para influir en los cambios
y en los hombres de la Revolución que se han abrazado "al árbol
burgués"; llamó la atención sobre el "desbordante e incontenible
propósito" del imperialismo norteamericano de "apoderarse de
América Latina, para su expansión económica y espiritual". "La lucha del proletariado —dijo— es para mejorar sus condiciones de vida,
pero su objetivo esencial es el de destruir el régimen de explotación."[14] La segunda intervención fue en el Teatro Olimpia, el 18 de
septiembre de ese mismo año, durante el mitin organizado por la
Federación de Sindicatos Obreros del Distrito Federal. Fue una tremenda requisitoria contra el gobierno, que carece de programa y
se ha olvidado de las ideas revolucionarias, y contra la conducta pre-
varicadora de los hombres que acaudillan la Revolución. Llamó
farsa a la democracia que se practica en México y "burocracia
organizada" al Partido Nacional Revolucionario; puso en su lugar
a los círculos políticos que, so pretexto de que carecemos de recursos financieros, piden que se abran las puertas al capital extranjero
sin condiciones, y por primera vez en la historia del país planteó

---

[14] Vicente Lombardo Toledano, "El camino está a la izquierda", revista *Futuro*, mayo de
1934, pp. 54-61.

la necesidad de nacionalizar el petróleo, la energía eléctrica, los transportes y las comunicaciones en general, así como controlar las inversiones provenientes del exterior. Planteó una nueva democracia: gobierno de la masa para la masa y por la masa.[15]

Como era de esperarse, Luis N. Morones, en ese mismo acto, desautorizó a Lombardo y lo acusó de propalar ideas exóticas. Ante tal circunstancia, con fecha 19 de ese mismo mes, el secretario de Educación de la CROM renunció a seguir perteneciendo a la central. En ella se declara "enemigo del régimen burgués", marxista e internacionalista. Aclara que no se separa de la organización para buscar acomodo en el gobierno, "sino, antes bien, por no aceptarlos". Y fija su convicción política definitiva: seguirá dedicando su vida a la causa socialista.[16]

Con esta escisión, el movimiento obrero tenía que tomar un derrotero nuevo. Lombardo no podía quedarse solo. Una poderosa corriente sindical se había formado a su alrededor. La mayoría de los sindicatos que constituían la CROM convocaron a una convención extraordinaria, la cual se realizó en marzo de 1933. De ella surgió por breve tiempo la que se llamó "CROM depurada", que eligió a Lombardo como su secretario general. El líder obrero aceptó a condición de que fuera aprobado un Programa Mínimo de Acción, que él mismo redactó. Reivindicaciones económicas, sociales y políticas llenan este programa: *1)* fundación de la Escuela Superior Karl Marx para la educación político-sindical de los trabajadores; *2)* prohibición para el capital extranjero de adueñarse del petróleo y de otros recursos naturales básicos, así como de la energía eléctrica y de los medios de comunicación mediante monopolios o concesiones privilegiadas; *3)* intervención del Estado en la economía; *4)* participación de los trabajadores organizados en la dirección de la economía nacional; *5)* socialización y trabajo colectivo de la tierra; *6)* presencia proporcional en el Congreso de delegados auténticos de la clase trabajadora organizada; *7)* prohibición a los miembros de la CROM de aceptar puestos públicos sin autorización de los órganos correspondientes; *8)* pensión a los desocupados; *9)* educación socialista en las instituciones educativas dependientes del Estado; *10)* permanente y sistemática actividad cultural y artística; *11)* desafiliación

[15] Vicente Lombardo Toledano, discurso pronunciado en el Teatro Olimpia de la ciudad de México, el 18 de septiembre de 1932, revista CROM, 1° de octubre de 1932.
[16] "Renuncia de Lombardo Toledano a la CROM", revista *Futuro*, mayo de 1934, pp. 62-63.

de la CROM de la Confederación Obrera Pan-Americana (COPA) y convocatoria para organizar la Confederación Obrera Ibero-Americana que apruebe un programa antimperialista; *12)* acción permanente hasta la desaparición del régimen burgués y el triunfo del proletariado.[17]

El espíritu siempre unitario de Lombardo lo llevó a emprender una labor de acercamiento a diversas organizaciones sindicales con vistas a hacer más amplio el frente del movimiento obrero en todo el país. Fruto de esos pasos fue el surgimiento de la segunda central de trabajadores, fundada en octubre de 1933: la Confederación General de Obreros y Campesinos de México (CGOCM). Lombardo la concibió como una etapa de transición hacia una organización mucho más unitaria y vigorosa. En términos esenciales, la CGOCM adoptó el mismo programa de la "CROM depurada" y destacó los principios fundamentales que la orientarían: la lucha de clases, la democracia sindical, la independencia del movimiento obrero respecto del Estado y el "socialismo revolucionario" para alcanzar un nuevo estadio de la vida social.

La CGOCM fue protagonista de acontecimientos políticos decisivos en el proceso revolucionario de México. Aglutinó en torno suyo, como un imán, corrientes políticas y sindicales de carácter progresista. Ese cambio en la correlación de fuerzas permitió que la sucesión presidencial de 1934 se decidiera en favor de Lázaro Cárdenas, un hombre de trayectoria avanzada, perteneciente al ala izquierdista del Partido Nacional Revolucionario (PNR). Con el nuevo régimen se abrió un ancho camino para que la clase obrera reclamara sus derechos, haciendo uso del arma de la huelga. Sólo en 1935 hubo 642 huelgas en el país. Plutarco Elías Calles, acostumbrado a ser el factótum de la política nacional, desató aquel ventarrón del 12 de julio de 1935: criticó la política laboral del presidente Cárdenas, amenazó con echarlo del poder, acusando a Lombardo de ser el culpable del "desorden" causado por las huelgas. El dirigente obrero contestó a Calles desde *El Universal Gráfico:* "...no soy sino un humilde agitador y proseguiré en mi actitud, siguiendo a la causa del proletariado".[18] La respuesta de la clase obrera fue contundente e inmediata. "Esa noche —cuenta Lombardo—

---

[17] Vicente Lombardo Toledano, "Programa Mínimo de Acción de la CROM", revista *Futuro*, mayo de 1934, pp. 76-78.
[18] *El Universal Gráfico*, México, D. F., 12 de junio de 1935.

reuní a todos los trabajadores, a todos los sindicatos, creamos una agrupación que se llamó Comité de Defensa Proletaria[...] llenamos la Plaza de la Constitución, el Zócalo, respaldamos al presidente Cárdenas, y entonces el general Calles salió del país."[19]

La cgocm y el presidente Cárdenas —aliados— hicieron frente a la ofensiva reaccionaria concentrada en Monterrey con motivo de la huelga que tuvo lugar en la Vidriera de Monterrey, S. A. Ante sus armas sucias —sindicatos blancos, campaña contra el movimiento obrero y su líder, acusándolos de comunistas y antipatriotas—, la movilización de los trabajadores fue la respuesta. Lombardo, en la ciudad de México, y Cárdenas, en Monterrey, frente a las masas, pusieron en su lugar a la burguesía más derechista. Cárdenas dijo que no podía creerse en la existencia de una agitación comunista, sino que simplemente la clase obrera reclamaba sus derechos consagrados en la Constitución y que el conflicto laboral era "del género de los que ocurren normalmente en nuestro país".[20] Y les leyó la cartilla a los patrones: los 14 puntos de la política gubernamental en las relaciones obrero-patronales. Les dijo que si estaban fatigados de la lucha social podían entregar sus negocios a los obreros o al gobierno.

El 8 de febrero de 1936 se cumplía uno de los sueños de Lombardo Toledano: la creación de una universidad para la educación política y sindical de los trabajadores. Ese día fue inaugurada la Universidad Obrera de México, con la presencia de altas personalidades del gobierno de la República y de la cultura. En su discurso, el dirigente de la cgocm dijo que con la apertura de la institución la clase obrera reivindicaba su derecho a la cultura e invitó a la nueva comunidad universitaria "a trabajar por formar la cultura auténticamente proletaria, al servicio de la clase que está empeñada en una lucha histórica de gran trascendencia".[21] Reconoció que este centro educativo se fundaba con la cooperación del presidente Cárdenas, del secretario de Educación Pública, Gonzalo Vázquez Vela, y del subsecretario, Gabriel Lucio. Diríamos que lo

[19] James W. Wilkie y Edna Monzón de Wilkie, *op. cit.*, p. 139.
[20] *Historia documental, ctm, 1936-1937*, p. 53.
[21] Vicente Lombardo Toledano, "La Universidad Obrera de México al servicio del proletariado", discurso pronunciado en la inauguración de la Universidad Obrera el 8 de febrero de 1936, en *Obra educativa*, Universidad Nacional Autónoma de México e Instituto Politécnico Nacional, edición al cuidado del Centro de Estudios Filosóficos, Políticos y Sociales Vicente Lombardo Toledano, México, 1987, t. III, p. 760.

más granado de la intelectualidad progresista de México se hacía cargo de las cátedras, de las escuelas y departamentos que conformaban la estructura de esa casa de estudios.

La CGOCM tenía otra misión: contribuir a forjar una nueva central. En efecto, en 1936 —del 26 al 29 de febrero— tuvo lugar el Congreso de Unificación Proletaria, del que emergió la Confederación de Trabajadores de México (CTM), con 600 000 proletarios y asalariados. "A diferencia de la CROM —explica Lombardo—, nació sin la ayuda del gobierno, con independencia absoluta del Estado."[22]

Lombardo tenía pautas teóricas y amplia experiencia en la vida sindical. Recordemos la tesis que propuso Carlos Marx en el Congreso de la Primera Internacional, llevado a cabo en Ginebra en septiembre de 1866: la fuerza de la clase obrera radica en su unidad, pero ésta se rompe por la división. Lombardo defendería el postulado de que "la organización sindical es un frente de masas, independientemente de las opiniones de quienes lo integran, y de que para hacer posible la verdadera unidad es indispensable no sólo aceptar las agrupaciones y los cuadros de todas las tendencias, sino también hacerlos partícipes en la dirección de la organización obrera".[23] Como decimos hoy, el primer Comité Nacional de la CTM fue plural. En él compartieron la responsabilidad "sindicalistas tradicionales, con ciertas supervivencias del pensamiento anarcosindicalista; sindicalistas reformistas, comunistas y marxistas-leninistas sin partido".[24] La Confederación de Trabajadores de México adoptó el lema: "Por una sociedad sin clases". En cuanto a la Declaración de Principios, Objetivos y Táctica de Lucha, recogía, en esencia, el legado ideológico y programático tanto de la "CROM depurada" como de la Confederación General de Obreros y Campesinos de México. Reafirmaba los siguientes principios: *1)* abolición del régimen capitalista; *2)* instauración del socialismo; *3)* lucha por la liberación económica y política de México respecto del imperialismo; *4)* lucha contra el fascismo; *5)* independencia ideológica y de organización del proletariado; *6)* unidad internacional de la clase obrera. Pueden destacarse los puntos esenciales del programa: *1)* pleno goce y ampliación de los derechos de la clase obrera; *2)* eleva-

---

[22] Vicente Lombardo Toledano, *Teoría y práctica del movimiento sindical*, Editorial del Magisterio, México, 1961, p. 71.
[23] *Ibidem*, p. 70.
[24] *Ibidem*, pp. 73-74.

ción económica y social de los campesinos y ampliación de la reforma agraria; *3)* toda la clase asalariada —trabajadores al servicio del Estado, obreros agrícolas, maestros, etc.—, sin distinción alguna, debe estar amparada por la Ley Federal del Trabajo; *4)* igualdad de derechos para los indígenas en relación con el resto de los mexicanos; *5)* implantación del seguro social; *6)* capacitación técnica de los trabajadores y educación de los mismos para la formación de su mentalidad revolucionaria, como base para el cambio social; *7)* desarrollo industrial de México y condiciones a las inversiones extranjeras.[25] La línea estratégica y táctica de la CTM sería el sindicalismo revolucionario y la alianza de todas las fuerzas progresistas de la nación, así como la huelga general revolucionaria ante todo intento de establecer una dictadura reaccionaria.

El congreso constituyente de la nueva central del proletariado mexicano se dirigió a todas las organizaciones sindicales del continente americano, así como a la Federación Sindical Internacional y a la Internacional Sindical Roja con objeto de unificar a la clase obrera latinoamericana y a los trabajadores del mundo.

La obra de la CTM, bajo la guía de Vicente Lombardo Toledano, conquistó metas sindicales, sociales y nacionales; planteó objetivos para que el Estado mexicano avanzara por el camino trazado por la Revolución mexicana; desarrolló acciones de significación internacional: contra la agresión a los pueblos (España y Abisinia, víctimas del fascismo) y en favor de la paz y de la unidad del proletariado. Unificó por primera vez a todas las corrientes sindicales del país; luchó para que todos los sectores laborantes de México (obreros, campesinos, trabajadores del Estado, trabajadores de la educación) estuvieran en una sola central, la CTM; aplicó la línea del sindicalismo revolucionario en los países dependientes, vinculando las demandas inmediatas de los trabajadores con los reclamos de desarrollo independiente de la nación; contribuyó a la ampliación de la reforma agraria para que se afectaran las haciendas más productivas en favor del campesinado sin tierra; logró el seguro social; trabajó para darle un contenido revolucionario a la educación; dirigió las grandes huelgas con sumo éxito, como la del Sindicato Mexicano de Electricistas en 1936 y la histórica huelga petrolera de 1937-1938; aplicó la línea estratégica y táctica de la

---

[25] *Testimonios de nuestro tiempo*, CTM, *1936-1941*, t. I, México, D. F., 1981, pp. 66-80; Vicente Lombardo Toledano, *Teoría y práctica...*, *op. cit.*, pp. 73-74.

alianza de las fuerzas progresistas y patrióticas contra el imperialismo y la burguesía reaccionaria.

En efecto, el reparto de las tierras de la región de La Laguna, en 1936, se logró mediante una huelga de los obreros agrícolas, conducida directamente por Lombardo, quien estuvo presente en el lugar de los acontecimientos.

La expropiación petrolera sólo puede entenderse si se enmarca dentro de la lucha de la nación mexicana por reivindicar sus riquezas de manos de los consorcios extranjeros, demanda de la Revolución mexicana, plasmada en el artículo 27 constitucional para la emancipación económica de México; es decir, ese hecho histórico fue el reflejo del carácter antimperialista de nuestro movimiento social. Podemos afirmar que todos los pasos que se dieron antes, durante y después del decreto del 18 de marzo de 1938 fueron medidos con inteligencia matemática —si vale la expresión— con el fin de que la lucha sindical desembocara en una victoria nacional, como lo dijo siempre Lombardo Toledano. La unificación de los trabajadores petroleros tenía que ser el primer paso. En 1936, los 21 sindicatos que agrupaban a 18 000 trabajadores se fundieron en el Sindicato de Trabajadores Petroleros de la República Mexicana —STPRM—, que ingresó a la CTM. Todo el proceso jurídico ante los tribunales del trabajo y la Suprema Corte de Justicia de la Nación fue atendido con suma pericia por la CTM y el sindicato, siempre bajo la dirección y asesoría de Lombardo Toledano: el proyecto del contrato colectivo de trabajo, el estallido de la huelga, la suspensión de la huelga, el planteamiento del conflicto económico, la solicitud de rescisión de los contratos de trabajo ante la rebeldía de las compañías extranjeras, que se negaron a acatar las resoluciones de los tribunales nacionales, etc. Los informes al pueblo, la movilización de la clase trabajadora del país y los llamamientos a la clase obrera internacional para que apoyaran al proletariado mexicano en este combate en defensa de nuestra soberanía demuestran la capacidad política del movimiento sindical y de su líder.

Vicente Lombardo Toledano pudo prever el desenlace que iba a tener el conflicto. Así, en el Primer Congreso Ordinario de la CTM —22 de febrero de 1938— expresó: "Llegará el momento, camaradas, parece inevitable, en que las compañías petroleras tendrán que ser remplazadas por los representantes del Estado y de los trabajadores mexicanos para mantener la producción del petróleo. Estamos dispuestos a asumir la responsabilidad técnica, económica, legal, moral e histórica que compete a un pueblo de hombres libres".[26]

Nadie puede regatear el mérito del presidente Lázaro Cárdenas al tomar la histórica decisión, para iniciar así la independencia económica de México; pero sin la línea estratégica y táctica del frente de las fuerzas progresistas y nacionalistas al lado del Estado revolucionario, aplicada por la CTM, no habría sido posible ese asalto a una fortaleza del imperialismo que parecía inexpugnable, en donde se atrincheraban los consorcios petroleros: la Standard Oil y la Royal Dutch Shell.

La historiadora R. Francie Chassen, quien no se caracteriza precisamente por su lombardismo, ha tenido que dar un juicio objetivo: "Tal vez parece que aquí alabamos mucho el papel de Lombardo Toledano, pero pensamos que, en este caso, él representa el sentir antimperialista de los trabajadores cetemistas. Nos hemos esforzado para demostrar lo importante que era la CTM como grupo social en esa época; lo que podía representar en estas condiciones una central obrera poderosa, bien organizada y disciplinada".[27]

La CTM no siempre desplegó sus velas en mares tranquilos. Hay que apuntar algunas diferencias que tuvo con el régimen cardenista. Cuando la Confederación General de Obreros y Campesinos de México (CGOCM) convocó al congreso constituyente para crear la CTM, llamó también a los campesinos. El presidente Cárdenas declaró que los trabajadores del campo debían tener su propia central. "¿Qué hacer? —se pregunta Lombardo— Chocar con él en el momento mismo en que empezaba su administración…? Entonces acordamos no contestarle; pero también acordamos no hacerle caso, y continuamos con la organización de los obreros agrícolas en el seno de la CTM. Ésta era una cuestión de principio."[28] A pesar de que la CTM —y antes la "CROM depurada" y la CGOCM— había planteado el principio de que los trabajadores del Estado y el magisterio nacional estuvieran protegidos por la Ley Federal del Trabajo, Lázaro Cárdenas dictó normas aparte, como el Estatuto Jurídico de los Trabajadores al Servicio del Estado y la Ley de Protección de los

[26] Revista *Futuro*, marzo de 1938.
[27] R. Francie Chassen, "La CTM y la expropiación petrolera", *Memoria del Primer Coloquio de Historia Obrera*, Centro de Estudios Históricos y Sociales del Movimiento Obrero (CEHSMO), México, D. F., 1977, p. 112.
[28] James W. Wilkie y Edna Monzón de Wilkie, *op. cit.*, p. 155.

Trabajadores de la Enseñanza. Lombardo concebía una central poderosa de todos los trabajadores del país, cuestión que el gobierno de la República difícilmente podía aceptar.

Problemas graves de división afrontó la CTM en varias ocasiones. Hemos dicho que Lombardo se esforzó por que el movimiento sindical fuera un frente único de todas las corrientes. Pero el Partido Comunista no lo entendió así, y su cuerpo conductor "trató de apoderarse de la dirección de la CTM de una manera mecánica y absurda".[29] Al no lograrlo, se retiraron del IV Consejo Nacional (1937) y ya no concurrieron al III Congreso de 1943, desafiliando de la CTM al Sindicato de Ferrocarrileros y a otras agrupaciones influidas por el PCM, para crear la Confederación Unitaria de Trabajadores (CUT), que careció de importancia. Las rectificaciones se hicieron tarde. Al dejar el campo libre a los elementos reformistas, contribuyeron a que la CTM fuera una nave sin brújula, arrastrada por el poder público.

La Guerra Fría también hizo su papel en la división y debilitamiento del movimiento obrero mexicano después de concluida la segunda Guerra Mundial. Ante el anuncio de la "tercera Guerra Mundial", ahora contra el "comunismo" hecho por el gobierno de Truman, de los Estados Unidos, se iniciaron en América Latina las represiones, especialmente contra el sindicalismo revolucionario e independiente. Hubo golpes de Estado y se entronizaron regímenes dictatoriales. En México, el gobierno de Miguel Alemán intervino en la vida interna de los sindicatos, deponiendo e imponiendo líderes. El "charrismo" fue una de las expresiones de esa "nueva política". El llamado delito de "disolución social", tipificado contra los elementos fascistas durante la guerra, ahora se ponía en vigor para reprimir los cuadros progresistas de las luchas sociales y políticas. Claro, las presiones sobre la CTM trajeron sus consecuencias. Perdió su independencia y su carácter de vanguardia del pueblo. Sus dirigentes desafiliaron la central de la Confederación de Trabajadores de América Latina (CTAL) y de la Federación Sindical Mundial (FSM) y se acercaron para pedir el ingreso a la Organización Regional Interamericana de Trabajadores (ORIT), sucursal en el subcontinente de la Confederación Internacional de Organizaciones Sindicales Libres (CIOSL).

Toda esta labor regresiva culminó con la expulsión de Lombardo Toledano de la organización que él había fundado. Los sindicatos

[29] *Ibidem*, p. 160.

fieles a la línea lombardista formaron, en 1948, la Alianza de Obreros y Campesinos, transformada al año siguiente en la Unión General de Obreros y Campesinos de México (UGOCM), contra la cual se dirigió la política persecutoria del gobierno.

No se puede tener una visión cabal de la lucha de Vicente Lombardo Toledano en el movimiento obrero si no tenemos referencias, aunque sean breves, de su papel en la organización y en las acciones del proletariado internacional. En todas las centrales obreras en las que militó, resaltó siempre su preocupación por unificar, primero, a los trabajadores de América Latina, y después, a las fuerzas laborales en el plano mundial.

En septiembre de 1938, por convocatoria de la CTM, tuvo lugar el Congreso Obrero Latinoamericano en la ciudad de México, del cual habría de surgir la Confederación de Trabajadores de América Latina (CTAL). Sus documentos básicos —Estatutos, Declaración de Principios y Programa Permanente— dan cuenta del sindicalismo revolucionario llevado por Lombardo Toledano a "Nuestra América", como diría Martí: transformación de la estructura económica de los países latinoamericanos con la reforma agraria y la liquidación de las relaciones semifeudales; independencia económica y política de cada nación —nacionalización de los recursos naturales, de las industrias básicas y de los servicios fundamentales, condiciones al capital extranjero—; reconocimiento y aplicación de los derechos de la clase trabajadora; educación permanente de las masas laboriosas; lucha contra el fascismo; unificación nacional, continental y mundial del proletariado; sustitución del capitalismo por un sistema que liquide la explotación del hombre por el hombre.[30]

La CTAL, como lo expresó su fundador y guía, "fue concebida como una organización de frente único", en la que podían caber todas las tendencias bajo los principios de la lucha de clases y del internacionalismo proletario.[31]

Claro que el programa original de la CTAL se fue enriqueciendo en los congresos y reuniones de su Comité Central, así como en las asambleas especializadas por ramas de la actividad económica. Merece particular mención el II Congreso que tuvo lugar en Cali, Colom-

---

[30] *Historia documental, CTM, 1938-1939*, Ediciones del Partido Revolucionario Institucional, vol. 2, México, 1981, p. 171.

[31] Vicente Lombardo Toledano, *La Confederación de Trabajadores de América Latina ha concluido su misión histórica*, Editorial Popular, México, 1964, p. 18.

bia, en 1944, porque en él se trazó el programa para el periodo de posguerra, el cual cargó el acento en la lucha antifeudal, antimperialista y democrática, para poner en marcha la revolución industrial en América Latina, elevar las condiciones de vida material y cultural de nuestros pueblos, lograr la derrota del fascismo, impedir las guerras de agresión y contribuir al afianzamiento de la paz.

Basta examinar la realidad de un modo objetivo para constatar que ni antes ni después de la CTAL ha habido una central obrera que haya unificado a los trabajadores de la región y de cada país, y que haya trazado caminos para la liberación de América Latina y el progreso económico, social y político de sus pueblos. Fue una fuerza ideológica y política que elaboró plataformas, cuya vigencia aún pervive. Estuvo siempre atenta a las pretensiones de dominación del imperialismo norteamericano, a las cuales dio respuestas rápidas. Por ejemplo, cuando el secretario de Estado de los Estados Unidos, William Clayton, presentó su plan (Plan Clayton) en la Conferencia de Chapultepec en 1945, Vicente Lombardo Toledano, en nombre de la CTAL, lo desenmascaró como un proyecto tendiente a que América Latina quedara sometida a la hegemonía de los Estados Unidos a través del comercio y de las inversiones directas.

La CTAL defendió el gobierno democrático de Guatemala que encabezaba el presidente Jacobo Árbenz Guzmán ante las amenazas del gobierno de la Casa Blanca, vertidas por John Foster Dulles, secretario de Estado, en la X Conferencia Panamericana de Caracas, que se realizó a principios de 1954. A propósito de esta conferencia, el líder de la CTAL, en un documento memorable, analizó los problemas de América Latina y previó la posibilidad de estallidos revolucionarios, que los Estados Unidos tratarían de aplastar. Fue un pronóstico general, cumplido en lo particular con la Revolución cubana. La agresión armada de la potencia norteña contra Guatemala cortó un proceso revolucionario calificado por Washington de "comunista".

Durante la gran conflagración e inmediatamente después de concluida, Lombardo Toledano previó algunas de sus más graves consecuencias. Consideró que la guerra había debilitado al capitalismo en su conjunto, pero que el imperialismo norteamericano, en particular, saldría fortalecido. Este hecho, como es natural, representaría serios peligros para América Latina.[32]

[32] Vicente Lombardo Toledano, *La CTAL ante la guerra y ante la posguerra*, discurso pro-

El pronóstico se cumplió. Si venía una "nueva guerra", ahora contra el "comunismo", habría que emprender la tarea de desmantelar el movimiento sindical revolucionario y antimperialista en América Latina, como el que representaba la CTAL. Se puso en el orden del día el macartismo más desenfrenado no sólo en los Estados Unidos sino en todo el continente. En 1951 fue creada la ORIT, bajo la sujeción de la American Federation of Labor (AFL) y de la CIOSL, como ya lo mencionamos. En varios países, las organizaciones de trabajadores con posiciones avanzadas e independientes fueron perseguidas y destruidas.

La CTAL concluyó "su misión histórica" en 1963, para dar paso a otros esfuerzos unitarios que desgraciadamente no han podido fructificar.

Hubo un proceso largo desde antes de que estallara la gran guerra para crear una organización de trabajadores que abarcara los cinco continentes. Podemos afirmar que la CTAL fue pionera en esta labor unificadora. Ella se vinculó, para este propósito, con las grandes centrales obreras de diversos países, como el Consejo Central de los Sindicatos Soviéticos o el Trade Union Congress (TUC) de la Gran Bretaña, así como con agrupaciones internacionales, como la Federación Sindical Internacional. Después de muchas contingencias y de pacientes negociaciones se reunió el Congreso Obrero Mundial en Londres del 6 al 16 de febrero de 1945, que puede ser considerado como preliminar o preparatorio, al cual asistieron 240 delegados de 50 países, que representaban a 45 millones de trabajadores. El papel relevante del líder de la CTAL fue reconocido por Harold J. Laski, dirigente del Partido Laborista de Inglaterra: "El Congreso Obrero Mundial ha terminado y sus resultados son mucho mejores que los que imaginamos en un principio. Esto se debe principalmente a tres causas. En primer lugar y ante todo a la brillante y certera dirección dada por los delegados americanos, entre los cuales se debe señalar la personalidad de Vicente Lombardo Toledano".[33]

El congreso tuvo su culminación en París del 25 de septiembre al 8 de octubre de ese mismo año, ya con delegados de 65 países, que representaban a 75 millones de trabajadores organizados. El diri-

nunciado en el Teatro Esperanza Iris el 5 de agosto de 1945, Universidad Obrera de México, México, 1945, pp. 52-65 y 137-144.
[33] Vicente Lombardo Toledano, *La CTAL ha concluido...*, *op. cit.*, p. 22.

gente de la central latinoamericana reiteró sus tesis: el proletariado mundial debe forjarse sin el menor asomo de sectarismo o de discriminación. Y debatiendo con Walter Citrine, líder del TUC británico, quien reclamaba que la nueva central mundial no debía tener ningún carácter político sino puramente sindical, Lombardo replicó: "Nadie puede impedir a la clase obrera de los países coloniales y semicoloniales luchar por su independencia política y económica, y al proletariado internacional, especialmente a los obreros de las metrópolis, apoyar con todo entusiasmo, moral y materialmente, esa lucha".[34] Además —enfatizó Lombardo—, la organización mundial debía proseguir su batalla contra los vestigios del nazifascismo y actuar como un bloque único frente a la ofensiva de los monopolios y de los *trusts* imperialistas. Y es que los líderes obreros de las potencias colonialistas no podían superar su espíritu proclive a defender los grandes imperios. Claro, el colonialismo inglés no podía aceptar la independencia de la India, por ejemplo.

El congreso constituyente de la Federación Sindical Mundial (FSM) aprobó principios como: *1)* la unidad de todos los trabajadores del mundo, independientemente del grado de desarrollo económico, social, político y cultural de sus países, así como del carácter de su régimen interno; *2)* apoyo a todas las organizaciones obreras de los pueblos coloniales y semicoloniales en su lucha por su emancipación económica y política; *3)* respeto a la libre determinación de los pueblos para darse la forma de gobierno que ellos decidan; *4)* movilización de los trabajadores para lograr la solución pacífica de los conflictos internacionales y para impedir una nueva guerra mundial; *5)* lucha incesante para elevar el nivel de vida de todos los trabajadores del planeta.[35]

Vicente Lombardo Toledano fue elegido vicepresidente de la Federación Sindical Mundial, emanada del Congreso Obrero Mundial de París, cargo que desempeñó hasta 1963.

La Guerra Fría y el empeño de Washington de expandir su hegemonía también hacia Europa lo llevó a diseñar y a poner en práctica el llamado Plan Marshall para "reconstruir" el Viejo Continente. Los consorcios norteamericanos abrigaban también otro propósito:

[34] Vicente Lombardo Toledano y Vittorio Vidali, *Por un mundo mejor. Diario de una organización obrera durante la segunda Guerra Mundial*, Ediciones de la Confederación de Trabajadores de América Latina, México, 1948, p. 966.
[35] *Ibidem*, p. 968.

la creación de un bloque militar —la Organización del Tratado del Atlántico Norte— para amenazar y agredir, en su caso, a la Unión Soviética y a los países de Europa oriental, que habrían de formar el bloque socialista. Para lograr sus metas, la política norteamericana tenía que recurrir al expediente de dividir al movimiento obrero mundial. Para ello, sirvieron de peones de brega los líderes sindicales de los Estados Unidos, Inglaterra, Holanda y Bélgica —Francia no se prestó al juego—. Trataron de que el Buró Ejecutivo de la FSM, reunido en París en 1949, dictara una resolución aprobando el Plan Marshall, pero fue rechazada por inmensa mayoría. El II Congreso Sindical Mundial, reunido en Milán ese mismo año, ratificó el acuerdo. Los líderes disidentes de la FSM fundaron de inmediato la Confederación Internacional de Organizaciones Sindicales Libres (CIOSL). En 1951, como ya lo dijimos, fue creada la Organización Regional Interamericana de Trabajadores (ORIT) para lanzarla contra la CTAL.

En 1963, Vicente Lombardo Toledano se retiró del movimiento obrero internacional para dedicar todo su tiempo —como lo expresó— a la causa de su partido y a la política interna de México. Había servido como presidente de la Confederación de Trabajadores de América Latina durante 25 años y como vicepresidente de la Federación Sindical Mundial alrededor de 18 años.

El XXXI Consejo de la Federación Sindical Mundial, con fecha 5 de octubre de 1980, acordó otorgar a Lombardo la medalla de oro a título póstumo, en el marco de las celebraciones del XXXV aniversario de esa central, como reconocimiento a sus altos méritos como ideólogo y estratega del movimiento obrero internacional.

V. EL ESTADISTA

EL ESTADISTA no es sólo el que desde el poder conduce los destinos de un Estado. También lo es quien tiene un ideario para construirlo y dirigirlo. José María Morelos y Pavón no tuvo en sus manos las riendas del Estado mexicano, puesto que no vio coronada la obra de la emancipación nacional. Manejó, sí, algunas regiones del sur del país que llegaron a estar bajo el control del ejército insurgente; y ahí puso en práctica, en parte, sus ideas políticas y organizó el nuevo poder en medio de las difíciles condiciones de la guerra. Pero nadie podrá negar que en sus documentos fundamentales —los *Sentimientos de la Nación* en primer lugar— planeó la destrucción del sistema impuesto por el colonialismo y proyectó hacia el porvenir lo que sería la estructura de México, independiente y soberano, en una nueva realidad económico-social. Nadie puede regatearle a Morelos el título de eminente estadista —el más grande de América, llegó a decir el historiador hondureño Rafael Heliodoro Valle—, porque fue nada menos que el creador del Estado mexicano.

La transformación de la sociedad humana —escribió Lombardo Toledano— es una actividad eminentemente política. Por eso quienes luchan por el advenimiento del socialismo [...] deben tener la idea de que su profesión es la política [...] Pero es una profesión porque absorbe todas las energías de que es capaz un individuo, y porque requiere conocimientos que sólo el estudio sistemático de la comunidad humana puede darle [...] La política es una profesión científica [...] La política es la ciencia dedicada a dirigir la sociedad. Requiere el conocimiento de las aportaciones que han hecho otras disciplinas que se refieren a los problemas humanos [...] cuyo remate es la filosofía, síntesis de la cultura universal y arma suprema para el logro del cambio progresivo de la sociedad humana.[1] En consecuencia, la política es una teoría y una práctica, precisamente porque es "la ciencia de planear y conducir el proceso de la sociedad".[2]

[1] Vicente Lombardo Toledano, *A un joven socialista mexicano*, Empresas Editoriales, México, 1967, pp. 5-6.
[2] *Ibidem*, p. 7.

La política es una esfera que tiene un eje: el Estado. Por eso, para Lenin, el poder del Estado es el problema central de la política. De ahí que toda personalidad de la política tiene que teorizar sobre el Estado y elaborar programas de gobierno en concreto, además de aspirar siempre a la conducción de la nave del Estado, porque sólo desde su timón se pueden hacer realidad las ideas y las plataformas de desarrollo. Claro que también desde afuera de los círculos del poder público se puede influir para la conquista de ciertas metas, cuando las circunstancias son propicias. Nadie podría negar que Lombardo, sin haber llegado a ser jefe de gobierno de la República, desde la lucha sindical o desde la trinchera de su militancia partidaria, influyó en la marcha de la nación y del pueblo en momentos históricos decisivos.

¿Qué características y funciones debía tener el Estado surgido de la Revolución mexicana? Esta pregunta tenía que salir al paso de todos los políticos, independientemente de sus posiciones ideológicas. ¿Qué normas jurídicas debían ponerse en vigor y qué instituciones debían crearse para que la Constitución de 1917 pudiera cumplirse y los objetivos de la Revolución fueran alcanzados? Éstas eran las preocupaciones de quienes tenían que actuar en la política nacional.

"El problema central de la ciencia jurídica es la teoría del Estado", expresó Lombardo Toledano, porque de ella tiene que desprenderse siempre "el pensamiento jurídico en las normas del derecho que derivan de las normas supremas de la vida de la nación..."[3] De esta tesis surgió el empeño lombardista, de toda su vida, de elaborar una teoría propia del Estado mexicano.

¿Qué doctrina filosófica —como "arma suprema"— y qué teoría política podían servir de palancas para contribuir a levantar la vida de México sobre los escombros del antiguo régimen? Evidentemente que no podía ser la filosofía irracionalista que había aprendido en las aulas universitarias. ¿Podía tener el intuicionismo bergsoniano alguna conexión con el drama que sacudía a México? El combate político no podía brotar de la inspiración o de un momento de éxtasis, sino del conocimiento sobre el proceso revolucionario de México y de su entorno internacional, al que sólo se podía llegar

---

[3] Vicente Lombardo Toledano, "El Estado en México, sus actuales funciones y su responsabilidad histórica", en *Escritos acerca de las constituciones de México*, t. i, Centro de Estudios Filosóficos, Políticos y Sociales Vicente Lombardo Toledano, México, 1992, p. 19.

mediante el vínculo de la razón con la realidad. La pasión política tenía que ser racional, si vale decirlo así.

Las armas teóricas del joven Lombardo, quien daba sus primeros pasos en la acción política, tenía que tomarlas del arsenal ideológico y programático de la Revolución mexicana, pues todavía no hacía su arribo a la filosofía del materialismo dialéctico. Imbuido de la filosofía de Caso, tomaba la existencia propia como "desinterés" para ponerla al servicio de las amplias masas trabajadoras. De modo que los primeros puestos públicos a los que llegaba Lombardo, los iba a desempeñar con las convicciones que le había dado nuestro movimiento de 1910-1917. El Partido Laborista Mexicano, el primero al que perteneció, carecía de doctrina y de programa. El colaboracionismo con el gobierno en turno, el acomodamiento "a las circunstancias" y la espera paciente a que de arriba vinieran los cambios constituían el *modus operandi* de la "praxis" del PLM.[4]

En 1921 llegó al gobierno del Distrito Federal el general Celestino Gasca, viejo militante del movimiento obrero, uno de los fundadores de la Casa del Obrero Mundial, miembro de la CROM y del PLM. Designó a Lombardo Toledano oficial mayor, con la encomienda de que comenzara a aplicar la reforma agraria en todo el Valle de México. Lombardo puso todo su vigor en esta tarea. Convocó y presidió el I Congreso Agrario del Distrito Federal, que se realizó en Iztapalapa a principios de septiembre de ese año. En su discurso inaugural, refiriéndose a los nuevos derechos consignados en la Carta de Querétaro, habló de que el derecho no está constituido por normas eternas, sino que es un "producto social" que cambia con el tiempo de acuerdo con las necesidades públicas. El nuevo orden de vida —dijo— ha echado por la borda el concepto de que la propiedad es un privilegio intocable.[5] En el transcurso de un año —según lo informa Lombardo— fue entregada la tierra "a todos los pueblos campesinos de esta región".[6] Lombardo creó los primeros ejidos de Iztapalapa y Xochimilco.

En 1923 fue elegido regidor del Ayuntamiento de la ciudad de México. Era el primer cargo que iba a desempeñar por el voto popular. Pero el país estaba envuelto en la rebelión delahuertista, y el go-

---

[4] Vicente Lombardo Toledano, *Carta a Henri Barbusse, op. cit.*, p. 3.
[5] Vicente Lombardo Toledano, "Los enemigos de la reforma agraria y la Revolución mexicana", en *En torno al problema agrario*, Partido Popular Socialista, 2ª ed., México, 1990, pp. 21 y 26.
[6] James W. Wilkie y Edna Monzón de Wilkie, *op. cit.*, p. 53.

bernador de Puebla, Froylán C. Manjarrez, había abandonado su puesto para participar en ese movimiento antiobregonista. Esa circunstancia hizo que Lombardo llegara al gobierno de su estado natal, designado por el Congreso local. En poco más de tres meses —de principios de diciembre de 1923 a fines de marzo de 1924—, Lombardo desplegó acciones que dejaron huella: *1)* puso en marcha la reforma agraria, a pesar de la oposición de poderosos intereses, repartiendo alrededor de 9 500 hectáreas; *2)* impulsó el primer contrato colectivo de trabajo que hubo en el país; *3)* hizo realidad la intervención directa del Estado en la economía al forjar una empresa descentralizada en la industria textil, con capital privado y con acciones de los gobiernos estatal y federal y también de los obreros; *4)* elaboró proyectos para hacer el estudio de las regiones del estado de Puebla con el fin de "conocer de un modo sintético las necesidades de la región de que se trate"[7] para planificar su desarrollo; *5)* con la colaboración de Pedro Henríquez Ureña y de Agustín Loera Chávez, hizo importantes reformas a los planes de estudio del Colegio del Estado: combinación equilibrada de las ciencias y las humanidades en el nivel medio; modernización de las carreras de abogacía, medicina y comercio, e introducción de los cursos de economía política, problemas de México y derecho industrial —derecho obrero— en la profesión de abogado, etcétera.

Su aprecio por la personalidad de Felipe Carrillo Puerto quedó de manifiesto en las declaraciones que hizo Lombardo con motivo del asesinato del ilustre gobernador socialista de Yucatán, ocurrido a principios de enero de 1924: "La muerte de Carrillo resta al movimiento social en el que está empeñado México uno de sus elementos más valiosos, el más original de todos [...] su obra no es simple copia de procedimientos en boga; es una verdadera creación yucateca. Para realizarla, Carrillo tenía cualidades extraordinarias: su amor al pueblo; su conocimiento profundo de Yucatán; su fe sin desmayos; su energía infatigable".[8]

Como Lombardo estaba afectando poderosos intereses en Puebla, las presiones sobre el gobierno de Obregón para que el mandatario teziuteco abandonara el cargo fueron de tal naturaleza que

---

[7] *Boletín del Gobierno del Estado Libre y Soberano de Puebla*, núm.2, t. I, 7 de enero de 1924.
[8] *Idem.*

el secretario de Gobernación, Enrique Colunga, pidió a Lombardo separarse del gobierno del estado.

Al dejar la gubernatura de Puebla, Lombardo ocupó su puesto de regidor del Ayuntamiento de México. En sus casi dos años de munícipe, además de combatir las diversas formas de corrupción, insistió en ampliar el régimen democrático del municipio con algunos cambios de gran importancia: el derecho de los ciudadanos de revocar el mandato de los miembros del Ayuntamiento, el derecho del pueblo a presentar iniciativas para construir y mejorar las obras y los servicios, y el sometimiento al referéndum de los aspectos fundamentales de la política municipal.[9]

Estas ideas lo habrían de acompañar toda su vida y con ellas habría de demandar las reformas del artículo 115 constitucional. Para Lombardo, una obligación primordial del gobierno municipal debía ser la de elaborar los planes de desarrollo, principalmente en el aspecto de las obras, para hacer más racional el gasto público. Atendiendo a la solicitud de un grupo de obreros, propuso en sesión de cabildo la creación de una defensoría de pobres adscrita a los juzgados de paz.[10] No sabemos si tuvo como antecedente aquella iniciativa de Ponciano Arriaga, presentada en 1847 al Congreso de San Luis Potosí, para establecer una "Procuraduría de los Pobres".

Sin que sus proposiciones en la comuna de la ciudad de México tuvieran eco, pidió al Partido Laborista que lo lanzara como candidato a diputado federal por su tierra natal, Teziutlán, perteneciente al XIII Distrito Electoral del estado de Puebla. Lombardo recibió el voto popular y llegó a la Cámara Baja del Congreso de la Unión, a fines de 1925, como miembro de la XXXI Legislatura; como fue reelegido, también estuvo en la siguiente legislatura hasta 1928. Sus afanes legislativos lo llevaron a luchar en el Parlamento para que fuera dictada la ley reglamentaria del artículo 123 constitucional. Defendió la unidad del proletariado nacional y el fortalecimiento de los sindicatos, alegando en acalorados debates que la mayoría de los trabajadores del gremio son los que tienen derecho de contratar. Ante el hecho de que la industria, el petróleo, la minería y el comercio estaban en manos del capital extranjero, demandó siempre leyes para sujetar el capital —principalmente el

---

[9] *Boletín Municipal de la Ciudad de México*, núm. 1, t. XIII, febrero de 1925, pp. 12-13.
[10] *Ibidem*, mayo de 1924, p. 330.

externo— con el fin de proteger "los recursos de México y su riqueza humana".[11]

Hay quienes critican a Lombardo por su posición en la XXXII Legislatura, en favor de la reforma al artículo 83 de la Carta Magna, para permitir la reelección de Álvaro Obregón a la Presidencia de la República. Explicó su criterio al respecto, diciendo que la no reelección era un principio válido; pero que debía aplicarse en circunstancias concretas. Ante el peligro de una guerra civil y de que la reacción levantara cabeza, "habría que aceptar la reelección de Obregón y decirlo públicamente".[12]

Se requeriría un trabajo especial para abordar la vida de Vicente Lombardo Toledano como hombre de partido. Militó en el Partido Laborista Mexicano (PLM) porque perteneció a la Confederación Regional Obrera Mexicana (CROM) hasta 1932, año en que se separó de esa central. Por lo que hemos visto hasta hoy, nos damos cuenta de que Lombardo tenía sus propias aportaciones en la lucha política, ya que el PLM carecía de doctrina y de programa.

La personalidad de Lombardo Toledano tenía que estar en primer plano para formar el Partido de la Revolución Mexicana (PRM). Esta organización política nació como una alianza de las fuerzas decisivas de la nación en un momento en que la reacción y el imperialismo amenazaban con derrocar al presidente Cárdenas por su obra revolucionaria y nacionalista. La reforma agraria, la defensa de los derechos de la clase obrera y la expropiación petrolera encaminaban al país por la senda de su emancipación económica y de su progreso social, afectando poderosos intereses externos e internos. La rebelión cedillista era un síntoma de lo que podía sobrevenir.

El Partido Nacional Revolucionario (PNR), fundado por Plutarco Elías Calles en 1929, de arriba hacia abajo, sin consulta con los sectores del pueblo, ya no podía ser el instrumento idóneo para dirigir el proceso revolucionario. Había sido útil en un momento dado porque había unificado los partidos locales de todo el país.

En su decreto del 18 de diciembre de 1937, por el cual se derogaban las cuotas forzosas de los empleados públicos para sostener al PNR, el presidente Cárdenas hacía un llamado al pueblo mexica-

---

[11] *Presencia de Lombardo en el Parlamento Mexicano*, edición de la Diputación del Partido Popular Socialista, en la L Legislatura del H. Congreso de la Unión, México, 1979, pp. 21-37.
[12] James W. Wilkie y Edna Monzón de Wilkie, *op. cit.*, p. 73.

no para renovar el partido en su estructura, ideología y programa. Lombardo Toledano era el político de mayor influencia en el campo de la lucha de masas para impulsar la nueva agrupación. Para el dirigente del proletariado, el nuevo partido tenía que aglutinar a las masas populares y a todas las fuerzas patrióticas y progresistas —la clase obrera, los campesinos, los intelectuales revolucionarios, las mujeres, los jóvenes, el ejército— no para servir a un caudillo ocasional, sino para llevar adelante la Revolución mexicana. En la asamblea constituyente del PRM, realizada el 30 de marzo de 1938, el líder de la CTM refrendó su ideario socialista: "El proletariado, hijo natural del portentoso progreso de la técnica y de la fuerza política de la burguesía, ha planteado a la humanidad entera la liquidación del régimen burgués".[13]

Lombardo Toledano consideró siempre al PRM, más que un partido en el estricto sentido del término, una alianza de las fuerzas progresistas y nacionalistas, que tendría vida transitoria, para dar paso más tarde a un nuevo partido.

Después del mandato de Cárdenas, la clase obrera fue perdiendo su hegemonía en el PRM en favor del llamado sector popular. Por otra parte, se acentuaron las presiones del imperialismo estadunidense durante la Guerra Fría. Para que el proceso revolucionario continuara frente a diversos factores adversos, era necesario fundar instrumentos políticos con mayor eficacia. Para Lombardo Toledano, "había que crear un partido político [...] más militante que el PRM, más vigoroso [...], más definido, más nacional, más democrático, más antimperialista".[14] Y puso manos a la obra. Se consultó a las masas populares en todo el país. Se convocó a la Mesa Redonda de los Marxistas Mexicanos, la cual se reunió a principios de enero de 1947 para examinar, a la luz de la filosofía del proletariado, la situación de México y del mundo, así como estudiar la posibilidad de crear un nuevo partido político. Así, el 20 de junio de 1948 tuvo lugar la asamblea constituyente del Partido Popular, que nacía no en torno de una doctrina, sino alrededor de un programa: independencia económica y política de la nación, elevación sistemática del nivel de vida del pueblo y perfeccionamiento del régimen democrático. De este modo, surgía el Partido Popular (PP),

[13] *Historia documental*, CTM, *1938-1939*, Ediciones del Partido Revolucionario Institucional, México, 1981, pp. 120-127.

[14] James W. Wilkie y Edna Monzón de Wilkie, *op. cit.*, p. 265.

"de abajo hacia arriba, sin la ayuda, sin la cooperación, sin el apoyo moral del gobierno y, también, sin el concurso de fuerzas económicamente poderosas [...] para reforzar el frente nacional antimperialista y democrático de México".[15] Como "un partido independiente del gobierno y [...] un frente revolucionario".[16]

De grandes repercusiones fue la campaña electoral de 1952, en la que el Partido Popular, aliado con el Partido Comunista Mexicano y el Partido Obrero y Campesino Mexicano, sostuvo la candidatura de Vicente Lombardo Toledano a la Presidencia de la República. En alrededor de 100 mítines, el candidato de la izquierda mexicana enriqueció la plataforma del PP aprobada en diciembre de 1951 por su Asamblea Nacional, en la que se destacaban demandas tales como la nacionalización de la industria eléctrica y las minas de carbón, el crédito y la banca; prohibición de inversiones extranjeras que tengan por objeto apropiarse tierras o recursos de México; cumplimiento de la reforma agraria y derogación del amparo a los terratenientes; respeto a los derechos de la clase obrera; incorporación de los indígenas al desarrollo económico nacional y educación de ellos en sus propias lenguas; representación proporcional de los partidos políticos en los organismos colegiados representativos del pueblo; derecho de voto a los 18 años de edad, etc.[17] Lombardo solía decir que había ido a la campaña de 1952 no porque creyera ingenuamente que iba a ser presidente de la República, sino para destruir la política de Miguel Alemán.

El IX Consejo Nacional del Partido Popular, reunido el 5 de abril de 1955, aprobó el informe redactado por Lombardo, que lleva el título de "La perspectiva de México, una democracia del pueblo". Es uno de los documentos más ricos en la vida política de México por su contenido económico, político, filosófico, histórico y cultural. En él se destaca la tesis de la "democracia del pueblo" como meta del partido: "un gobierno integrado por obreros, burgueses y pequeño-burgueses de la ciudad y del campo, que sea insobornable por la

[15] "Lombardo Toledano contesta a Martínez Domínguez", discurso de Lombardo en la Asamblea Estatal del PPS, en la ciudad de Morelia, Mich., el 31 de marzo de 1968, revista *Nueva Democracia*, núm. 4, junio de 1968, México, D. F., p. 137.

[16] Vicente Lombardo Toledano, "Objetivos y tácticas del proletariado y del sector revolucionario de México en la actual etapa de la evolución histórica del país", en *Mesa redonda de los marxistas mexicanos*, publicada por el Centro de Estudios Filosóficos, Políticos y Sociales Vicente Lombardo Toledano, México, 1982, p. 69.

[17] Vicente Lombardo Toledano, "Plataforma mínima electoral sostenida por el Partido Popular", periódico *El Popular*, núm. 4885, 4 de enero de 1952.

reacción y por el imperialismo, bajo la dirección de la clase obrera".[18] La II Asamblea Nacional del PP, reunida en noviembre de 1955, aprobó las tesis de dicho documento y resolvió adoptar el socialismo científico como guía doctrinaria.

La III Asamblea Nacional, de octubre de 1960, transformó el PP en Partido Popular Socialista (PPS), de organización marxista-leninista. Su nueva Declaración de Principios se planteaba como meta: "El desarrollo constante del régimen democrático actual y, en su tiempo, de la democracia del pueblo para llegar hasta el establecimiento del régimen socialista".[19] Y por lo que respecta a la línea estratégica y táctica apuntaba: "La alianza de la clase obrera y de la clase campesina con los elementos de la pequeña burguesía y de la burguesía nacionalista, que se hallan dentro del gobierno y fuera de él, para crear un movimiento de frente nacional, democrático y patriótico que contribuya a la liberación del país".[20]

Lombardo Toledano elaboró tesis sobre la ruta de México para llegar al socialismo. Frente a la polémica entre el Partido Comunista de la Unión Soviética y el Partido Comunista de China en los años sesenta, Lombardo hace sus propias reflexiones en su obra *¿Moscú o Pekín? La vía mexicana al socialismo*, escrita en 1963. Consideró que la Revolución mexicana había trazado el camino para que el pueblo siguiera avanzando y construyendo estadios superiores de desarrollo. La experiencia internacional era válida, pero no había por qué copiarla mecánicamente, al margen del proceso revolucionario de México. Ahora se refirió a la democracia nacional, como en 1955 había definido la democracia del pueblo. La democracia nacional tendría dos objetivos: la independencia nacional y la ampliación del régimen democrático. Para llegar a ellos, había que asociar todas las fuerzas progresistas y antimperialistas para forjar un gobierno de frente nacional democrático y patriótico. La ampliación del régimen democrático implicaba también la exclusión de la dirección política de la nación, de la burguesía asociada al imperialismo y de las fuerzas reaccionarias. En esta lucha por dar pasos hacia adelante, el partido de la clase obrera tendría que adquirir autoridad por su abnegación, su inteligencia política y su línea

[18] Vicente Lombardo Toledano, *La perspectiva de México, una democracia del pueblo*, ediciones del Partido Popular, México, 1957, p. 71.
[19] *III Asamblea Nacional Ordinaria del Partido Popular*, Materiales de Estudio, México, 1960, p. 20.
[20] *Idem.*

estratégica y táctica acertada, hasta convertirse en la fuerza hegemónica dentro de este frente; y de manera natural tomaría la dirección en sus manos para instaurar la democracia del pueblo: "tercer tiempo del desarrollo político de México, después de la democracia burguesa y de la democracia del frente nacional democrático y patriótico, y la puerta de entrada hacia el socialismo".[21]

Ahí está la teoría lombardista sobre la "vía mexicana al socialismo". El proceso histórico de México y la lucha revolucionaria dirán la última palabra.

Lombardo Toledano llegó a la Cámara de Diputados con nueve de sus compañeros para formar parte de la XLVI Legislatura del Congreso de la Unión, de 1964 a 1967. El presidente Adolfo López Mateos había promovido una reforma constitucional, en 1964, para introducir los llamados "diputados de partido". Esta reforma abrió un poco la puerta para que la nación tuviera una representación más democrática. En esta legislatura estuvieron los dirigentes de los cuatro partidos que entonces formaban el paisaje político de México: Christlieb Ibarrola, del Partido Acción Nacional; Alfonso Martínez Domínguez, del Partido Revolucionario Institucional; Juan Barragán, del Partido Auténtico de la Revolución Mexicana, y Lombardo Toledano, del Partido Popular Socialista. El *Diario de los Debates* da cuenta de la riqueza teórica que se desgranó en la tribuna nacional, en la que Lombardo dejó constancia de la calidad de sus ideas, escuchadas siempre con respeto por todos los grupos parlamentarios.

Larga sería la lista de las iniciativas presentadas por la diputación del PPS; pero una destaca de modo especial: un "nuevo capítulo en la Constitución sobre la economía nacional", redactada por Lombardo con el fin de precisar los fines del desarrollo económico, la orientación de la producción y, fundamentalmente, las atribuciones exclusivas del Estado en materia económica, así como los campos reservados al capital privado, tanto nacional como extranjero.[22] Esta iniciativa fue apoyada públicamente por personalidades como el general Lázaro Cárdenas y también por el Congreso del estado de Tamaulipas. Cuando la comisión respectiva resolvió desechar la iniciativa y mandarla al archivo, Lombardo

[21] Vicente Lombardo Toledano, *¿Moscú o Pekín? La vía mexicana al socialismo*, Ediciones del Partido Popular Socialista, México, 1963, pp. 157-158.
[22] *Los derechos del pueblo mexicano, México a través de sus constituciones*, t. II, Porrúa, México, 1978, pp. 51-60.

pronunció aquel memorable discurso el 18 de diciembre de 1965, en el que expresó su confianza en el futuro de la nación: "Aún el pasado no se puede archivar, porque el pasado tiene también instituciones positivas que forman parte del patrimonio del pueblo. Pero lo que es imposible es archivar el porvenir".[23] Y reiteraba su línea estratégica y táctica: "la unidad de los revolucionarios [...] y la asociación de todas las fuerzas patrióticas".[24]

Lombardo Toledano, desde sus primeros discursos y escritos políticos, dio a conocer sus ideas en torno al Estado mexicano. Pero no eran ideas en el aire, sino apoyadas siempre en sus concepciones sobre la Revolución mexicana. De manera que la teoría lombardista del Estado se refiere a la organización jurídica de la sociedad surgida de nuestro movimiento social. Sus características y funciones se desprenden de la esencia de la Revolución, como un movimiento antifeudal, antimperialista y democrático. Si ése fue el camino trazado por la Revolución, el Estado mexicano debía estar conformado y capacitado para ir conquistando la independencia económica y política de la nación respecto del imperialismo; la liberación de nuestro pueblo de las supervivencias semifeudales y aun esclavistas que lo sometían, haciendo cumplir los nuevos derechos sociales, y la democracia no sólo en su aspecto puramente formal, sino en el sentido de que el pueblo tuviera acceso a mejores condiciones de vida material y espiritual y mayor intervención en las decisiones del poder.

Para Lombardo Toledano la clave para una teoría del Estado mexicano está en la Constitución de 1917, particularmente en el artículo 27, que estatuye principios torales como: *1)* la reivindicación de los recursos del territorio como patrimonio de la nación; *2)* la propiedad privada no como un derecho absoluto sino como una concesión del Estado, subordinada siempre al interés colectivo; *3)* la regulación de los elementos susceptibles de apropiación; *4)* la "distribución equitativa de la riqueza pública"; *5)* "la participación de los extranjeros en el proceso económico como un factor subordinado a los intereses de la nación".[25]

Muchas veces Lombardo expresó que el imperialismo no se puede vencer con maltratadas, sino quitándole lo que tiene en el país.

---

[23] *Ibidem,* p. 81.
[24] *Ibidem,* p. 82.
[25] Vicente Lombardo Toledano, "xxv aniversario de la expropiación petrolera", en *Nacionalizar es descolonizar,* El Combatiente, México, 1978, pp. 224-226.

En el propio artículo 27 constitucional está implícito el mandato de nacionalizar las riquezas, precisamente para que se puedan convertir en patrimonio de los mexicanos. "Nacionalizar en un país como México —dijo— es descolonizarlo. Cada paso, en el sentido de tomar los recursos físicos de nuestro territorio para transformarlos en beneficio exclusivo de nuestro pueblo significa descolonizarnos. En la medida en que el capital extranjero se retira voluntariamente o *a fortiori* del campo de la industria fundamental, es la nación la que recaba lo suyo y la que puede conducir el resto del proceso material y político de acuerdo con el programa que se haya trazado."[26]

Para Lombardo, las inversiones extranjeras traen consecuencias que no se deben olvidar: *1)* explotan los recursos del país y la mano de obra barata de sus trabajadores; *2)* su mercado interior es convertido en fuente de compras para las manufacturas de la metrópoli; *3)* impiden la formación de capitales nacionales; *4)* deforman el desarrollo económico. Y afirmó de manera contundente: "No se puede señalar un solo caso que demuestre que gracias al capital extranjero un país ha logrado el bienestar de su pueblo o su desarrollo económico sin menoscabo de su soberanía nacional".[27] Claro, las inversiones extranjeras no debían rechazarse de un modo total; pero era necesario sujetarlas a los intereses del país y asignarles campos de acción que no fueran estratégicos.

Lombardo consideraba que la intervención directa del Estado en el proceso económico debe llamarse capitalismo de Estado, radicalmente distinto del capitalismo monopolista de Estado de las naciones desarrolladas, que sirve más bien para favorecer a los consorcios. En un país como México, el capitalismo de Estado "representa una política de nacionalismo auténtico" y un escudo frente al imperialismo, porque dejar la economía totalmente en manos de la llamada iniciativa privada "equivale a postular la libertad para los monopolios de controlar absolutamente la vida [del] país".[28]

Lombardo señaló que la Revolución mexicana se ha renovado

---

[26] Vicente Lombardo Toledano, "Las tesis fundamentales de las Constituciones de México", en *Escritos acerca de las Constituciones de México*, t. I. CEFPSVLT, México, 1992, p. 119.

[27] Vicente Lombardo Toledano, "Consecuencias de las inversiones extranjeras en los países subdesarrollados", en *Escritos económicos*, Ediciones de la Universidad Obrera de México, México, 1986, pp. 104-108.

[28] Vicente Lombardo Toledano, "El capitalismo de Estado", en *Escritos económicos, op. cit.*, p. 218.

sin cesar y que en su dinámica ha ido ensanchando el camino para la emancipación económica de México y el progreso del pueblo. Ahora —dijo— "ha llegado el momento de nacionalizar el Estado, integrando el gobierno con los más capaces elementos representativos de los sectores democráticos de la nación".[29] Se dirá que "nacionalizar el Estado" es un neologismo lombardista. Y lo es, pero tiene un profundo sentido político: nacionalizar el Estado es ponerlo al servicio de la nación mediante una "nueva democracia distinta de la tradicional", en la cual el gobierno de la República esté en manos "de los elementos más representativos de las fuerzas patrióticas y avanzadas..."[30] Ésta sería, en otras palabras, la democracia nacional a la que nos hemos referido en líneas anteriores.

El nacionalismo mexicano, como el de los países débiles, es un arma defensiva en favor de nuestra independencia, muy diferente del nacionalismo de los poderosos, que "es una extensión de la fuerza sobre los pueblos apenas en el camino de su progreso material".[31]

Éstas son, en líneas generales, las bases teóricas que Lombardo elaboró para el desarrollo independiente del Estado mexicano, surgido de la Revolución de 1910-1917.

Ahora bien, partiendo de la premisa de que el artículo 27 constitucional reivindicó los recursos naturales en beneficio de la nación, la primera riqueza nacionalizada fue la tierra, la cual debía tener un destino de soberanía nacional y de justicia social. Tres categorías jurídicas estableció la Carta Magna sobre la tierra: la comunidad indígena, el ejido y la propiedad individual. Para Lombardo, el ejido "adquirió [...] el alto significado de una reivindicación histórica, que no puede equipararse a la propiedad rural".[32] En consecuencia, debe entenderse que el ejido y la pequeña propiedad no son instituciones del mismo rango jurídico, social y político. "El derecho de los campesinos a la tierra es una de las garantías sociales o colectivas", explica Lombardo; por tanto, el "Estado está obligado a entregar a los campesinos la tierra y las aguas que

---

[29] Vicente Lombardo Toledano, "Llegó el momento de nacionalizar el Estado. El camino mexicano hacia la nueva democracia", en *Escritos en "Siempre!", op. cit.*, t. IV, vol. II, p. 669.

[30] *Ibidem*, p. 671.

[31] Vicente Lombardo Toledano, "Las cinco tesis del artículo 3° constitucional", en *Obra educativa*, t. III, Universidad Nacional Autónoma de México-Instituto Politécnico Nacional, recopilación, selección y coordinación del CEFPSVLT, México, 1989, p. 622.

[32] Vicente Lombardo Toledano, "El ejido y la pequeña propiedad no son instituciones de igual categoría. Nueva ofensiva contra la reforma Agraria", en *En torno al problema agrario*, 2ª ed. correg. y aum., Partido Popular Socialista, México, 1990, p. 555.

necesiten para formar sus ejidos".[33] En cambio, los particulares no tienen derecho a reclamar la tierra, sino sólo a solicitarla. De estos juicios se desprenden dos conclusiones: *1)* "La reclamación de la tierra por parte de los campesinos no es una demanda contra los terratenientes", es decir, no es un litigio, sino "un derecho unilateral [...] que no admite controversia"; *2)* de tal manera que la autoridad agraria no fue creada para erigirse en juez, sino para entregar la tierra a los campesinos.[34]

Naturalmente que no pretendemos exponer los amplios alegatos que Lombardo hizo en favor de la reforma agraria, sino solamente poner en claro las tesis relativas a las funciones del Estado en materia agraria.

Ahora que se ha agudizado el debate en torno al problema indígena, es oportuno que digamos dos palabras sobre la teoría indigenista de Vicente Lombardo Toledano.

La multifacética personalidad del pensador poblano lo llevó a abordar temas antropológicos —"el problema del indio", como él lo llamó—, en los que hizo aportaciones verdaderamente importantes en el campo de las ideas y en el terreno de las soluciones prácticas. Ligó muchas veces el tema de la situación de los indígenas a los problemas de la educación en México, pero comprendió que el asunto tiene muchos ángulos.

Tal vez no nos equivoquemos si afirmamos que fue en la ponencia "El problema de la educación en México", presentada en la VI Convención de la CROM, cuando Lombardo abordó por primera vez los problemas relativos a la población indígena. Entonces todavía no poseía el marxismo; pero ya en ese trabajo se apuntaban juicios certeros que refrendó toda su vida. Su tesis para obtener el grado de doctor en filosofía, en 1933, se refiere también a un tema antropológico: *Geografía de las lenguas de la Sierra Norte de Puebla, con algunas observaciones sobre sus primeros y actuales pobladores.*

En 1933 comienza la polémica de Lombardo Toledano con su maestro Antonio Caso en el seno del I Congreso de Universitarios Mexicanos. En ese mismo año funda la Confederación General de Obreros y Campesinos de México, la CGOCM. Para el doctor Gonzalo Aguirre Beltrán es entonces cuando "se convirtió en el teórico

[33] *Ibidem*, p. 557.
[34] *Idem.*

marxista de mayor enjundia en el país al llenar un hueco que hacía endeble la estructura de los partidos de izquierda".[35]

El I Congreso Indigenista Interamericano, que se realizó en Pátzcuaro en 1940, bajo el impulso del gobierno de Lázaro Cárdenas, fue un parteaguas en la búsqueda de un camino latinoamericano para resolver el complejo problema de los pueblos indígenas. La delegación mexicana estuvo presidida por Luis Chávez Orozco en su calidad de jefe del Departamento Autónomo de Asuntos Indígenas; "sin embargo —dice Aguirre Beltrán—, la voz de la delegación se puso bajo el patrocinio de Lombardo, quien ya para entonces había alcanzado el liderato máximo en la poderosa Confederación de Trabajadores de México y, al propio tiempo, había ganado una ya bien reputada fama como el teórico y táctico más eminente en la ideología y práctica revolucionarias".[36] Desde 1938 Lombardo era presidente de la CTAL.

Lombardo afirma en varios de sus trabajos que se ha planteado en México una solución incorrecta sobre los indios: incorporarlos a la civilización y a la cultura. De ello se desprende falsamente que los indios viven en un estado de barbarie y que hay que arrasar con sus lenguas.[37] Lombardo propone las siguientes soluciones fundamentales: *1)* incorporar a la población indígena al desarrollo económico de México; *2)* "[...] acabar con el concepto romántico de la agricultura *a fortiori* y levantar fábricas y centros de producción manufacturera de importancia en donde sea conveniente y útil"; *3)* "[...] hacer coincidir el territorio de los municipios con las características económicas de la población, como regla general, y tratándose de las zonas pobladas por indígenas, es indispensable hacer coincidir la extensión municipal con las poblaciones autóctonas";[38] *4)* estudiar científicamente la situación de las regiones indígenas para elaborar sus planes de desarrollo; *5)* respetar el régimen de gobierno tradicional de las comunidades indígenas y la forma de elegir a sus autoridades; *6)* emplear las lenguas vernácu-

---

[35] Gonzalo Aguirre Beltrán, introducción al libro de Lombardo, *El problema del indio*, Secretaría de Educación Pública, Colección SepSetentas, México, 1973, reeditado con el título *Escritos acerca de la situación de los indígenas*, CEFPSVLT, México, 1991, p. 26.

[36] *Ibidem*, p. 29.

[37] Vicente Lombardo Toledano, "El problema de la educación en México", en *Escritos acerca de la situación de los indígenas, op. cit.*, p. 46.

[38] Vicente Lombardo Toledano, "Discurso como candidato a la Presidencia de la República", pronunciado en Ixcateopan, Gro., el 13 de marzo de 1952, en *Escritos acerca de la situación de los indígenas, op. cit.*, pp. 244-246.

las en la enseñanza elemental, creando los alfabetos fonéticos para cada una de ellas.[39]

Estos planteamientos los refrendó en ensayos teóricos, artículos, congresos de educación, discursos políticos, conferencias, programas de gobierno e iniciativas en el Parlamento.

El Lombardo educador y teórico de la educación merece estudios especiales. Su actividad docente y sus ideas en torno a la educación nacional abrieron surcos en amplias parcelas de la actividad formadora del hombre. El artículo 3° constitucional tuvo nutrientes en gran medida debido a la sembradura que Lombardo realizó a lo largo de su vida en este terreno.

Su preocupación sobre los problemas educativos se manifestó desde sus años de estudiante. La conferencia que dictó el 22 de septiembre de 1917 sobre el tema "La Universidad Nacional, estudio" y su disertación sobre "La acción política de la Universidad Nacional" son dos trabajos en los que a temprana hora dejó sentada una tesis que habría de defender durante toda su trayectoria política y académica: la formación que da la universidad debe tener finalidades sociales y no puramente para beneficio individual.

En la Universidad Nacional fue director de la Escuela Nacional Preparatoria en dos ocasiones (1922-1923 y 1933), de la Escuela de Verano para Extranjeros (1922) y de la Escuela Central de Artes Plásticas (1930). Además, fue jefe del Departamento de Bibliotecas de la Secretaría de Educación Pública, y fundador y director de la Escuela Preparatoria Gabino Barreda (1933), de la Escuela Preparatoria Nocturna (1933), de la Universidad Gabino Barreda (1934) y de la Universidad Obrera de México (1936). Ya consignamos el dato de que fue secretario de la Universidad Popular Mexicana en 1917. Su labor docente la desempeñó en la Escuela Nacional Preparatoria, en la Facultad de Jurisprudencia y en la Facultad de Comercio y Administración.

Por más de cuatro años la Escuela Nacional Preparatoria estuvo separada de la universidad, de enero de 1916 a septiembre de 1920. Fue una etapa de decadencia de la institución. La planta magisterial estuvo en manos de normalistas, formados en el pragmatismo de William James y en la "escuela de la acción" de John Dewey. La indisciplina había sentado sus reales. Lombardo informa: "Un plan

[39] *Idem.*

de estudios, a mi juicio, mal concebido; los programas de las materias de enseñanza muy elementales, como si fuera una mala escuela normal en lugar del bachillerato".[40]

Lombardo llegó a la dirección de la Escuela Nacional Preparatoria el 1° de marzo de 1922. Hizo una renovación total del plantel: restructuró el plan de estudios, restaurando el estudio de las ciencias; puso las cátedras a oposición; llevó a destacados intelectuales a servir en ellas; impulsó la difusión de la cultura para vincular a estudiantes y maestros con los trabajadores; estimuló a los estudiantes con vocación para la investigación científica; demandó de los maestros la redacción de manuales para los alumnos, etcétera.

Preocupado por la unificación de los planes y programas del bachillerato en todo el país, convocó al I Congreso de Escuelas Preparatorias de la República Mexicana, que se realizó del 10 al 20 de septiembre de 1922. A él concurrieron personalidades como Ignacio Chávez, José Torres Orozco, Carlos M. Lazo y Enrique M. Schultz. El plan de estudios presentado por Lombardo al congreso armonizaba las ciencias con las humanidades. "La preparatoria —decía Lombardo— deberá […] preparar para la profesión y preparar para la vida." La educación en ese ciclo debe ser intelectual, moral, física, estética y manual,[41] es decir, una educación integral. José Torres Orozco, "el último positivista", como le llama Juan Hernández Luna, abogaba por la vuelta al plan barrediano, pero el Congreso valoró la necesidad de superar el positivismo para darle espacio a las humanidades. El *curriculum* del bachillerato aprobado por el congreso no guardaba grandes diferencias con el que Lombardo había propuesto inicialmente.

Cuando este plan de estudios fue llevado al Consejo de la Universidad Nacional no encontró la debida aquiescencia porque personalidades como el maestro Caso o Ezequiel A. Chávez defendían los bachilleratos especiales y se oponían a la educación manual. Chávez decía que no era más que una "imitación del sovietismo ruso". En cambio, Lombardo pensaba que las ciencias y las humanidades deberían ser obligatorias para todo mundo, con el criterio de que "la ciencia es la base de la cultura", principio que habría de defender toda su vida. Por lo pronto, el plan del congreso, que era el

---

[40] James W. Wilkie y Edna Monzón de Wilkie, *op. cit.*, p. 56.
[41] Vicente Lombardo Toledano, *Obras completas*, t. I, Gobierno del Estado de Puebla, 1990, p. 199.

de Lombardo, no pudo entrar a la Universidad Nacional y triunfó la corriente que defendía la tesis de que el bachillerato debía descansar en las humanidades.

Hay un hecho histórico que no debe olvidarse: Vicente Lombardo Toledano llamó al Sindicato de Escultores y Pintores para que engalanaran los muros de San Ildefonso. Ahí dejaron su impronta artistas de tanto renombre como Diego Rivera, Ramón Alva de la Canal, David Alfaro Siqueiros, Jean Charlot, José Clemente Orozco y Fernando Leal.

Con fecha 17 de agosto de 1923, Lombardo renunció a la Dirección de la Escuela Nacional Preparatoria por graves desavenencias con el secretario de Educación Pública, José Vasconcelos, "hombre muy ambicioso, además vanidoso" —sostiene Lombardo—, que aspiraba a la Presidencia de la República.[42] Quienes apoyaron a Lombardo fueron reprimidos por Vasconcelos: fueron expulsados de la universidad varios estudiantes y distinguidos maestros, como Antonio Caso, Enrique Schultz y Agustín Loera Chávez. Caso renunció a la Rectoría de la casa de estudios en solidaridad con Lombardo.

El proceso de su pensamiento avanzaba. En marzo de 1931 asistió como delegado de la Universidad Nacional de México al Congreso Internacional de Universidades, que se realizó en Montevideo, Uruguay. En junio y julio de 1932 concurrió al Congreso Pedagógico Nacional, que tuvo lugar en Xalapa, Veracruz. En mayo de 1933 fue invitado al x Congreso de la Confederación Nacional de Estudiantes, que se llevó a cabo en la ciudad de México y en el puerto de Veracruz. En los diversos documentos aprobados en esas reuniones hay un común denominador: la concepción materialista y dialéctica del mundo, incluso con el estilo del Lombardo de esa época, según nuestro particular punto de vista.

El 11 de enero de 1933 Lombardo Toledano llegaba por segunda ocasión a la Dirección de la Escuela Nacional Preparatoria, apoyado por diferentes organizaciones estudiantiles, después de una campaña en la que había tenido como contrincante a Antonio Díaz Soto y Gama.

Lo más importante de esta segunda estadía de Lombardo en el ilustre plantel fue la batalla ideológica que dio en el i Congreso de

---

[42] James W. Wilkie y Edna Monzón de Wilkie, *op. cit.*, pp. 57-58.

Universitarios Mexicanos, efectuado del 7 al 14 de septiembre de 1933, convocado por la Universidad Nacional. El objetivo primordial de esta asamblea fue encontrar los caminos que llevaran a la planeación de la educación superior y universitaria a fin de que respondiera a las necesidades del desarrollo nacional. Destacadas personalidades estuvieron presentes: el rector Roberto Medellín, Ignacio Chávez, Julio Jiménez Rueda, Ricardo Monges López, Luis Sánchez Pontón, el propio Vicente Lombardo Toledano, entre otros. El maestro Antonio Caso asistió como invitado de honor, ya que había enviado una ponencia sobre el tema relativo a la "posición ideológica de la Universidad frente a los problemas del momento". Según el dictamen que recayó sobre este punto, elaborado por una comisión presidida por Lombardo, las universidades del país debían abandonar su posición neutral y asumir la responsabilidad de darle una orientación filosófica y política a los educandos por medio del conocimiento, basado en una metodología científica que partiera del "principio de la identidad esencial de los diversos fenómenos del universo y [...] de la filosofía basada en la naturaleza". La historia debía ser enseñada de acuerdo con la concepción materialista. Las universidades y las instituciones de educación superior, "en el terreno estrictamente científico" y a través de la transmisión de las ideas, debían contribuir "a la sustitución del régimen capitalista por un sistema que socialice los instrumentos y los medios de la producción económica".[43]

Sobre estos postulados cayó una lluvia de intervenciones; pero el debate fundamental se dio entre Lombardo Toledano y Antonio Caso: el primero, en defensa de la orientación doctrinaria de la educación superior; y el segundo, con su filosofía espiritualista en amparo de la "libertad de cátedra". En esta confrontación con su maestro, Lombardo expresó un pensamiento de validez universal: "[...] la Universidad no va a realizar la revolución social [...] La revolución social la harán las masas". Pero las instituciones educativas están obligadas a cooperar con la revolución, transmitiendo las verdades ya conquistadas.[44] Muchos años después, el presidente de Chile, Salvador Allende, en su visita a México, habría de sostener la misma tesis, al pronunciar aquel memorable discurso en la

---

[43] Caso-Lombardo, *Idealismo vs. materialismo dialéctico*, Universidad Obrera de México, México, 1963, p. 18.
[44] *Ibidem*, p. 46.

Universidad de Guadalajara: "la revolución no pasará por las universidades; la revolución la harán las masas".

Las tesis lombardistas y de los intelectuales avanzados de la Universidad Nacional fueron aprobadas por el congreso. Ante su derrota, las fuerzas reaccionarias recurrieron a la violencia para expulsar a Lombardo de la casa de estudios. "El gobierno —dice Lombardo— se cruzó de brazos y dejó hacer. El rector Medellín se encerró en su casa, y la más alta institución de cultura de México cayó en manos de los partidarios del irracionalismo filosófico."[45]

Esta batalla y otras más que habría de dar Lombardo contribuyeron a darle contenido filosófico-político al artículo 3° de la Carta de Querétaro. Las reformas de 1934 —educación socialista— y 1946 —educación nacional, científica y democrática— de ese dispositivo respondieron en buena medida a ese esfuerzo.

Para Lombardo, la educación en México tenía que corresponder "a un pueblo que ha puesto en marcha una revolución democrática, nacional y antimperialista".[46] El Estado revolucionario tenía que poseer una directriz en ese campo: "Jamás ha habido un Estado sin teoría económica; nunca lo ha habido sin teoría social; tampoco lo ha habido sin teoría educativa".[47] En consecuencia, de acuerdo con este postulado y con "nuestro régimen jurídico, la educación fundamental es un atributo del Estado".[48]

Ya hemos dicho que Vicente Lombardo Toledano empezó sus estudios del pensamiento marxista a partir de 1925. Leamos lo que él mismo nos informa:

Comenzaron entonces, otra vez, los años de estudios intensos, y descubrí la filosofía del materialismo dialéctico, que me produjo el impacto de una ventana cubierta por cortinas que de repente se abre de par en par e inunda el aposento que ocultaba con la intensa luz del Sol y la frescura del aire [...] Pero aprendí algo trascendental que me llenó de alegría: comprendí que la filosofía no sólo es conocimiento de la realidad, sino medio para transformarla. De este modo se enriqueció el hori-

---

[45] *Ibidem*, p. 192.
[46] Vicente Lombardo Toledano, "En México no puede existir la libertad de enseñanza", en *Obra educativa*, t. III, *op. cit.*, p. 640.
[47] Vicente Lombardo Toledano, "Análisis filosófico del artículo 3° constitucional", *op. cit.*, p. 600.
[48] Vicente Lombardo Toledano, "En México no puede existir la libertad de enseñanza", *op. cit.*, p. 639.

zonte de mi propio ser y hallé para siempre mi sitio en el mundo: el de un militante de la revolución que debe liquidar la explotación del hombre por el hombre y concluir con la querella milenaria entre el hombre y la naturaleza.[49]

La discusión entre Antonio Caso y Vicente Lombardo Toledano, que había tenido sus inicios en los recintos universitarios, fue llevada a la palestra nacional a través del periódico *El Universal*, en cuyas páginas —de enero a abril de 1935— dos plumas magistrales se encontraron para confrontar dos doctrinas filosóficas: el idealismo y el materialismo dialéctico. La famosa polémica Caso-Lombardo ha sido motivo de múltiples comentarios y estudios —incluso de tesis doctorales—, e indudablemente es un capítulo esencial en la historia de la filosofía en México y, en particular, de la historia del marxismo. "No fue una discusión —explica Lombardo— entre dos hombres preocupados sinceramente por sus semejantes —mi maestro y yo—, sino una polémica impersonal entre dos maneras diversas de juzgar la historia y el porvenir, al mismo tiempo que el señalamiento de dos caminos distintos para el nuestro y para todos los pueblos del mundo."[50]

Reflexionemos un poco sobre la distancia astronómica que hay entre el pensamiento marxista de Lombardo, que apareció ya nítido en los años treinta, y las ideas filosóficas que expuso en sus trabajos juveniles. Por ejemplo, en el ensayo *La filosofía de la voluntad y el pensamiento griego* o en su tesis para recibirse de abogado, *El derecho público y las nuevas corrientes filosóficas*, ambos de 1919, Lombardo se apoyaba en la filosofía irracionalista. En su tesis jurídica expresa que las nuevas corrientes filosóficas —el voluntarismo de Schopenhauer, el misticismo de Nietzsche, el pragmatismo de James, la filosofía de la intuición de Bergson, la filosofía de la contingencia de Boutroux— se abren paso contra el "falso intelectualismo del siglo XIX" para reivindicar el espíritu, el valor personal del hombre, la perennidad del pensamiento religioso, el valor de las especulaciones metafísicas y la autonomía de la ética.[51]

Como Lombardo había abandonado estas ideas recibidas en la

---

[49] Caso-Lombardo, *Idealismo vs. materialismo dialéctico, op. cit.*, pp. 14-15.
[50] *Ibidem*, pp. 21-22.
[51] Vicente Lombardo Toledano, *El derecho público y las nuevas corrientes filosóficas*, tesis para optar al título de abogado en la Facultad de Jurisprudencia de la Universidad Nacional, en *Obras completas*, t. I, Gobierno del Estado de Puebla, *op. cit.*, pp. 64-65.

Universidad Nacional, Antonio Caso, durante la polémica con Lombardo, llamó varias veces "renegado" a su discípulo. En la última respuesta a Caso —"Confesiones de un renegado"—, Lombardo replicó: "Si al ingresar en la Escuela Nacional Preparatoria hubiera hecho yo el juramento de sostener toda mi vida las enseñanzas que iba a recibir en sus cátedras, aun a costa del Cielo y a pesar del Infierno, sería yo un perjuro sincero y jubiloso. Pero como no se me exigió esa promesa inquebrantable de fidelidad, me he limitado a rehacer mi cultura en silencio. Para satisfacción de don Antonio Caso y de mí mismo, declaro, pues, que reniego de lo que recibí como exacto por contradictorio, por falso en cada una de sus partes..."[52]

Ya como pensador marxista, Lombardo Toledano estaba convencido de la *XI tesis sobre Feuerbach* de Carlos Marx: "Los filósofos no han hecho más que *interpretar* de diversos modos el mundo, pero de lo que se trata es de *transformarlo*".[53] De ahí que para él la filosofía, considerada como instrumento de transformación de la sociedad, tiene una significación política, y es la que interesa a la historia y a la cultura. La filosofía docente —dice Lombardo— sólo tiene una importancia pedagógica.[54]

Vicente Lombardo Toledano era un hombre de cultura y un maestro de gran influencia dentro y fuera de los recintos educativos. Quienes tuvimos el privilegio de escucharlo en las aulas universitarias y en los mítines abiertos pudimos constatar el impacto que causaba su lenguaje sin afectación, sencillo —"siempre la verdad es simple y diáfana, sólo la mentira es abstrusa y difícil de interpretar y de sentir", decía Lombardo—, su palabra demoledora, siempre llena de contenido y de finas ironías. Las citas de la historia, del pensamiento de los escritores notables y aun de la mitología eran oportunas y tenían fines didácticos para esclarecer las ideas e impregnarlas mejor en la memoria de la gente. Su oratoria era también un recurso educativo. Cuando hablaba ante las masas, daba la impresión de que estaba impartiendo una cátedra a cielo abierto. Muchas ideas las recordamos porque prestamos nuestra atención en conferencias, discursos o conversaciones. "La cultura

---

[52] Caso-Lombardo, *Idealismo vs. materialismo dialéctico, op. cit.,* p. 165.
[53] Carlos Marx, "Tesis sobre Feuerbach", Marx-Engels, *Obras escogidas,* Editorial Cartago, Buenos Aires, Argentina, 1957, p. 714.
[54] Vicente Lombardo Toledano, *Las corrientes filosóficas en la vida de México,* Universidad Obrera de México, México, 1963, p. 11.

—decía Lombardo— no es un cuerpo muerto de enseñanzas [...] es una concepción dinámica de la vida [...] un instrumento de trabajo y un instrumento de lucha. Saber para revolucionar la vida a la cual pertenecemos en este periodo de la historia. Usar el conocimiento de la realidad y las leyes que la gobiernan para transformar la realidad en otra mejor. [La cultura no pertenece a una aristocracia del saber.] La cultura es patrimonio del proletariado [...] de las masas trabajadoras que todo lo crean."[55]

Por ser "uno de los pensadores más distinguidos de la República [...] [y] un valor intelectual tan elevado",[56] recibió altas distinciones académicas. El 13 de mayo de 1933 fue designado miembro del Colegio de Abogados de la República de Costa Rica. El 18 de enero de 1943 la Universidad de Guadalajara le otorgó el título de doctor *Honoris Causa*. En el acto académico pronunció su discurso intitulado "El nuevo orden del hombre". El 8 de mayo de ese mismo año la Universidad Michoacana de San Nicolás de Hidalgo le concedió el mismo grado académico, precisamente en la ceremonia de aniversario del Padre de la Patria, en la cual disertó sobre la "Actualidad viva de los ideales del cura Hidalgo".

Vicente Lombardo Toledano fue un patriota y un internacionalista. Desde muchas trincheras combatió contra el colonialismo y contra el intervencionismo imperialista, en sus diferentes formas de injerencia política, agresión económica o agresión armada. América Latina fue su patria grande, pero abogó con igual energía por los demás pueblos del Tercer Mundo. Con la CTM y la CTAL defendió a la mártir República española, asesinada por el fascismo. Llamó urgentemente a organizar la defensa de Cuba: "defender a Cuba es defender a México". Dijo varias veces que la agresión norteamericana al Caribe era una agresión a toda América Latina. Denunció las atrocidades cometidas por los Estados Unidos en Vietnam y encabezó grandes manifestaciones contra esa guerra infame. Sus escritos jurídicos y políticos en materia internacional merecen detenidos estudios.

Altos honores recibió por su lucha infatigable en favor del progreso y de la independencia de los pueblos: el 9 de febrero de 1938,

---

[55] Vicente Lombardo Toledano, "La cultura es patrimonio del proletariado", *Obra educativa*, t. III, *op. cit.*, pp. 206-211.

[56] Resolución del Consejo Universitario de la Universidad de Guadalajara, del 5 de enero de 1943, *Pensamiento Universitario*, núm. 4, Guadalajara, México, 1998.

el Consejo de Ministros de la República Española le otorgó la Encomienda de la Orden de Isabel la Católica; el 10 de abril de 1939, la Unión de Veteranos del Sur puso en su pecho la Condecoración Emiliano Zapata; el 28 de febrero de 1946, prominentes escritores, artistas, hombres de ciencia y líderes obreros lo distinguieron con la Condecoración del Combatiente.

Lombardo dejó un rico legado al pueblo mexicano que debe ser conocido. Pero hoy es difícil hablar de sus *Obras completas,* porque muchos de sus trabajos están dispersos por el mundo. Miles de páginas llenó en periódicos y revistas de México y del extranjero. Varias de esas publicaciones él las fundó o contribuyó a crearlas.

El 16 de noviembre de 1968 terminó su "Residencia en la Tierra", como diría el poeta. Su fidelidad a los principios y a las causas que defendió jamás se apagó. La promesa que hizo en el teatro del Palacio de Bellas Artes de la ciudad de México, en el homenaje que le rindieron sus amigos, compañeros y gente del pueblo el 1° de agosto de 1964 con motivo de su 70 aniversario, fue cumplida a cabalidad: "Por lo que a mí toca, seguiré la senda hasta el último momento de mi vida".[57]

---

[57] Vicente Lombardo Toledano, "Lo que la vida me ha enseñado", *Escritos en "Siempre!",* t. I, vol. I, CEFPSVLT, México, 1994, p. 56.

SEGUNDA PARTE

SECCIÓN DOCUMENTAL

*Lombardo Toledano en el Colegio de San Nicolás al terminar la con-
ferencia sobre Leonardo da Vinci. Lo acompaña la maestra Atala Apo-
daca, de Jalisco*

LA REVOLUCIÓN MEXICANA[1]

COMO resultado del examen de las causas que motivaron la Revolución mexicana, llegué a la conclusión de definir nuestro gran movimiento popular, iniciado en 1910, como una revolución democrática, antifeudal y antimperialista. Este movimiento tuvo tales características sin que hubiera habido un programa que hubiera precisado desde un principio los aspectos de la Revolución.

Algunos historiadores, tanto nacionales como extranjeros, han dicho que la Revolución mexicana fue un movimiento espontáneo, sin ninguna dirección, y que sólo en el curso de su etapa de guerra civil, en el periodo militar del movimiento, fue adquiriendo el sello que en 1917 tendría.

Juzgar así a la Revolución mexicana es privarla de su trascendencia histórica. Por esta razón es muy importante conocer los antecedentes programáticos e ideológicos de nuestro movimiento revolucionario, sobre todo para la generación joven de hoy que no tiene elementos de juicio todavía a su alcances, dignos de crédito, para poder orientar su juicio respecto de lo que significa la vida contemporánea de nuestro país.

En nuestro país, hay un hecho que en cierta forma difiere de los métodos empleados en otros pueblos semejantes al nuestro, en el desarrollo de las ideas renovadoras. En México, los planes revolucionarios han desempeñado siempre, desde el movimiento de independencia y aun antes, un papel de verdadera significación, porque contienen un juicio crítico acerca de la situación que quieren corregir y también un programa, una serie de objetivos que el movimiento renovador pretende alcanzar. Examinar, en consecuencia, los planes revolucionarios que prepararon el movimiento de 1910 y también los que surgieron antes de que la Revolución diera a nuestro

[1] Versión taquigráfica de la segunda conferencia —de un ciclo de tres— dictada por el maestro Vicente Lombardo Toledano en la Universidad Michoacana de San Nicolás de Hidalgo —Colegio de San Nicolás— el día 5 de abril de 1960. No revisada por el autor. Fondo Documental del Centro de Estudios Filosóficos, Políticos y Sociales Vicente Lombardo Toledano, copia mecanográfica.

país una nueva Carta Magna es decisivo para el conocimiento de los atributos del movimiento popular.

El Plan de Iguala consumó la independencia de México. El Plan de Ayutla abrió el camino de la Reforma. El Plan de San Luis Potosí inició la Revolución contra la dictadura porfiriana. Pero el Plan de San Luis ni es el primero, ni es el más rico, ni es el que, en realidad, define de una manera decisiva el movimiento popular mexicano.

Si se examinan los planes revolucionarios del periodo de 1906 y de fines del siglo XIX hasta 1917, se encontrará que cada uno de ellos toca preferentemente algunos aspectos de los problemas de su tiempo. Todos en conjunto nos dan como una síntesis de las partes o de los aspectos análogos del panorama mexicano, el verdadero contenido de las reivindicaciones de carácter popular y de carácter nacional. Por eso hay que tomarlos en su conjunto. Además, los planes tienen un sello particular cada uno, porque depende de la clase social de los firmantes, de los redactores y, también, de su capacidad para analizar el panorama de nuestro país; de tal suerte que algunos penetran con cierta profundidad en el estudio de los problemas; otros se dedican al análisis de un solo problema particular, y otros sólo tocan los aspectos de carácter general.

Considerando la Revolución mexicana en sus tres aspectos señalados, como revolución democrática, como revolución antifeudal y como revolución antimperialista, el análisis que tenemos que emprender, desde luego, es el que se refiere al conocimiento de la Revolución como un movimiento democrático. Los planes revolucionarios, por su orden cronológico, casi todos tocan este aspecto de las reivindicaciones levantadas por el pueblo.

El programa del Partido Liberal, del primero de julio de 1906, cuyo presidente era Ricardo Flores Magón, contiene estas demandas de tipo político-democrático: reducción del periodo presidencial a cuatro años; supresión de la reelección del presidente y de los gobernadores de los estados; supresión del servicio militar obligatorio y establecimiento de la Guardia Nacional; plena vigencia de los derechos del hombre y de las garantías y derechos de las personas; abolición de la pena de muerte, excepto para los traidores a la patria; multiplicación de las escuelas primarias; supresión de las escuelas confesionales; enseñanza laica en todos los establecimientos educativos del país; enseñanza obligatoria hasta los 14 años de edad; buenos sueldos a los maestros de instrucción primaria; enseñanza de artes y oficios y de instrucción militar en todas las escuelas; supresión de los jefes políticos y fortalecimiento del poder municipal.

Es necesario, para poder valorizar cada uno de estos documentos, no olvidar que la Constitución de 1917 habría de recoger las reivindicaciones en ellos contenidas, porque de otra suerte se pierde la secuencia del proceso ideológico.

El segundo plan de importancia es el Plan de San Luis Potosí, del 5 de octubre de 1910, firmado por Francisco I. Madero. Las reivindicaciones democráticas son éstas: no reelección del presidente de la República, de los gobernadores de los estados y de los presidentes municipales; respeto a la voluntad popular expresada a través del voto de los ciudadanos.

El siguiente plan importante es el plan llamado "Político Social", proclamado por los estados de Guerrero, Michoacán, Tlaxcala, Campeche, Puebla y el Distrito Federal, firmado en la Sierra de Guerrero el 18 de marzo de 1911, entre otros por Gildardo Magaña, Carlos B. Múgica, Jaime Mora, Gabriel Hernández, Francisco y Felipe Fierro. Las reivindicaciones de tipo democrático que encierra son las siguientes: reforma a la ley de imprenta para garantizar la libre expresión del pensamiento y el respeto a las personas; reorganización de los municipios y federalización de la enseñanza.

Otro plan es el Plan Libertador de los Hijos del Estado de Morelos, conocido con el nombre de Plan de Ayala, del 28 de noviembre de 1911, firmado en esa población por los generales, coroneles y capitanes del ejército insurgente, encabezados por Emiliano Zapata. No contiene reivindicaciones político-democráticas, sino exclusivamente demandas de carácter social.

Sigue el Plan de Santa Rosa, Chihuahua, del día 2 de febrero de 1912, que adiciona el Plan de San Luis Potosí, encabezado por Braulio Hernández. Las reivindicaciones son: reforma de los códigos civiles y penales para la rápida impartición de la justicia; reformas a las leyes electorales para asegurar el respeto al sufragio.

Otro plan es el denominado Pacto de la Empacadora, suscrito por el general Pascual Orozco, Benjamín Argumedo y otros, en Chihuahua también, el 25 de marzo de 1912. Las reivindicaciones de este plan son las siguientes en el terreno político: supresión de la vicepresidencia de la República; supresión del servicio militar obligatorio; los estados de la República organizarán la Guardia Nacional; el Poder Ejecutivo no gozará de facultades extraordinarias para legislar; independencia y autonomía de los ayuntamientos para legislar y administrar sus arbitrios y fondos; supresión de los jefes políticos; creación de los estados de Baja California y Tepic con el objeto de fortalecer el sistema federal del gobierno; incorporación de Quintana Roo y Yucatán con el mismo propósito, y plena vigencia de los derechos humanos.

Viene después el Programa de la Soberana Convención Revolucionaria aprobado en Jojutla, Morelos, el 18 de abril de 1916, por los representantes de numerosos jefes revolucionarios de toda la parte central de la República, del sur y del sureste de nuestro territorio. Este documento tiene ya un mayor desarrollo en cuanto a las reivindicaciones de tipo político y democrático. Son éstas: educación laica; establecimiento de escuelas rudimentarias —es la palabra que emplean— en todas las regiones que carecen de escuelas primarias; unificación de la educación teórica a la práctica y a la educación física; fundar escuelas normales en cada estado; emancipar la Universidad Nacional —es la primera petición de autonomía universitaria que yo conozco—; dar preferencia a la enseñanza técnica sobre las llamadas profesiones liberales; reformar el derecho común de acuerdo con las necesidades económicas y sociales del país; suprimir el impuesto llamado personal o de capitación y otras contribuciones semejantes; independencia de los municipios; adoptar el parlamentarismo como forma de gobierno de la República —por cierto que esta demanda no se repite en ninguno de los otros planes revolucionarios—; suprimir la vicepresidencia de la República y las jefaturas políticas; suprimir el Senado porque es una institución aristocrática y conservadora por excelencia; independizar el Poder Judicial; reformar las leyes electorales de todo el país para garantizar el respeto al voto que debe ser directo en todos los casos.

La Revolución, asesinados el presidente de la República y el vicepresidente del gobierno nacional, entra en la etapa de la lucha armada contra el ejército de la dictadura. Entonces las reivindicaciones se aclaran más, se multiplican y se llega al análisis un poco más profundo que en un principio. Por esta razón el Pacto de Torreón —que reforma el Plan de Guadalupe, suscrito en Coahuila, como todos sabemos, por los jefes y oficiales cercanos a don Venustiano Carranza, el gobernador de aquella entidad federativa, a raíz del asesinato de los jefes del gobierno, que era sólo un documento de tipo exclusivamente político para luchar contra el golpe de Estado— queda proclamado entre los representantes de la División del Norte y los representantes de la División del Noreste, es decir, por los hombres de Francisco Villa y por los hombres de Venustiano Carranza. Ese Pacto de Torreón se firma el 8 de julio de 1914 por los generales Luis Caballero, Antonio I. Villarreal, Cesáreo Castro, José Isabel Robles, el doctor Miguel Silva, Ernesto Meade Fierro, Roque González Garza y Manuel Bonilla. ¿Cuáles son las reivindicaciones de este documento tan importante? Destrucción total del ejército ex federal —así le llaman—; organización del Ejército Constitucionalista, que deberá remplazar al antiguo ejército; implantación en todo México del régimen democrático.

Después, el Plan de Guadalupe se modifica. El propio don Venustiano Carranza, en su carácter de primer jefe del Ejército Constitucionalista, el día 12 de diciembre de 1914 expide una serie de reformas adicionales al Plan de Guadalupe. Y dice: se expedirán y pondrán en vigor durante la lucha todas las leyes, disposiciones y medidas encaminadas a dar satisfacción a las necesidades económicas, sociales y políticas del país, efectuando las reformas que la opinión exige como indispensables para restablecer el régimen que garantice la igualdad de los mexicanos entre sí; establecimiento de la libertad municipal como institución constitucional; organización del Poder Judicial independiente; hacer expedita y efectiva la administración de la justicia; reformar todas las disposiciones que garanticen la verdadera aplicación de la Constitución de la República incumplida.

Es fácil advertir que las demandas se repiten; éstas de carácter político. Porque no se están formulando como simples deseos o como elucubraciones, aun progresistas, fuera de la realidad. Son demandas que surgen de la necesidad imperiosa de destruir todos los aspectos negativos de la larga dictadura de Porfirio Díaz.

Otro decreto posterior reforma algunos de los artículos del Plan de Guadalupe; pero ya es Carranza en 1916 el que promueve estas reformas cuando, desde el punto de vista militar, la Revolución ha destruido prácticamente al ejército de la dictadura. El decreto está fechado en Palacio Nacional de México, el 14 de septiembre de 1916.

Se convoca a un Congreso Constituyente —dice— para reformar la Constitución. El Congreso recibirá el proyecto de Constitución, que comprenda las reformas dictadas por el movimiento revolucionario.

Resumiendo los principios políticos de los planes revolucionarios de 1906 a 1916, durante esta década en que el pueblo mexicano se moviliza como nunca para dar un cambio a la situación económica, social y política; resumiendo esos documentos, podríamos decir que la Revolución, como una revolución democrática, aspiraba al logro de las siguientes metas: respeto al sufragio; no reelección del presidente de la República y de los gobernadores de los estados; supresión de los jefes políticos; autonomía de los ayuntamientos de los municipios; respeto a los derechos del hombre y del ciudadano; reforma educativa basada en el laicismo y en la unión de la enseñanza teórica y práctica; liquidación del ejército de casta de la dictadura; organización de un ejército surgido del pueblo con tendencia revolucionaria; reformas a toda la legislación existente para ponerla de acuerdo con los ideales de la Revolución y el progreso de México; supresión de los impuestos que recaen sobre las personas como individuos; autonomía del Poder Judicial para que imparta justicia rápida y eficaz sin coacción de ningún otro poder; construcción de un verdadero régimen democrático que haga de todos los ciudadanos factores de igual valor ante las instituciones de la República. Éste es el aspecto de la Revolución como movimiento democrático.

Ahora veamos la Revolución como movimiento antifeudal. Es aquí en donde se acentúa el carácter, la trascendencia y la profundidad de la Revolución mexicana. Los planes, decretos, acuerdos y proclamas que contienen esta aspiración suprema de la destrucción de la estructura económica del país, que había prevalecido durante 400 años, son muy numerosos. Están llenos de ardor, de matices; pero todos ellos de un realismo dramático y de una expresión sobria y certera. En el orden cronológico de los planes ya mencionados, sólo apunto como simples enunciados, como es fácil advertirlo después, las reivindicaciones de carácter antifeudal. ¿Cuál era la estructura de México y dentro de ella, cuál era lo que podría llamarse la espina dorsal del sistema? Indudablemente el latifundismo constituía esa espina dorsal y el régimen de producción económica era un régimen agrario arcaico, de escasos rendimientos y parcelado en regiones de autoconsumo. He aquí las reivindicaciones en el orden indicado.

El programa del Partido Liberal: los dueños de tierras están obligados a hacerlas productivas; hay que dar las tierras a quien las pida para trabajarlas y sin poder venderlas; se debe crear un banco agrícola para refaccionar a los campesinos pobres. Como se ve, todavía los Flores Magón y sus compañeros de lucha del Partido Liberal no están señalando una reivindicación concreta de la destrucción de las grandes extensiones de tierra, sino que sólo reclaman o exigen que los propietarios de ellas las hagan productivas.

Pero ya en el Plan de San Luis Potosí se dice: restitución de las tierras a sus antiguos poseedores que las hayan perdido por despojo o por leyes o resoluciones injustas. Éste es el sentido más importante del Plan de San Luis, fuera, naturalmente, del desconocimiento de la legitimidad del gobierno y la proclama o el llamamiento al pueblo para que se levantara en contra de la dictadura.

Viene en seguida uno de los planes no sólo famosos en nuestro país, sino que ha trascendido los límites de México: el Plan de Ayala. Reivindica los siguientes sentimientos del pueblo: restitución de tierras a las comunidades campesinas; devolución de las tierras a los poblados que las hubieran perdido a manos de los hacendados, caciques o favorecidos por la tiranía y expropiación de las tierras, montes y aguas para los ejidos, colonias, fundos legales de los pueblos y campos de cultivo. Pero el Plan de Ayala no iba a quedar allí. Su primera gran reforma es la que contiene el Plan de Milpa Alta en el Distrito Federal. Está firmado el 6 de agosto de 1919, entre otros, por los generales Everardo González y M. Palafox: restitución de tierras a las comunidades campesinas; expropiación de todas las tierras de la República, excepto de las propiedades de 50 hectáreas en las zonas que carecen de tierras y de 100 en los estados en que haya abundancia de ellas; se fraccionarán las tierras expropiadas para entregarlas a los labradores que se dediquen a la agricultura; cada lote o parcela satisfará ampliamente las necesidades de una familia y no podrá arrendarse, gravarse o venderse antes de 50 años; se fomentarán las colonias de extranjeros expertos en agricultura; una colonia por cada 10 pueblos indígenas, para que aprendan a mejorar sus cultivos; las aguas del territorio nacional deberán dedicarse a irrigar las tierras; se creará un banco nacional agrícola para ayudar sólo a los pequeños agricultores.

Ya el plan de Emiliano Zapata se va ampliando. Y la visión de las necesidades de la agricultura en poder de los campesinos también se va haciendo más concreta y más completa.

El Pacto de la Empacadora tiene también sus reivindicaciones de carácter antifeudal: reivindicación de los terrenos arrebatados por despojo; repartición de todas las tierras baldías y nacionalizadas; división de las propiedades de los grandes terratenientes; emisión de bonos agrarios o agrícolas.

Después, el programa de la Soberana Convención Revolucionaria va aumentando la claridad del movimiento de las masas rurales y del conjunto de la Revolución: destrucción del latifundismo; crear la pequeña propiedad; dotar de tierras a cada mexicano que las pida, en extensión bastante para las necesidades de una familia; preferencia a los campesinos en la entrega de tierras; creación de bancos agrícolas para dar crédito a los pequeños agricultores; obras de irrigación; plantíos de bosques, caminos y otros trabajos de mejoramiento agrícola; programas para la agricultura; estaciones agrícolas de experimentación. Ya casi entra el movimiento revolucionario en el aspecto de la técnica de la producción del campo.

El Pacto de Torreón tiene un párrafo en el que engloba las reivindicaciones políticas antifeudales, por eso sólo dice: nos proponemos los componentes de la División del Norte y de la División del Noreste emancipar a los campesinos, repartiéndoles las tierras.

Un nuevo plan adicional al Plan de Guadalupe, firmado el 12 de diciembre de 1914, dice: deben expedirse leyes agrarias que favorezcan la creación de la pequeña propiedad, disolviendo los latifundios y restituyendo a los pueblos las tierras que se les hubieren arrebatado injustamente.

De todas partes, aun sin planes revolucionarios, los comandantes militares, al mismo tiempo gobernadores civiles designados por el primer jefe del Ejército Constitucionalista, enriquecen la legislación preconstitucional.

El general Cándido Aguilar, comandante militar y gobernador del estado de Veracruz, el 13 de octubre de 1914, crea la Comisión Agraria para aplicar la reforma agraria en esa entidad. El gobernador militar del estado de Tabasco, Luis F. Domínguez, también, el 19 de septiembre de 1914, en su decreto, ordena: las deudas de los peones del campo quedan amortizadas; queda abolido el sistema de la servidumbre endeudada; debe fijarse el salario mínimo para los peones, que baste a sus necesidades; ocho horas de jornada como máximo; los castigos corporales de los peones se castigarán con prisión de seis meses inconmutables. Éste fue un decreto típico de aquella zona del sureste de nuestro país, en donde la esclavitud en la industria de la madera, en la industria del chicle y en las plantaciones era la norma secular.

Y, finalmente, viene el decreto de don Venustiano Carranza, expedido en Veracruz el 6 de enero de 1915. Breve, pero ya resume en sí mismo los tres aspectos fundamentales de lo que más tarde llegaría a ser la reforma agraria: división de los latifundios; restitución de las tierras a las comunidades campesinas; dotación de tierras a costa de las propiedades agrícolas próximas a los poblados rurales.

¿Cuál es el resumen que podemos hacer de estas reivindicaciones antifeudales por lo que toca al régimen de la tenencia de la tierra? *1°* Debe liquidarse el latifundio. *2°* Debe organizarse y aplicarse la reforma agraria. *3°* La reforma agraria debe tener dos propósitos fundamentales: la restitución de tierras y la dotación de tierras. 4° La reforma agraria debe comprender también la dotación de agua y el crédito agrícola. *5°* Las tierras restituidas o dotadas no podrán arrendarse ni gravarse ni venderse.

Pero la Revolución, como un movimiento antifeudal, no debe reducirse sólo al marco de la lucha contra la concentración de la tierra y a la reforma agraria. La clase obrera vivía en servidumbre también. No en la esclavitud, pero sí en el sometimiento casi con las mismas características que tuvieron las primeras fábricas en los últimos años del virreinato y en la primera mitad del siglo xix: obrajes insalubres, jornadas inhumanas de trabajo, salarios de hambre, castigos constantes e, incluso, prisiones privadas de los propietarios de las máquinas.

Por esa razón surgen también las reivindicaciones. Estas reivindicaciones aparecen desde el primer momento. El programa del Partido Liberal es quizá, a este respecto, el más completo de todos: jornada de ocho horas; salario mínimo; reglamentación del servicio doméstico y del trabajo a domicilio; los niños menores de 14 años no podrán emplearse; medidas de higiene y de seguridad en los lugares de trabajo; habitaciones higiénicas para los obreros y los trabajadores del campo asalariados; indemnización por accidentes de trabajo; pago del salario en efectivo; supresión de las tiendas de raya; los extranjeros serán siempre minoría en los centros de trabajo; descanso semanal obligatorio.

A la distancia de muchos años parece que estamos escuchando el artículo 123 de la Constitución de 1917. Ahora ya los planes del movimiento armado también presentan o comprenden las reivindicaciones para liberar a la clase obrera de su sometimiento y para otorgarle libertades de que carecía.

El plan de los representantes de Guerrero, Michoacán,[2] etcétera, dice: aumento de los salarios en la ciudad y en el campo; condiciones para fijar los salarios en relación con los rendimientos del capital —esta reivindicación, si se aplicara hoy, resultaría altamente positiva—; jornada de ocho horas; no podrán participar los extranjeros en más de la mitad de los puestos de trabajo en las empresas propiedad de extranjeros; se fijarán rentas justas a los alquileres.

El Pacto de la Empacadora, el plan de Pascual Orozco, también tiene reivindicaciones de este carácter: supresión de las tiendas de raya; pago de los jornales en dinero; reducción de la jornada de trabajo —él decía de 10 horas; es la única reivindicación que se separa del clamor unánime en todos los planes, de ocho horas como jornada máxima—; niños entre 10 y 16 años, jornada de seis horas. También se aparta de la reivindicación, en el sentido de que los niños menores de 14 años no podrán trabajar nunca en ninguna circunstancia. Otra es el aumento de los jornales, armonizando los intereses del capital y del trabajo. Es interesante el plan orozquista, porque es un plan que, a pesar de algunos aspectos positivos, de todos modos significa una división del movimiento revolucionario.

La Soberana Convención Revolucionaria, que en materia de reivindicaciones agrarias es muy avanzada, también en materia obrera tiene algunos puntos dignos de meditación. Pide indemnización en accidentes de trabajo; pensión de retiro para los obreros; reglamentación de las horas de trabajo; higiene y seguridad en los talleres, fábricas y minas; reconocimiento de la personalidad de los sindicatos; reconocimiento del derecho de huelga y del derecho de boicot y abolición de las tiendas de raya. Esta reivindicación ya es mucho más avanzada.

El Pacto de Torreón, como he explicado, sólo menciona las reivin-

---

[2] Se refiere al Plan Político Social, mencionado anteriormente. [Nota de Martín Tavira U.]

dicaciones campesinas en una frase, y así lo hace con las demandas que han de favorecer a la clase obrera. Dice: procurar el bienestar de los obreros.

El decreto del 12 de diciembre de 1914, que adiciona el Plan de Guadalupe, dice: legislar para mejorar la condición de los obreros fabriles, mineros y obreros agrícolas o asalariados del campo. Entonces ya surgen decretos específicos en materia social: el decreto del gobernador de Aguascalientes, del 8 de agosto de 1914, para crear descansos semanarios; un decreto del gobernador de Chihuahua, del 9 de enero de 1915, que establece el salario mínimo; un decreto del general Álvaro Obregón, firmado en Celaya el 9 de enero de 1915, para crear también el salario mínimo; un decreto del gobernador de San Luis Potosí, del 15 de septiembre de 1914, para crear el salario mínimo, y el pacto famoso entre la Casa del Obrero Mundial y el primer jefe del Ejército Constitucionalista, don Venustiano Carranza, en Veracruz. Este documento es excepcional, porque no se trata de una proclama, no de un plan revolucionario, no de un programa surgido de alguna de las acciones del movimiento popular; tiene la trascendencia de un convenio entre la clase obrera, que comienza a organizarse y el ejército popular, dirigido por don Venustiano Carranza. Pero no sólo se trata de eso. A mi modo de ver, el pacto entre la Casa del Obrero Mundial y el Ejército Constitucionalista representa un viraje ideológico de trascendencia para la clase obrera de nuestro país.

Todos sabemos que los primeros sindicatos obreros organizados fueron el producto de la evolución de las mutualidades a los sindicatos o a las ligas de resistencia. Estas agrupaciones estaban influidas, de una manera vigorosa, por la filosofía social anarcosindicalista. Fueron obreros anarquistas, muchos de ellos españoles llegados a México, los que formaron la Casa del Obrero Mundial. Y en aquellos años, a partir de 1912 en que la Casa del Obrero queda establecida, los lemas, las consignas que expresan la filosofía social anarcosindicalista son: lucha a muerte contra el Estado; lucha abierta contra el orden jurídico burgués; lucha contra las ideas fanáticas, sin base real; es decir, como el nombre o el contenido filológico del término lo demuestra, un régimen social sin orden burgués, sin leyes, sin Estado y sin creencias religiosas.

La Casa del Obrero Mundial, más que un agrupamiento de carácter sindical, era el centro de discusión entre los cuadros que formaban el movimiento obrero para orientar a las masas y conducirlas a la lucha, empleando la táctica de la acción directa.

Cuando estalló la Revolución como un movimiento armado, ni la Casa del Obrero Mundial ni los sindicatos obreros querían tener vínculos con el movimiento. Son pleitos entre la burguesía, afirmaban; entre la burguesía en el poder y la burguesía que aspiraba al poder. La clase obrera debe ser neutral. Pero la realidad siempre modifica los conceptos puramente abstractos, que en este caso eran de verdad abstractos, porque era una ideología traspuesta a través de agentes desconocedores de México, desde la península ibérica hasta nuestro territorio. La realidad modificó el pensamiento anarcosindicalista, porque las facciones armadas del movimiento revolucionario llegaban a la ciudad de México, se posesionaban de la capital por algunas semanas, días u horas, y acto seguido entraban otras facciones. Y, en general, la confusión producida por la guerra civil había creado condiciones muy duras para la población que no participaba en la lucha. Faltaban alimentos, faltaban transportes, faltaban medicinas, faltaban sustentos. La vida normal se había deteriorado; se empezaba a vivir en la primera urbe de un país de manera caótica, y la clase obrera perdía, además, los salarios, porque se cerraban los talleres y los centros de producción por falta de materias primas.

Después de discusiones muy prolongadas, la Casa del Obrero Mundial decidió tomar las armas y formar batallones para acelerar la derrota de Francisco Villa. Este hecho representa un paso de la abstención anarcosindicalista a la colaboración de clases, como podría hablar el propio lenguaje de la filosofía del anarquismo. Se firma el pacto en Veracruz, y acto seguido surgen los batallones obreros, que pelean en El Ébano, en Celaya y en otros lugares del país.

¿Qué representa el convenio de la Casa del Obrero Mundial con el Ejército Constitucionalista? El derecho de la clase trabajadora para difundir la doctrina revolucionaria del proletariado y el derecho a formar sindicatos. De este modo, se puede decir que la Revolución como movimiento antifeudal precisa también las demandas de la clase obrera para que ésta sea considerada como una clase social con derecho a agruparse y a dirigirse por sí misma y a participar en la conducción de los intereses públicos.

Pero no se puede reducir a esos dos aspectos solamente la Revolución, como movimiento antifeudal, a la lucha por la tierra, a la pelea contra el latifundismo y al reconocimiento de los derechos de la clase obrera.

El feudalismo, como todo sistema económico de producción, tantos años establecido en México, tenía que producir, como ocurre con toda estructura social que engendra las superestructuras, formas jurídicas, costumbres, hábitos y, también, un conjunto de reglas de carácter moral. El feudalismo en nuestro país no se reducía a la parte material de la vida en el campo o en los centros de trabajo urbanos. El feudalismo había conformado también ya la conciencia de la sociedad, y una de las manifestaciones más importantes de la teoría feudal de la vida eran las relaciones familiares. Prevalecía en México, apoyada en la vigencia del derecho romano traído desde el siglo XVI por los conquistadores, la concepción feudal de que el único jefe de la familia había de ser el padre, el varón. La mujer no tenía derecho a participar en la patria potestad de los hijos. Éstos, en consecuencia, dependían jurídica, social y moralmente, ante la sociedad mexicana, del jefe varón de la familia. La mujer no sólo carecía de la patria potestad sobre sus hijos, sino que no podía comerciar sin el permiso del marido; no podía educarse sin el permiso del marido; no podía realizar acciones públicas sin permiso de la autoridad familiar. La mujer era una víctima de la concepción feudal de la vida, exactamente como los campesinos, los siervos de la gleba y los trabajadores de los obrajes y de las fábricas.

Por eso, también brotan en los planes revolucionarios que he comentado ya las reivindicaciones de carácter antifeudal relativas a las relaciones humanas. Se establece en la etapa preconstitucional, por un decreto, el divorcio, que no existía en nuestra legislación. El matrimonio era un pacto sagrado, eterno, intocable, cualesquiera que fuesen las relaciones entre los cónyuges. Inspirándose en la tradición de las Leyes de Reforma, la Revolución mexicana decreta el establecimiento del divorcio, estimando el matrimonio como un contrato de carácter civil; otorga a la mujer la patria potestad de los hijos, exactamente igual que al marido, y reconoce a los hijos legítimos y no legítimos los mismos derechos. De esta manera se libera a los niños de la marca infamante de que disfrutaban, permítaseme el término, en aquella sociedad influida tanto por los prejuicios religiosos como por la concepción feudal de la existencia. Más tarde, una ley de relaciones familiares, también dictada en la etapa preconstitucional, habría de darle forma a todas estas manifestaciones o exigencias de las costumbres, de las leyes y de las normas de la vida mexicana. Y tras de ellas, proyectos de reformas al Código Civil, al Código Penal y al Código de Comercio. Éstos son los tres aspectos principales de la Revolución mexicana como revolución antifeudal.

Ahora veamos los aspectos principales de la Revolución mexicana como una revolución antimperialista. Es comprensible que sobre este aspecto las reivindicaciones de los planes revolucionarios no hubieran sido tan precisas como tratándose de las demandas de orden democrático o de las demandas de carácter antifeudal. Pero en muchos de los planes surgen atisbos, si se quiere, de lo que después sería toda una concepción filosófica, jurídica y política de la nación mexicana, como entidad que se defiende ante el extranjero. Los puntos principales que contienen las reivindicaciones de los planes revolucionarios son: el dominio de la nación mexicana sobre las tierras, aguas, bosques y riquezas del subsuelo; los extranjeros serán considerados como mexicanos en los negocios que establezcan en el país; no se pueden realizar transacciones comerciales con terrenos en cuya entraña se encuentren yacimientos petrolíferos sin la autorización especial del gobierno. Éste es un decreto del gobernador de Veracruz, Cándido Aguilar, del 3 de agosto de 1914, y también tiene una importancia extraordinaria, como el pacto de la Casa del Obrero Mundial con el Ejército Constitucionalista, porque la historia del petróleo en México está llena de sangre, de vergüenza e ignominia, como la lucha por esa riqueza natural en casi todos los países coloniales y semicoloniales de África y de Asia.

Eran los años más agudos de la lucha armada. Las compañías petroleras con aquel Doheny, ligado a la Standard Oil Company, y sus numerosos agentes creyeron que había llegado la oportunidad de hacerse dueños de toda la zona petrolífera del estado de Veracruz, de la Huasteca potosina y de la Huasteca tamaulipeca: asesinato de los campesinos dueños del terreno, corrupción de las autoridades, cohecho a todas ellas y, finalmente, la organización de un ejército propio, de un ejército verdadero, comandado por un traidor a México, el llamado general Manuel Peláez, que protegía las maniobras de las empresas extranjeras.

Por eso el decreto del gobernador de Veracruz, Cándido Aguilar, ya va apuntando la intervención del Estado en materia de la industria del petróleo. También sobre estas reivindicaciones antimperialistas se apunta la idea de la nacionalización de los ferrocarriles nacionales y la necesidad de formar técnicos en las empresas de extranjeros para remplazarlos por mexicanos.

Con este rico patrimonio político, representado por los planes revolucionarios, se llega al Congreso Constituyente de Querétaro de los años 1916 y 1917. Ésta es una asamblea histórica no sólo porque le da a México una nueva Carta Magna, sino porque no es ya el Congreso Constituyente de 1857. Aquél fue una asamblea liberal dividida en dos alas: los liberales puros —como se llamaban los ortodoxos, los intransigentes, los apasionados, partidarios del progreso y de las luces— y el sector de los liberales moderados, timoratos y vacilantes. Por eso la Constitución de 1857 no aprobó la separación de la Iglesia y el Estado con todas sus consecuencias económicas, sociales y políticas. Por esa razón fue necesario que la lucha, la guerra de Reforma y la intervención extranjera polarizaran todavía más los dos bandos del combate, para que los liberales moderados del Congreso Constituyente de 1856 y 1857 se desbandaran, los unos incorporándose en la fracción de los liberales puros, y los otros yéndose a su casa y retirándose de la vida política.

El Congreso Constituyente de Querétaro no repitió, y no podía hacerlo tampoco, esa composición de la Asamblea. El Congreso de Querétaro estaba dividido, pero entre liberales progresistas y liberales que casi llegaban al socialismo, según su propia caracterización. El "casi llegar" al socialismo, claro, era una frase nada más, porque no se llega "casi al socialismo" como no se llega "casi" a ninguna ideología; o se llega o no se llega. Además, no se podía hablar de socialismo cuando se reiteraba la propiedad privada de los instrumentos de la producción económica y del cambio. Sin embargo, lo importante en el Congreso Constituyente de Querétaro es que murió históricamente el pensamiento liberal. ¿Por qué murió históricamente el pensamiento liberal mexicano? Porque la filosofía liberal se basa en el individuo, en la persona física como base y objeto de las instituciones sociales; en cambio, este liberalismo renovado, progresista, muy avanzado de la Asamblea de Querétaro invierte los términos. En 1857 se dijo: primero la persona, después la familia, después la nación. En Querétaro, en 1917, se dijo: primero la nación, después el individuo.

Liquidado el pensamiento liberal que hacía del Estado una fuerza vigilante sólo de las transacciones entre los particulares, la nueva Carta Magna le da al Estado una importancia interesantísima, muy grande, como factor directo de la economía nacional. Muere también el pensamiento liberal porque muere el concepto romano de la propiedad. El derecho de usar, disponer y abusar de la propiedad sin límite ninguno; el famoso derecho romano, que hacía de la propiedad privada la base de todas las instituciones, desaparece en Querétaro. Y la propiedad es concebida ya como un fin social y no como un privilegio privado. Además, muere el liberalismo, porque la reforma agraria representa un paso de enorme trascendencia no sólo en la concepción filosófica del derecho, sino también en la concepción económica y en el pensamiento relativo a las relaciones sociales. La tierra, las aguas, las riquezas naturales del territorio pertenecen a la nación, que tiene el dominio y siempre lo ha tenido sobre todas ellas.

La reforma agraria representa un paso de gran significación porque no se trata sólo de devolver las tierras arrebatadas a las comunidades campesinas, rectificando las Leyes de Reforma del periodo de la guerra de Reforma que, para hacer entrar los bienes de la Iglesia en el mercado nacional, no sólo privaron de personalidad jurídica a todas las corporaciones, sino que se considera que la dotación de las tierras a los campesinos ha de ser dotación colectiva y no individual. En otros términos, no son demandas personales las que ha de atender el poder público, sino demandas colectivas, porque son las colectividades rurales las únicas que tienen el derecho de reclamar la tierra, aun cuando una vez recibidas, por razones de trabajo, se dividan los ejidos en unidades individuales. Pero una modalidad trascendental tiene especialmente la reforma agraria mexicana: la entrega de la tierra no en propiedad, sino usufructo. Hasta hoy es la única legislación con esa característica en todo el mundo capitalista. No propiedad, sino usufructo. Disfrute perpetuo de la tierra, transferible por herencia, pero no propiedad privada de la tierra. Éste es, a mi modo de ver, uno de los pasos más importantes de la Revolución antifeudal de México. Porque si la reforma agraria, restituyendo las tierras arrebatadas a los pueblos, dotando a las comunidades rurales de tierra, hubiera establecido el principio de la propiedad de la tierra que los campesinos iban a recibir, en pocos años se habrían vuelto a reconstruir los grandes latifundios, y la tierra mejor de México hubiera pasado a poder de los extranjeros.

Pero, además, el Congreso Constituyente de Querétaro enriquece los derechos humanos. Desde la Constitución de 1812; desde los proyectos, principios o elementos constitucionales de Zitácuaro; desde la Constitución de Apatzingán de 1814; desde entonces, el principio central que campea en las normas constitucionales iniciales de la República es el de que la soberanía de la nación radica en el pueblo. Ése es un concepto de la Revolución democrático-burguesa de Francia, iniciada en 1789, que se ha de convertir en norma universal, en principio filosófico del derecho moderno. Y, consecuentemente, los derechos del hombre y del ciudadano han de transformarse en el objetivo de las normas constitucionales en todos los países que realizan la revolución antifeudal.

Pero el Congreso Constituyente de Querétaro, al lado de las garantías individuales, crea otras: las garantías sociales. Ya no es el concepto individualista el que priva; ahora hay que agregar a los derechos individuales los derechos colectivos contenidos en los artículos 27 y 123. Éstos fueron los principales aspectos de la Asamblea de Querétaro, y ése fue el contenido principal de la nueva Carta Magna, que recoge las demandas antifeudales, democráticas y antimperialistas contenidas en los planes, proclamas y bandos del movimiento revolucionario.

Reacción contra la Constitución de 1917 de todo tipo. Pero la clase social terrateniente desplazada del poder es la que, por supuesto, combate de una manera más aguda y feroz, implacable, en el terreno de la polémica, a la nueva Constitución. Ya le llama el escritor Jorge Vera Estañol, abogado porfirista, "el almodrote de Querétaro", o le dicen una Constitución contradictoria, liberal y al mismo tiempo socialista, y otras cosas; pero la Constitución despierta un interés profundo no sólo en México, sino en el extranjero, precisamente porque era el primer documento histórico en el mundo capitalista que recoge las aspiraciones de la primera revolución democrática, antifeudal y antimperialista de la época moderna.

Éste es el proceso revolucionario. Resultados de la Revolución en su primera etapa: ¿positivos o negativos?, ¿sólo favorables o sólo adversos? Las dos cosas: positivos y negativos. ¿Por qué? En primer lugar, porque la Revolución fue una revolución democrático-burguesa y no una revolución socialista. No se propuso abolir la propiedad privada de los medios de producción, sino abolir el sistema feudal de la producción económica.

La Revolución, en su primer periodo, logró su objetivo central: destruir el sistema feudal en México. El sistema feudal en el campo; las relaciones feudales de producción; el sistema feudal en la industria; el sometimiento de los obreros, privándolos de dignidad humana inclusive. La Revolución creó las relaciones sociales y familiares de nuevo tipo. La Revolución reconoció los derechos esenciales de la clase obrera y de la clase campesina. Hizo posible el nacimiento de los sindicatos de trabajadores. El Primer Congreso Preliminar Obrero se celebra en Veracruz, en 1915. El Segundo Congreso Preliminar Obrero se lleva a cabo en Tampico, en 1916. Y en 1918, en Saltillo, se crea la primera confederación obrera: la Confederación Regional Obrera Mexicana.

La Revolución desarrolla la industria mexicana, le da impulso, porque la reforma agraria eleva en los términos estadísticos generales el nivel de vida de las masas trabajadores, el poder de compra de las masas rurales —que son las mayoritarias de la población activa— y surge el mercado nacional, que durante la dictadura porfirista no existía.

La Revolución, para el desarrollo económico posterior de México, preocupada por la ignorancia del pueblo, multiplica las escuelas. Crea dos tipos de escuelas: la escuela rural y la escuela secundaria. Las dos de tipo popular. Pero hay un aspecto en que la Revolución representa un paso trascendental en la vida de nuestro país: unifica la conciencia nacional, hace conocer a unos mexicanos con otros; el propio ejército revolucionario es la representación del pueblo de las distintas zonas que antes se ignoraban. Y surge el deseo de la unidad, de la conciencia nacional común. Hace que el pueblo mexicano mire por primera vez hacia dentro de sí mismo. Descubre la riqueza enorme de nuestros recursos naturales y humanos. Acentúa el sentimiento nacionalista del pueblo. Destruye el arma de opresión mayor: el ejército de casta de la dictadura reaccionaria, y crea un ejército del pueblo, que es el que tenemos hoy. Esto último representa, también, un paso de enorme trascendencia, de repercusiones políticas no siempre valorizadas en su exacta proporción; cuando vemos que todavía hoy, en la América Latina, la lucha es en contra de los ejércitos de casta vinculados a los terratenientes y a las viejas oligarquías feudales; cuando los gobiernos civiles son inestables porque el ejército es el partido político de derecha que tiene el poder en las manos, el poder real, y que puede en un momento dado hacer trastocar la vida cívica de un país. Pensar que nosotros, hace muchos años, casi medio siglo, disfrutamos de un ejército democrático es reconocer el avance previo ante el resto de los pueblos hermanos del de nosotros, de una gran importancia.

Ha habido fallas, errores y vacilaciones. Es verdad. ¿Por qué? Porque no fue una revolución dirigida por la única clase social consecuentemente revolucionaria, que es la clase obrera. Porque no fue una revolución dirigida por la burguesía industrial nacionalista. Porque fue una revolución dirigida por la burguesía terrateniente progresista. La burguesía industrial ha venido desarrollándose con enorme lentitud. El proletariado no participó en la organización de la Revolución mexicana en su primera etapa, y los intelectuales, como clase pequeño-burguesa, con excepciones brillantes, habían sido formados con un espíritu de desprecio hacia los mexicanos y con un deseo de vivir siempre, por lo menos mentalmente, pensando en el exterior y, sobre todo, en los países más desarrollados de Europa. Por eso la Revolución en su desarrollo, si pudiésemos hacer una gráfica, ofrecería el trazo zigzagueante de ascensos y descensos constantes.

En un solo capítulo se puede ver este proceso de sube y baja del movimiento revolucionario: en el de la reforma agraria, que es la reivindicación central de las luchas populares. Carranza (1915-1919), 107 678 hectáreas afectadas para ser repartidas. En 1920, un año más, 58 903 hectáreas. Obregón (1921-1924), 1 124 673 hectáreas. El ascenso, el gran impulso a la Revolución antifeudal. Calles (1925-1928), 2 979 896 hectáreas. Continúa el ascenso. Portes Gil en un solo año, 1929, un millón de hectáreas. Continúa el ascenso. Ortiz Rubio (1930-1932), se mantiene el nivel. Abelardo L. Rodríguez (1933-1934), 864 900 hectáreas. Desciende. Cárdenas (1935-1940), 17 890 577 hectáreas. Sube enormemente. Ávila Camacho (1941-1946), de 17 millones baja a 5 492 172 hectáreas. Alemán (1947-1952), nuevo descenso, 4 015 000 hectáreas. Ruiz Cortines (1953-1958), a la mitad de Alemán, 2 674 000 hectáreas. Ésta es la gráfica de la reforma agraria. Y se podrían hacer gráficas también con los otros aspectos de la Revolución.

Pero no sólo así está el trazo, el proceso, del movimiento revolucionario en cuanto a las reivindicaciones centrales de la tierra, sino que se reforma la Constitución de la República para dizque

defender la pequeña propiedad del campo, otorgando a los pequeños propietarios el derecho de usar el amparo, señalando arbitra-
riamente la extensión de la pequeña propiedad, cosa que responde
a condiciones climatológicas, geográficas, ecónomicas, etc., que
no se pueden establecer en la Carta Magna de un país. Se expiden
Certificados de Inafectabilidad Agrícola; se asegura la posesión de
extensiones enormes de tierra para la industria ganadera, que son
intocables para la reforma agraria; se lucha desde el gobierno
mismo en contra del trabajo colectivo de los ejidos y todo eso no
tanto para fomentar o proteger la pequeña propiedad, sino para
llevar el capitalismo al campo y el freno a la reforma agraria; es decir, para introducir el capitalismo en el campo en contra de la demo-
cratización de la tenencia de la tierra y de la reforma agraria.

Y así está todo el proceso general del movimiento en nuestro país:
dudas, vacilaciones, rectificaciones, enmiendas y aun traiciones al
programa revolucionario por la falta de convicciones revolucionarias y por la intervención del imperialismo extranjero en la vida
doméstica de México.

En el movimiento social, también, división de la clase obrera, división de la clase campesina. Corrupción tremenda de los dirigentes
y cuadros de la clase obrera y de la clase campesina. Intervención
del capitalismo extranjero en este aspecto, también, de la vida social de nuestro país.

Y en cuanto al movimiento democrático, junto a algunos aspectos
positivos de nuestro desarrollo, es, quizá, el aspecto en que la Revolución mexicana menos ha caminado. No se respeta el voto. No
se estipulan garantías para el sufragio. No se estimula la creación
de los partidos políticos, por lo menos democráticos. Se ha establecido hasta hoy un monopolio electoral en el partido del gobierno. No hay siquiera democracia interior, y en el gobierno pasado
se llegó a la pintoresca aberración del sistema de los sobres cerra-
dos, enviados desde Palacio Nacional, para elegir a los alcaldes de
los pueblos de la República.

Pero si ha habido este zigzagueo, estos avances parciales, estos
retrocesos súbitos y esta postración en algunos aspectos del movimiento revolucionario, no sólo se debe a motivos propios, sino a
la participación, a la intervención del factor perturbador de la Revolución mexicana como revolución democrática, antifeudal y antimperialista, que representa el imperialismo norteamericano.

Las inversiones extranjeras directas en México, en el año de 1939, ascendían a 2 298 millones de pesos. Para 1949, 10 años más tarde, se habían doblado: 4 895 millones de pesos. Entre 1950 y 1956 entraron a México 1 251 millones de dólares y salieron de nuestro país 400 millones. ¿Qué representan las inversiones extranjeras? El 12% de la inversión total que se registra en la República. Pero este 12% se orienta hacia el control de las industrias manufactureras, de la minería y de los servicios. Reciben utilidades próximas a 12% sobre su capital invertido. Lograron en un periodo breve de seis años 645 millones de dólares de utilidad. La estadística prueba que las inversiones se capitalizan en cinco años nada más. Esas inversiones controlan los puestos clave de la economía mexicana. Esas inversiones han hecho imposible la formación de los capitales nacionales, porque exportan sus ganancias y lo único que hace posible la capitalización interior de nuestro país en vías de desarrollo es la reinversión de las utilidades.

¿Se puede afirmar, por tanto, que la Revolución mexicana ha fracasado? No. De ninguna manera. He señalado sólo sus inconsecuencias, su ritmo vacilante. Falta analizar sus aspectos positivos y sus perspectivas. Ninguna revolución popular fracasa. A veces se detiene, retrocede a veces; pero vuelve a ponerse en marcha.

Toca ahora a la nueva generación de nuestra patria volver a poner en marcha la Revolución mexicana que sus padres iniciaron y llevaron a su victoria militar y política. Particularmente a los jóvenes que estudian corresponde la honrosa y alta tarea de volver a poner en marcha la Revolución. Pero no por ser jóvenes tienen ese deber; no por ser jóvenes tienen ese derecho, sino porque la juventud está en aptitud de prepararse para esa misión trascendental.

La política es una ciencia. Es la ciencia que resume todas las ciencias que registra la historia. Por eso la política no es aventura. No es la política obra de la intuición ni fruto de los deseos. La política es una ciencia.

PROYECTO PARA UN NUEVO CAPÍTULO DE LA CONSTITUCIÓN DE LOS ESTADOS UNIDOS MEXICANOS, RELATIVO A LA ECONOMÍA NACIONAL[1]

HONORABLE Cámara de Diputados del Congreso de la Unión

Haciendo uso de los derechos que nos otorga la fracción II del artículo 71 de la Constitución Política de los Estados Unidos Mexicanos, venimos a proponer una enmienda a la Carta Magna, relativa a la economía nacional.

Los fundamentos de nuestra iniciativa son de carácter histórico, político y jurídico y se inspiran en el propósito de consolidar las leyes, decretos, reglamentos y acuerdos administrativos en vigor, concernientes al desarrollo progresivo de nuestro país, al logro de su plena independencia y a la elevación sistemática del nivel de vida del pueblo, y en la necesidad de que se aplique fielmente el mandato de la Constitución de regular el aprovechamiento de los recursos naturales para distribuir de un modo justo la riqueza pública.

Evitar retrocesos, reafirmar las instituciones que han contribuido al incremento sano de la economía nacional en las últimas décadas, robustecer la intención patriótica que encierran, proclamarla como orientación de los diversos órganos del poder público, y señalar con claridad sus principales metas en este periodo de nuestra evolución histórica es un acto legislativo de enorme importancia que hará todavía más valiosa la obra del Congreso Constituyente de 1916 y 1917, que estableció las bases para la estructura del México moderno.

CONSIDERACIONES DE CARÁCTER GENERAL

Nuestra Constitución fue el estatuto político más avanzado de todos los países del mundo cuando se promulgó el 5 de febrero de

[1] Iniciativa redactada por Vicente Lombardo Toledano y presentada por él mismo ante la Cámara de Diputados del Congreso de la Unión, el 5 de octubre de 1965, en nombre de la fracción parlamentaria del Partido Popular Socialista. *Prensa Socialista*, núm. 3, México, D. F., 1° de enero de 1966.

1917. Las adiciones positivas hechas a su texto le han dado todavía más vigor, y sus proyecciones, hacia adentro y hacia afuera, han ayudado grandemente al desarrollo económico, social, educativo y cultural de la nación. En la actualidad es el ordenamiento jurídico más valioso de los países basados en el régimen de la propiedad privada.

Si se comparan las Constituciones más progresistas con la de México, es fácil advertir que la nuestra no se limita a estructurar jurídica y políticamente la nación, sino que encierra un conjunto de instituciones que forman verdaderos cuerpos de doctrina sobre cuestiones fundamentales, que le dan el alto valor que todos reconocen.

La Constitución tiene en su artículo 27 una tesis acerca de la propiedad y el aprovechamiento de los recursos del territorio nacional. Comprende el régimen de la tenencia de la tierra; el carácter de la propiedad del suelo y de las aguas; el fundamento de las expropiaciones de la propiedad privada y la facultad del Estado para imponerle modalidades y cambios; el principio del dominio de la nación sobre las riquezas de la plataforma continental y los zócalos submarinos de las islas, los minerales o sustancias que constituyen depósitos de naturaleza distinta a la de los componentes de la superficie, los productos derivados de la descomposición de las rocas, los yacimientos minerales u orgánicos de materias susceptibles de ser utilizadas como fertilizantes, los combustibles minerales sólidos, el petróleo y los carburos de hidrógeno, y el espacio situado sobre el territorio nacional. Comprende también el régimen de las aguas de los mares territoriales, de las aguas interiores, lagunas, esteros, lagos y ríos y sus afluentes, así como el de las aguas del subsuelo. La tesis establece prohibiciones para utilizar algunos de esos recursos, así como las condiciones para aprovechar los que pueden ser objeto de la actividad de los particulares; ordena la división de los latifundios, la restitución de las tierras de las comunidades rurales, y establece la reforma agraria.

La Constitución tiene una tesis acerca de los derechos de la clase trabajadora, comprendida en su artículo 123. De una serie de normas limitadas al principio a proteger a la clase obrera, ese precepto se ha convertido en un estatuto que ampara los derechos de todas las personas que viven de su trabajo al servicio de un patrón, incluyendo al Estado. Se refiere a la jornada de trabajo, a la labor de los menores y las mujeres, al salario, a la participación de los trabajadores en las utilidades de las empresas, a las habitaciones, a los riesgos profesionales, a la seguridad social y los seguros sociales, al derecho de asociación profesional, al derecho de huelga y a los paros, a los tribunales del trabajo, al contrato de trabajo tanto en el interior del país cuanto al de los mexicanos en el extranjero, a los bienes que constituyen el patrimonio de la familia, a las cooperativas, y a otros derechos y prestaciones que concurren para elevar el nivel de vida de los obreros, jornaleros, empleados, domésticos, artesanos y de todos los individuos que dependan económicamente de una persona física o moral.

La Constitución tiene una tesis sobre la educación pública. No se reduce a definir las atribuciones del Estado en materia de enseñanza y el papel de los particulares a este respecto, ni a establecer límites y prohibiciones a cierto tipo de corporaciones y personas en materia educativa, sino que define el criterio que debe orientar a la educación, la cual, basada en los resultados del progreso científico, debe servir a la idea de un régimen democrático con un nuevo contenido humano, a los intereses de la nación mexicana, a la mejor convivencia entre los pueblos, a la elevación de la dignidad de la persona, a la integridad de la familia y a los ideales de fraternidad y de igualdad de derechos de todos los hombres, evitando los privilegios de razas, sectas, grupos, sexos o individuos.

La Constitución posee una tesis acerca de la vida cívica. Consiste en la reciente reforma en virtud de la cual, junto a la elección de diputados por cada 200 000 habitantes, se establece la designación de diputados de partido. Esta reforma, a pesar de que es incompleta, tiene importancia porque por primera vez los partidos políticos han adquirido el carácter de titulares del derecho electoral en representación de los ciudadanos que los integran, incorporados en diferentes clases y sectores de la sociedad mexicana. La teoría liberal de los ciudadanos como únicos sujetos del derecho al sufragio se ha ampliado al aceptarse el principio de que en nuestra época no resulta eficaz el uso de la facultad de designar a los funcionarios de elección popular, sino a través de los instrumentos que los mismos ciudadanos han creado para la defensa de sus intereses y de sus programas respecto del presente y del futuro.

Las tesis del dominio de la nación sobre las riquezas de su territorio y la reforma agraria y la relativa a los derechos de la clase obrera aparecieron juntas en la Constitución elaborada por el Congreso Constituyente de 1916-1917, porque el nuevo orden surgido de la Revolución no podía consolidarse sin que el Estado adquiriese el carácter de autoridad suprema e indiscutible para impulsar el desarrollo del país y sin que la mayor parte del pueblo, integrada por trabajadores rurales y urbanos, contribuyera con entusiasmo a ese proceso al reconocérsele sus derechos fundamentales. Pero en la medida en que se iba liquidando la vieja estructura semifeudal y esclavista y las fuerzas productivas se desenvolvían con ímpetu fue necesario que las nuevas generaciones recibieran una educación acorde con el desarrollo general para que, llegado el momento, se incorporaran en las diversas actividades sociales con una conciencia clara del porvenir. La tesis sobre los derechos políticos ha sido la última, porque las clases sociales no se habían diferenciado suficientemente hasta que México no pasó de la etapa de país agrario primitivo y exportador de minerales a la de país agrícola e industrial, y por tanto los partidos políticos que las encarnan, las defienden y expresan sus ideas carecían de sustento firme.

Esas cuatro tesis —la del derecho territorial, la de los derechos de la clase trabajadora, la de la educación y la de los derechos políticos—, al lado de la tesis inconmovible de que la soberanía de la nación reside en el pueblo, le han dado a nuestra Carta Magna un carácter vigoroso de estatuto partidario del progreso, que alcanza el valor de una doctrina democrática acerca de las relaciones humanas dentro y fuera de México. Pero deben ser completadas con otra que posee la misma trascendencia.

La quinta tesis sería sobre la economía nacional. Acerca de esta cuestión la vida actual de nuestro país se halla mucho más adelantada que la Constitución. La única disposición concreta que encierra sobre la materia —porque las otras son de carácter jurisdiccional— es la del artículo 28. Este precepto prohíbe los monopolios y ordena que se castiguen las concentraciones o acaparamientos de artículos de consumo necesario y los actos o procedimientos que tiendan a evitar la libre concurrencia en la producción, industria o comercio o en los servicios públicos, y también todo acuerdo o combinación de empresarios para evitar la competencia entre ellos y, en general, todo lo que signifique ventaja exclusiva indebida en favor de una o varias personas con perjuicio del público o de alguna clase social. Su texto es exactamente el mismo que tuvo en la Constitución de 1857 y resulta ya inoperante por anacrónico, pues en México, como en todos los países basados en la propiedad privada de los instrumentos de producción y de cambio, operan las leyes naturales del desarrollo económico y, consiguientemente, el capital se concentra en pocas manos y forma monopolios, a pesar de las prohibiciones legales, y si no fuera por la participación que ha tenido el Estado en los últimos años en el proceso de la economía, ya se habría centralizado ésta en beneficio de las empresas privadas de crédito.

Por otra parte, existen decretos y acuerdos del Poder Ejecutivo sobre crédito, inversiones de capital, organización de la producción, del comercio y los servicios, y respecto de impuestos y finanzas en tal número que hace tiempo deberían haberse codificado para darles congruencia y facilitar su conocimiento a la mayoría de la población que los ignora.

La nueva tesis debe ser un capítulo de la Constitución que contenga la doctrina sobre el carácter y las finalidades de la economía nacional. Porque sólo las normas constitucionales, que no se modifican por decretos de fácil expedición, pueden servir de sustento seguro para el desarrollo progresivo del país y porque esa tesis puede convertir en preceptos obligatorios los compromisos que han contraído ante el pueblo nuestros gobernantes, dándole a la Revolución mexicana un nuevo y gran impulso, ya que terminarán las discusiones acerca de sus objetivos concretos e inmediatos, y tanto los funcionarios responsables de la administración pública como los particulares tendrán un camino despejado para encauzar su actividad sin temor a la orientación del gobierno cada vez que ocurre el cambio de presidente de la República.

PLANES DE DESARROLLO EN EL SIGLO XIX

El régimen económico de la Nueva España fue el de una colonia que trabajaba para la metrópoli a la que estaba sujeta. Al consumarse la independencia de la nación, se planteó a las fuerzas políticas del México naciente el gran problema de construir el camino que debía seguirse para liquidar la miseria y el atraso en que había vivido el país y señalar sus metas inmediatas.

Las dos corrientes de opinión —la liberal y la conservadora— coincidían en afirmar que siendo la agricultura un sistema desarticulado por falta de comunicaciones y limitado al consumo regional no era útil para el intercambio con otros mercados y que la minería no bastaba, por sí sola, para aumentar las fuerzas productivas que el país requería con urgencia. La solución consistía en la industrialización; pero los dos bandos diferían radicalmente en cuanto al modo de lograrla.

Lucas Alamán, el ideólogo del partido conservador, quería industrializar a México, pero sin tocar la estructura económica del pasado. Valentín Gómez Farías, el primer ideólogo del partido liberal, quería también industrializarlo; pero se daba cuenta de que era condición para alcanzar este propósito hacer reformas de trascendencia, y por eso propuso la secularización de los bienes de las comunidades religiosas.

El 16 de octubre de 1830 se creó el Banco de Avío para otorgar créditos a largo plazo; pero estaba condenado al fracaso por la carencia de capitales, ya que el clero disponía, prácticamente, de la mayor parte de la riqueza nacional, y los escasos poseedores de dinero preferían dedicarlo al agio. En lugar del Banco de Avío se organizó después la Junta Directiva de la Industria Nacional, que no tuvo éxito por las mismas razones. Igual suerte corrió el proyecto presentado por José María Godoy y otros comerciantes, quienes en 1828 pidieron al Congreso que se les diera el derecho exclusivo, por siete años, para introducir materias preparadas de lana y algodón e impulsar la industria textil; pero la solicitud fue rechazada porque su estudio correspondió a artesanos adversos a la revolución industrial. Sólo fue posible plantear la transformación de la estructura económica como función del Estado hasta el triunfo de la Revolución de Ayutla, que dio la hegemonía política del país a la corriente liberal. El intento de 1833 de Gómez Farías, prematuro entonces, se convirtió 25 años después en un conjunto de normas del derecho público con las Leyes de Reforma.

La Iglesia perdió su personalidad jurídica y su autoridad política; sus bienes entraron en el mercado; pero una parte de la vieja aristocracia terrateniente se apropió de las haciendas desamortizadas y de los terrenos comunales de los pueblos, y elementos de la pequeña burguesía, de las propiedades urbanas. Estos dos sectores sociales, opuestos a los cambios de fondo, no podían acudir en ayuda de la industria. Sin embargo, las nuevas fuerzas productivas se abrieron paso a pesar de todos los obstáculos. Los viejos obrajes, en pugna con los talleres artesanales, fueron convirtiéndose en fábricas de tipo nuevo; en 1843 sólo había 59 fábricas de hilados y tejidos de algodón, movidas por vapor, máquinas hidráulicas, animales y aun por hombres. En 1888 había ya 97 fábricas, más evolucionadas en sus métodos de trabajo. La producción metalúrgica, que recibió un gran impulso en 1557 con el descubrimiento del proceso de amalgamación por el sistema de "patio", por Bartolomé de Medina, no volvió a perfeccionarse sino hasta 1894, cuando empezó a usarse el procedimiento del cianuro, aumentando la producción de 156 000 barras de oro y plata, que se exportaron ese año, a 4 140 000 barras en el siguiente. En las últimas décadas del siglo empezaron a desarrollarse nuevas industrias, especialmente las extractivas, como el petróleo, el henequén y otras fibras duras.

Pero la marcha lenta y difícil de las fuerzas productivas, representadas por la incipiente industria nacional, no siguió por su propio cauce porque las inversiones extranjeras transformaron rápidamente el país en un predio sirviente de sus intereses. En 1897, las inversiones norteamericanas en el extranjero ascendían en total a 684.5 millones de dólares, que se distribuían así: en Europa, 151 millones (22.06%); en Canadá y Terranova, 189.7 millones (26.70%); en América Central, 21.2 millones (3.10%); en América del Sur, 37.4 millones (5.54%); en Cuba y las Indias Occidentales, 49 millones (7.16%), y en México, 200.2 millones (29.25%).

Los 200 millones de dólares invertidos en México se distribuían de esta manera: en la minería de metales preciosos, 50 millones (25%); en las minas de metales industriales, 19 millones (9.5%); en la agricultura, 12 millones (6%); en la industria manufacturera no había inversiones, y en la industria de los ferrocarriles, 110 600 000 (55.3%).

México era, en consecuencia, en los últimos años del siglo XIX el principal mercado de materias primas y mano de obra del mundo para los monopolios norteamericanos, y la construcción de ferrocarriles que realizaban por concesiones, el medio principal para facilitar la exportación de los minerales y otros productos, como un apéndice de la gran red ferroviaria de los Estados Unidos. En sólo cuatro años —1880 a 1884— se pusieron en servicio 1 937 kilómetros, de México a Ciudad Juárez, y en septiembre de 1888, los 1 274 kilómetros de la vía de México a Laredo. Estos acontecimientos influyeron inmediatamente en nuestras exportaciones, que ascendieron de un modo considerable.

El perfeccionamiento de las máquinas de combustión interna y el uso del petróleo para las calderas de los barcos abrieron un nuevo capítulo en la historia del dominio de México por el capital extranjero. En 1901 se inició la explotación de nuestras reservas de petróleo, con una producción de 10 345 barriles anuales. Cuatro años más tarde, en 1905, la producción ascendió a 251 250 barriles; en 1907, a 1 005 000 barriles; en 1908, a 3 932 900 barriles, y en 1911, a 12 552 798 barriles.

Por otro lado, las relaciones de producción en el campo seguían siendo las mismas: peones miserables, siempre endeudados, sin posibilidad de abandonar las haciendas, y medieros sujetos a todos los riesgos de la agricultura y sin recursos propios. El total de la población en 1910 era de 15 160 000 personas. De éstas, el 85.6% era población rústica: 13 126 000. La urbana representaba el 13.4%, o sea, 2 034 000 personas. Esto indica que la inmensa mayoría de los mexicanos vivían en una condición próxima a la esclavitud o en la de aparceros pobres, bajo el dominio de un grupo de terratenientes que no llegaban a un millar.

Las contradicciones entre el desarrollo de las fuerzas productivas y la forma de distribuir la riqueza se expresaban, principalmente, en el antagonismo entre los peones y los latifundistas; entre los aparceros y pequeños propietarios y los latifundistas; entre los hacendados con mentalidad burguesa y los latifundistas; entre los industriales que querían ampliar sus fábricas y los latifundistas; entre los obreros y los patrones; entre los comerciantes nacionales y los comerciantes extranjeros; entre los mineros mexicanos y las empresas extranjeras de la minería; entre la burguesía industrial mexicana en formación y los capitales extranjeros; entre los intereses de la nación mexicana y el imperialismo. Estas contradicciones provocaron la Revolución en 1910.

La Revolución y sus objetivos económicos

Destruir el latifundismo fue la mira principal del levantamiento del pueblo contra el gobierno de Porfirio Díaz. El índice de la concentración de la tierra en México era el más alto del continente y uno de los mayores del mundo. Según los datos de Abad y Queipo, en 1804 había en el país 10 000 haciendas y 20 000 propietarios. En 1910 los propietarios eran sólo 834. Las haciendas se habían tragado a los pueblos.

Dividir las grandes propiedades rústicas, restituir a las comunidades rurales las tierras de que habían sido despojadas y dotar de tierras a los núcleos de población contiguos a las propiedades particulares constituyeron el primer móvil de los jefes del movimiento popular. Pero había otros: los obreros reclamaban el reconocimiento de sus derechos de clase y había que otorgarlo; las relaciones familiares dentro del sistema jurídico imperante eran normas de tipo feudal y era necesario revisarlas; las libertades proscritas, entre ellas la de expresión del pensamiento, debían restaurarse y rodear de garantías a las imprentas y los órganos de la prensa. Pero al mismo tiempo fue menester rescatar para la nación su antiguo dominio sobre las tierras, las aguas, los bosques y las riquezas del subsuelo; señalar condiciones a la propiedad privada y fijar límites a los extranjeros para su participación en el proceso económico.

Esas exigencias se expresaron en los planes, programas y decretos de los diversos bandos revolucionarios y se convirtieron después en principios y mandamientos de la nueva Constitución expedida por el Congreso Constituyente de 1916-1917. De esta manera se establecieron las bases para la destrucción de la vieja estructura del país y surgieron nuevas fuerzas productivas con el estímulo y la dirección del Estado.

La experiencia de los tres siglos del periodo colonial, de 100 años de intentos en la aplicación de la doctrina económica del liberalismo, de las consecuencias de la guerra impuesta a México por el gobierno de los Estados Unidos en 1847 y de los graves males de la intervención francesa de 1862, más la de los 35 años del régimen de Porfirio Díaz, que otorgó concesiones y privilegios ilimitados al capital extranjero, encauzaron el desarrollo económico de acuerdo con nuevas ideas y nuevos propósitos.

El cumplimiento inicial de la reforma agraria y el respeto a los derechos de la clase obrera mejoraron el poder de compra de las masas populares y estimularon el nacimiento de nuevos centros de la industria. La necesidad de reconstruir las obras materiales, los bienes y los servicios destruidos durante los años violentos de la guerra civil decidió a los gobiernos surgidos de la Revolución a abandonar la doctrina de la no intervención del Estado en el desarrollo económico y a tomar a su cargo las principales tareas para hacer posible el progreso de México.

Al principio no hubo un plan que viera al futuro etapa por etapa. Ante cada problema insoluto, ante cada caso concreto, intervino el gobierno, y de esa manera se fue perfilando el programa de la nacionalización de las actividades económicas fundamentales y de los servicios.

Si se examina con atención este proceso, que se inició en 1917 con el primer gobierno constitucional, es fácil advertir que el camino seguido por la Revolución mexicana es el resultado de la experiencia histórica del pueblo y de la necesidad imperiosa de hacer progresar al país con independencia del extranjero.

Sería prolijo mencionar, una a una, las medidas dictadas por el poder público que han contribuido a darle al Estado la autoridad y la fuerza económica de que hoy disfruta para hacer frente a las demandas crecientes del pueblo, a los apremios nacionales y a las presiones provenientes del exterior. Basta la consideración de que, además de las actividades de promoción económica y los servicios que la administración realiza, como parte de sus funciones directas, los organismos descentralizados y de participación estatal tienen tal importancia en la vida de México que sin ellos no habría llegado a la etapa en que hoy se encuentra, de país en franco desarrollo, a pesar de sus grandes problemas sociales insolutos, en contraste con la que vivió durante toda su historia, como país agrario primitivo y explotador de minerales y de otras materias primas.

Entre esos organismos se destacan por su influencia en los diversos campos del desarrollo económico Petróleos Mexicanos, Comisión Federal de Electricidad, Altos Hornos de México, Guanos y Fertilizantes, Ferrocarriles Nacionales de México, el Banco de México, el Banco Nacional de Crédito Agrícola, el Banco Nacional Hipotecario y de Obras Públicas, la Nacional Financiera, el Banco Nacional de Crédito Ejidal, los Almacenes Nacionales de Depósito, el Banco Nacional de Comercio Exterior, el Instituto Mexicano del Seguro Social, el Instituto de Seguridad y Servicios Sociales de los Trabajadores del Estado y la Comisión Nacional de Subsistencias Populares.

Esos organismos en 1963 eran en total 429. De ellos se dedicaban 162 a la producción de bienes y servicios para el mercado; 48 pertenecientes al Estado y 114 de participación estatal mayoritaria, que abarcaban la industria extractiva, la industria eléctrica, la industria de transformación, las comunicaciones y los transportes, el desarrollo regional y local, el fomento cultural y la investigación, los servicios sociales y otras actividades.

La disyuntiva histórica

Nuestra patria se halla ante dos perspectivas: la de consolidar y ampliar el camino que ha construido la Revolución con el apoyo constante y el sacrificio del pueblo, que se caracteriza por el acrecentamiento del poder económico del Estado, teniendo como bases la nacionalización de los recursos naturales y de las industrias y servicios, que pueden condicionar las demás actividades productivas, comerciales y financieras; y la perspectiva de entregarle a la iniciativa privada el desarrollo económico, con el consiguiente peligro de que sea suplantada por el capital extranjero.

Contra la ruta que México eligió, se levantan los partidarios de la llamada "libre empresa", afirmando que la prosperidad alcanzada por las naciones más desarrolladas se debe al esfuerzo de sus hombres de negocios, nunca interferido por el poder público, y nos aconsejan que imitemos su ejemplo. El nacionalismo exagerado de México, afirman los propagandistas de la empresa libre, impide su rápido progreso, que sólo se puede lograr con la ayuda de los países que tienen grandes recursos, porque sin capitales no es posible que los pueblos atrasados puedan resolver sus graves problemas. Pero parten de la ocultación de un hecho fundamental: la evolución histórica de México es diferente de la de los Estados Unidos y de las naciones altamente industrializadas de otros continentes, a tal grado que sin la Revolución, que destruyó la vieja estructura semifeudal y las relaciones sociales esclavistas, decretó la reforma agraria, la legislación del trabajo, la orientación de la educación y condujo al Estado a emprender las obras y a crear las instituciones de las últimas décadas, nuestro país sería hoy una colonia del extranjero con el título de nación soberana.

El nacionalismo de los débiles es diferente del nacionalismo de los poderosos. Éste se nutre del otro. Por eso, nacionalizar las fuentes y los instrumentos esenciales de la producción y los servicios públicos en un país como el nuestro equivale a descolonizarlo. Así lo pensaron muchos de los próceres del pasado, entre ellos Andrés Quintana Roo y Manuel Crecencio Rejón, cuyos alegatos y tesis tendían a ese propósito.

Por otra parte, los pueblos de la América Latina han iniciado su segunda gran revolución histórica: la de su independencia económica. Sin reformas profundas a su estructura que hagan posible la multiplicación, el aumento y la diversificación de su producción, orientada hacia el mejoramiento del nivel de vida de las masas populares y a hacer posible el salto de países dependientes a la situación de países prósperos, que puedan disponer libremente de los recursos de su territorio y establecer y desarrollar sus industrias sin obstáculos, la única salida que tienen es la revolución armada.

No ver con claridad lo que acontece en nuestro hemisferio, no darse cuenta de que no vivimos aislados sino vinculados de muchas maneras a todos los países que lo integran, con influencias recíprocas y dentro de un mundo con intercambios de todo carácter cada vez más numerosos y estrechos, puede llevar a la conclusión falsa de que nuestro país vive a cubierto de los grandes movimientos populares que se realizan cerca de nosotros y en el escenario internacional. Por eso es urgente asegurar lo positivo ya hecho, reafirmar nuestro camino histórico e intensificar la labor que la Revolución le ha enseñado al poder público. Sólo sobre estas bases será posible resolver los problemas que afligen a nuestro pueblo y preocupan a nuestra nación, y asegurar para el porvenir una situación mejor que la de hoy.

LA DOCTRINA SOBRE LAS FUNCIONES DEL ESTADO

No sería lógicamente concebible una teoría sobre el Estado igual para todas las naciones, o inmutable, porque en cada caso una de ellas y en cada periodo de su evolución los principios en que se apoya y las tareas que cumple obedecen a necesidades concretas que le dan un carácter propio, y cambian cuando las causas que los producen desaparecen y son reemplazados por nuevas exigencias de la colectividad. Así ha ocurrido en la nuestra.

Las Constituciones de México han sido frutos de sus revoluciones populares. La de 1814 fue el primer intento de organizar a la nación, cuyo pueblo luchaba con las armas por el reconocimiento de su soberanía, con ideas y propósitos opuestos a los de la Nueva España. La de 1824 recogió algunas de las demandas populares para constituir una nación independiente. La de 1857, a la que se incorporarían las Leyes de Reforma, fue el resultado de la revolución que llevó al triunfo el programa del partido liberal. La de 1917 coronó la victoria de las masas rurales y urbanas y de la pequeña burguesía intelectual sobre el régimen semifeudal y esclavista, entregado al capital extranjero, que presidió Porfirio Díaz.

En todos los casos, al discutirse el proyecto de la Constitución surgió el problema de su forma y contenido. ¿Debía limitarse el supremo estatuto a la organización del cuerpo político de la nación, fijando sólo los derechos de las personas, los del Estado, sus relaciones recíprocas y la forma de gobierno, o debía comprender también ideas directrices y objetivos inmediatos y futuros para asegurar el progreso social? Cuando Morelos presentó sus *Sentimientos de la Nación* o 23 puntos para la Constitución, fue censurado por querer convertirla en un programa revolucionario ajeno a las características de una Carta Magna. Pero andando el tiempo, sus proposiciones, por adecuadas a las exigencias de la República, servirían de inspiración a todos los que contribuyeron a su consolidación definitiva. Lo mismo ocurrió con la Constitución de 1857 y principalmente con las Leyes de Reforma, tachadas de decretos delictuosos que rompían el orden social creado por la tradición y trataban de imponer al pueblo principios extraños y opuestos a su idiosincrasia. Pero gracias a esas leyes pudo llegar México al escenario del mundo moderno. Y otro tanto aconteció con la Constitución de 1917, llamada por los reaccionarios el "Almodrote de Querétaro", porque sus autores juntaron en el mismo cuerpo jurídico las normas para la organización del Estado y tesis trascendentales para el rápido avance de la nación, que a juicio de sus enemigos equivalían a planes de agitación política.

Una Constitución es un conjunto de normas para la organización del Estado; pero es también un código político que señala las metas que debe alcanzar. En otras palabras, es un camino que lleva al futuro. Si no posee esta cualidad, la vida la rebasa y entonces la lucha de las clases y los sectores sociales, según la correlación de sus fuerzas, obliga a la sociedad a andar el camino o a desandarlo. Nadie ignora que las grandes transformaciones históricas no las realiza la ley, sino el pueblo; pero es verdad que cuando la ley —la ley suprema principalmente— no cierra las posibilidades del cambio, puede contribuir a que el progreso se logre sin las graves convulsiones que producen las contradicciones entre el desarrollo de la sociedad y las relaciones injustas entre las clases que la integran, si se atienden con eficacia en el momento oportuno.

Por eso la Constitución debe hacerse eco de las demandas del pueblo cuando el proceso de la vida económica plantea nuevos objetivos para el Estado. Es la forma más fácil para afirmar lo realizado y facilitar la evolución progresiva de la colectividad. Ésta es la razón de la nueva orientación del derecho público en muchas naciones del mundo, especialmente en las que han conquistado recientemente su independencia política y están dedicadas a construir su propia vía para emanciparse de su antigua condición de países dependientes.

FUENTES DIRECTAS DE NUESTRA INICIATIVA

Además de las consideraciones de carácter general hechas al principio; del resultado de los planes sobre el desarrollo de nuestro país formulados en el siglo XIX y de los objetivos económicos de la Revolución que hemos recordado; de la disyuntiva en que se halla México ante las grandes transformaciones que exigen los pueblos de la América Latina y están realizándose en otras regiones del mundo, y de la única doctrina válida sobre las funciones del Estado que hemos expuesto, sirven de fundamento a nuestra iniciativa de enmienda a la Constitución las leyes, decretos y acuerdos de los gobiernos de los últimos 50 años, tendientes a la transformación progresiva de nuestra vida económica y social, y las ideas expresadas a este respecto por quienes los han presidido.

Hemos revisado las disposiciones legales sobre la materia, particularmente las que se refieren al crédito, inversiones extranjeras, promoción agrícola e industrial y comercio exterior, que son muy numerosas; los informes periódicos de los presidentes de la República al pueblo mexicano, por conducto del Congreso de la Unión, acerca de la obra de la administración y los problemas principales del país, y los programas y plataformas electorales de los partidos políticos que están de acuerdo con los principios de la Revolución y sus lógicas consecuencias históricas.

Este rico acervo de normas y experiencias que han servido para el desarrollo de la nación dan a nuestro proyecto un sólido fundamento porque representan su vida misma, sus aspectos positivos y negativos, única guía segura para evitar fracasos en el futuro y para redoblar la marcha hacia adelante sin obstáculos invencibles.

PROPOSICIONES

Por lo dicho y con la facultad legal que nos asiste, tenemos el honor de proponer las siguientes reformas a la Constitución Política de los Estados Unidos Mexicanos.

Primera. Se suprime el texto del artículo 28 de la Constitución.

Segunda. El artículo 29 del mismo supremo ordenamiento pasará a ser el artículo 28.

Tercera. El artículo 29 será el capítulo II del título primero de la Constitución. El actual, titulado De los Mexicanos, será el III; el capítulo denominado De los Extranjeros será el capítulo IV, y el De los Ciudadanos Mexicanos, el capítulo V y último del título primero.

Cuarta. El texto del artículo 29, capítulo II del título primero, será el siguiente:

TÍTULO PRIMERO

Capítulo II

De la Economía Nacional

El desarrollo económico tiene por objeto aumentar las fuerzas productivas del país, utilizando los recursos naturales y humanos de que dispone para elevar de una manera sistemática el nivel de vida del pueblo, incrementar el capital nacional, garantizar la independencia económica de la nación y distribuir de manera equitativa la riqueza pública.

Siendo la propiedad una función social, todas las actividades económicas, lo mismo las del Estado que las de los particulares, se sujetarán a un plan general de desarrollo, que señalará los objetivos que deben alcanzarse, tomando en consideración exclusivamente los intereses de la nación.

La producción deberá orientarse a cubrir las demandas interiores del país, equilibrando la de artículos destinados a la alimentación, al vestido, al cuidado de la salud, y los que requieran los transportes, las comunicaciones y los servicios públicos, con la fabricación de maquinaria e instrumentos reproductivos.

Son atribuciones exclusivas del Estado la promoción, la organización y la administración de las industrias de la electricidad, de la energía nuclear; el petróleo; la petroquímica en sus aspectos fundamentales; la química industrial básica, incluyendo la explotación del carbón mineral y la carboquímica; la siderurgia; la afinación y la refinación de los metales no ferrosos y los demás elementos o compuestos minerales que requiera el desarrollo industrial; los ferrocarriles; los transportes marítimos y aéreos; los correos; telégrafos y teléfonos públicos en todas sus modalidades, así como la acuñación de moneda y la emisión de billetes bancarios para regular el control de cambios.

Corresponde también al Estado la formulación del inventario de las riquezas naturales del territorio nacional y la exploración y el estudio constante de esos recursos para aumentar las reservas de las materias primas susceptibles de aprovechamiento en las diversas ramas de la industria y de los servicios públicos.

Las industrias propiedad de los nacionales recibirán la ayuda del Estado para su ampliación y mejoramiento cuando sus productos se ajusten a las normas de calidad y precio que fije el gobierno federal. Pero no se otorgarán privilegios, dispensa o rebaja de impuestos o medidas de protección arancelaria a las industrias de ensamble o envase, ni a las que no puedan competir en el mercado internacional por su atraso técnico, la calidad o los precios de producción.

El Estado creará los organismos descentralizados que bajo su dirección y vigilancia se encargarán de explotar las reservas minerales, las forestales y las riquezas del mar, y de industrializar y colocar en el mercado sus productos; plantas para beneficiar minerales y refinar metales y para industrializar maderas; fábricas para producir las materias que demanden las empresas que pertenezcan a la nación; los laboratorios que requieran los servicios asistenciales y los de la seguridad y los seguros sociales, y todos los centros de producción que sean necesarios para cubrir las deficiencias que se presenten, con la mira de elevar en cualquiera de sus aspectos el nivel de vida de la población.

Es atribución del Estado regular el mercado interior, aligerar el aparato de distribución para facilitar la incorporación de las personas dedicadas al comercio a las actividades productivas, y vincular los centros de producción a los de consumo. Estimulará las operaciones mercantiles, impidiendo las alcabalas y las restricciones al tránsito de mercancías dentro del territorio nacional. Dictará medidas para garantizar el precio justo que debe corresponder a los artículos destinados a la alimentación, al vestido y al cuidado de la salud en beneficio exclusivo de sus productores, castigando las ocultaciones fraudulentas y prohibiendo los incentivos engañosos que traten de alterar los precios. Creará los organismos indispensables para adquirir las mercaderías que deban ser almacenadas a fin de evitar fluctuaciones con perjuicio del interés público, y puedan distribuirse con prontitud y equidad.

Habrá un plan integral para desarrollar el comercio exterior bajo la vigilancia estricta del gobierno federal y con todos los países, sin distinción alguna, prefiriendo los que ofrezcan ventajas para la nación, evitando la salida exhaustiva de las materias primas no renovables, que pertenecen al patrimonio nacional, y para vender preferentemente los excedentes de la producción industrial. No se acordarán subsidios a la exportación en perjuicio de los precios que deben regir el mercado interno, ni exenciones a la importación cuando se trate de productos no esenciales para el desarrollo económico. Se gravarán, en beneficio del pueblo, las importaciones de productos suntuarios, innecesarios o superfluos.

El gobierno federal podrá concretar acuerdos y alianzas con otros países, con la aprobación del Senado, para realizar y defender en común sus exportaciones y fomentar entre ellos sus relaciones económicas y mercantiles.

El crédito del país estará sujeto al plan del desarrollo económico. Las instituciones bancarias y financieras privadas deberán canalizar sus operaciones hacia los objetivos que en el plan se señalen, dando preferencia a las actividades agrícolas, a las industriales y, de una manera general, a las actividades productivas.

Las inversiones del sector público tendrán finalidades sociales y económicas y se harán en orden jerárquico según la importancia de sus objetivos. Las dedicadas a actividades sociales atenderán preferentemente los servicios asistenciales y de salubridad, la construcción de viviendas populares, la educación primaria y secundaria, la relativa a la preparación de los técnicos que necesite el desarrollo del país y la investigación científica. Las inversiones para fines económicos tenderán a incrementar las comunicaciones internas; las telecomunicaciones; los transportes terrestres, aéreos y marítimos; las obras de riego; las plantas generadoras de energía y las industrias básicas.

Las inversiones del sector privado se dedicarán a la producción agropecuaria, a las industrias extractivas, a las industrias de transformación, a los transportes, al comercio, a las actividades financieras y bancarias y, en general, a las operaciones que no estén reservadas al Estado, con las condiciones que la ley señale. Las inversiones del sector privado en bienes raíces requerirán, en cada caso, autorización expresa del gobierno federal, que podrá otorgarla cuando sean de interés general, con el propósito de impedir la aplicación del crédito a operaciones ajenas al desarrollo económico.

Todas las inversiones que se realicen dentro del territorio nacional estarán sujetas a las disposiciones legales relativas y deberán cooperar obligadamente al desarrollo económico del país.

Las inversiones privadas extranjeras podrán participar en actividades productivas asociadas al capital nacional mediante permisos previos y específicos que las autoridades competentes otorgarán en cada caso. Su participación será complementaria de la que realicen los nacionales, que estarán obligados a conservar para sí, como mínimo y en nombre propio, 51% del total invertido, cuando se trate de empresas industriales, y 66% respecto de la explotación de materias primas no renovables, y a comprobar esos requisitos en cualquier momento. La contravención a esta disposición se sancionará con la incautación de los negocios, que pasarán a formar parte de las empresas del Estado.

El gobierno federal publicará periódicamente una relación de las actividades específicas a que puedan dedicarse las empresas mexicanas que requieran capitales o socios extranjeros.

Además de las condiciones que establece la fracción VIII del artículo 73, los préstamos y empréstitos del extranjero se concertarán sin más garantía que el crédito de la nación. No obligarán a adquirir bienes o elementos en determinado país o mercado para la realización de las obras, cuando se trate de créditos con este objeto, ni a venderle los productos resultado de las inversiones. No podrán concertarse a corto plazo ni excederse de la capacidad de pago de la nación en perjuicio de su desarrollo independiente.

Los monopolios de las materias primas, de los productos agropecuarios o industriales, de cualquier rama del comercio doméstico o exterior, o de los servicios públicos, previa la comprobación de su existencia, serán expropiados de acuerdo con la ley respectiva, y sus bienes se incorporarán a las empresas del Estado dedicadas a actividades semejantes. Las empresas nacionalizadas no serán consideradas como monopolios.

Las contribuciones que establezca el Congreso, en uso de la facultad que le otorga la fracción VII del artículo 73, o el Ejecutivo, en su caso, tendrán por objeto cubrir los gastos de la administración. Al fijarse, se tenderá a la supresión de los impuestos indirectos hasta llegar a un impuesto único basado en el principio de la aportación creciente de acuerdo con el monto y la rentabilidad del capital invertido.

Con el fin de distribuir con un sentido de justicia el producto del trabajo de la sociedad, la ley determinará los límites de las utilidades de las empresas, establecerá la escala móvil de los salarios para compensar el aumento en el costo de la vida, señalará el monto del alquiler de las casas de habitación y los precios de los artículos de primera necesidad, y determinará los bienes que constituyan el patrimonio de la familia, con las características y finalidades que señala la fracción XXVIII del artículo 123.

Habrá un solo régimen fiscal que coordine los intereses de la federación, de los estados y de los municipios y contribuya al cumplimiento del plan general de desarrollo económico.

EL EJIDO Y LA PEQUEÑA PROPIEDAD
NO SON INSTITUCIONES DE IGUAL CATEGORÍA[1]

Nueva ofensiva contra la reforma agraria

Como respuesta al impulso que el presidente Gustavo Díaz Ordaz le ha dado a la reforma agraria, los enemigos del ejido han saltado a la palestra para sabotear su labor. Si son funcionarios públicos, simulan cooperar con el jefe del gobierno; pero levantan obstáculos, emplean artimañas, aducen razones deleznables o recurren a la resistencia burocrática que conocemos desde el siglo XVI: "Se respetan [las órdenes presidenciales], pero no se cumplen". Si se trata de particulares, de terratenientes, aumentan el precio del cohecho o amenazan, como acaban de hacerlo los ganaderos del país reunidos en Yucatán, que más que un congreso para el estudio del mejoramiento de los métodos primitivos en vigor en esa rama de la producción parecía una asamblea de rebeldes contra la política económica del Estado.

Los enemigos de la reforma agraria tienen sus centros principales en el Departamento Agrario y en la Suprema Corte de Justicia de la Nación. El jefe del departamento —el ingeniero Norberto Aguirre Palancares— es un hombre recto y capaz; pero está rodeado de funcionarios expertos en la desobediencia y en la chicana para impedir la aplicación del artículo 27 de la Constitución y del Código Agrario. Se han enriquecido muchos de ellos y todos son insensibles a las quejas justificadas de los campesinos por la falta de tramitación de sus asuntos. Cuando algún dirigente de las masas rurales reclama los derechos de sus mandantes o un grupo de campesinos organiza protestas por la tardanza en la solución de sus problemas, los declaran enemigos del gobierno y caen sobre ellos, en la provincia, el gobernador, los alcaldes, la policía y, a veces, hasta las fuerzas militares y los declaran perros del mal. El artículo 9º de la Constitución dice: "No se considerará ilegal, y no podrá ser

[1] Vicente Lombardo Toledano, *En torno al problema agrario*, PPS, 1990.

disuelta una asamblea o reunión que tenga por objeto hacer una petición o presentar una protesta por algún acto a una autoridad, si no se profieren injurias contra ésta ni se hiciere uso de la violencia o amenazas para intimidarla u obligarla a resolver en el sentido que se desee". Pero para esos funcionarios una protesta es un delito en todos los casos y en todas las circunstancias, aunque sea muda.

El artículo 27 constitucional creó el Departamento Agrario como "una dependencia directa del Ejecutivo Federal, encargada de la aplicación de las leyes agrarias y de su ejecución". Y un Cuerpo Consultivo (yo subrayo) compuesto de cinco personas, que transmitirán su opinión al presidente de la República para que éste dicte la resolución que proceda, como suprema autoridad agraria. Pero, en la práctica, el Cuerpo Consultivo se ha convertido en una autoridad ejecutiva y hasta ha llegado a la aberración de haber creado su jurisprudencia, casi siempre opuesta a las demandas de los campesinos.

Algo semejante a lo que pasa en el Departamento Agrario ocurría en Petróleos Mexicanos. Desde 1938, en que la industria fue expropiada y nacionalizada, hasta iniciarse la actual administración, la empresa fue manejada por elementos que prestaron sus servicios como empleados de confianza de las empresas extranjeras. Habían formado un grupo al que le pusieron por nombre los *good-friends*. Envejecieron en el arte de hacer negocios, que llegaron a dominar con maestría, sin importarles la trascendencia histórica del 18 de marzo y la alta finalidad política de la institución. Por eso tenía ésta tantas fallas. Si el licenciado Jesús Reyes Heroles, director de Pemex, no hubiera liquidado a los *good-friends*, la empresa se hubiera mantenido anquilosada en muchos sentidos. Lo mismo acontece con la antigua Compañía Mexicana de Luz y Fuerza, llena también de *good-friends*. Ante la situación que guardan algunas dependencias del gobierno como ésas, lo único que cabe, siendo compasivos ante el delito, es la jubilación, la indemnización o el cese de todos los veteranos de la trampa y del peculado en dondequiera que existan.

En la Suprema Corte de Justicia de la Nación hay ministros muy honorables; pero otros trafican con los derechos de los campesinos, haciendo imposible la aplicación de la reforma agraria. Si la ley es mala, dicen para justificarse, deróguenla o enmiéndenla; pero la Corte tiene que cumplirla mientras se halle en vigor. Eso es cierto; pero lo grave es que el supremo tribunal judicial no hace respetar el artículo 27 con la intención que le dio el Constituyente, pasa por alto los móviles patrióticos que encierra, la causa humana que contiene, y lo interpreta corrigiéndolo; pero no en favor sino en contra de la reforma agraria. Hay casos, como el ya famoso del ejido El Tecolote, pegado a la ciudad de Tepic, en el que se construyó un seminario, prohibido expresamente por la Carta Magna. Los terratenientes están de plácemes.

ANTECEDENTES HISTÓRICOS

Las tribus indígenas que habitaron el territorio que hoy constituye el asiento de nuestra patria, al realizarse la conquista en los albores del siglo XVI, desconocían la propiedad privada de la tierra. La poseían las comunidades, para emplear un término genérico. Tierra de las fratrías, de los clanes, de las tribus y nada más. Los españoles trajeron la propiedad privada, la esclavitud y las relaciones feudales. La corona española decretó su dominio sobre las riquezas naturales del país, otorgó mercedes y concesiones a los particulares y expidió títulos agrarios en favor de las comunidades para darles un mínimo de seguridad, que no fueron respetados. Según Abad y Queipo, en 1804 había en el país 10 000 haciendas y 20 000 propietarios. En 1910 los propietarios eran sólo 834. En el curso de cuatro siglos las haciendas se habían tragado a los pueblos autóctonos.

El Constituyente de 1916-1917 cambió de un modo radical el régimen de la tenencia de la tierra. Declaró nula la propiedad privada surgida del despojo a los pueblos y a las comunidades indígenas en los 300 años de la Nueva España y en los 100 del siglo XIX, pues consideró, además de razones de justicia, que sin la entrega de la tierra a quienes la trabajan, nuestro país no podía pasar de su condición de agricultor primitivo a la situación de un país que tenga la industria como base de su desarrollo. Por esta causa, el ejido, la tierra de los núcleos rurales, adquirió desde hace 50 años el alto significado de una reivindicación histórica, que no puede equipararse a la propiedad privada rural.

LA PEQUEÑA PROPIEDAD

La ofensiva actual contra la reforma agraria se ha parapetado en el argumento de que la pequeña propiedad y el ejido son instituciones del mismo valor jurídico, social y político. Ese argumento es falso. De lo que se trata es de proteger la propiedad privada, cualquiera que sea, y no la auténtica pequeña propiedad, que debe entenderse como la cultivada por su propietario, aun cuando emplee mano de obra asalariada. Proteger a la propiedad particular frente al ejido, en lugar de que sea protegido el ejido ante la propiedad privada. Por eso es importante hacer ver claramente, sin sofismas, sin argumentos falaces de rábula, cuáles son las tesis del artículo 27 y las consecuencias lógicas que de ellas se desprenden.

LAS TESIS DEL ARTÍCULO 27

1. La nación es la propietaria de las tierras y aguas del territorio nacional.

2. En consecuencia, la nación tiene el dominio directo de las riquezas del subsuelo, de las aguas interiores y marítimas y del espacio situado sobre el territorio nacional.

3. El dominio de la nación sobre los recursos naturales de su territorio es inalienable e imprescriptible.

4. El aprovechamiento de los recursos naturales sólo podrá realizarse mediante concesiones otorgadas por el Ejecutivo Federal.

5. Esas concesiones constituyen la propiedad privada.

6. La propiedad privada puede ser expropiada. Además, la nación puede imponerle las modalidades que dicte el interés público.

7. Las leyes de la Federación y de los estados determinarán los casos en que sea de utilidad pública la ocupación de la propiedad privada.

8. La regulación del aprovechamiento de los elementos naturales del territorio nacional tiene por objeto distribuir equitativamente la riqueza pública y cuidar de su conservación.

9. Los núcleos de población, que de hecho o por derecho guarden en estado comunal, tendrán capacidad para disfrutar en común las tierras, bosques y aguas que les pertenezcan, o que se les hayan restituido o restituyeren.

10. Los núcleos de población que carezcan de tierras y aguas tendrán derecho a que se les dote de ellas tomándolas de las propiedades inmediatas, ya sean tierras de particulares o de la nación.

11. Sólo se respetarán las pequeñas propiedades agrícolas en explotación.

12. En ningún caso dejarán de concedérseles a los núcleos de población las tierras y las aguas suficientes para que formen sus ejidos.

Inferencias jurídicas de las tesis

1. Los campesinos tienen derecho a la tierra.

2. El derecho de los campesinos a la tierra es una de las garantías sociales o colectivas que, junto a las garantías individuales, forman la base y el objeto de las instituciones públicas.

3. El derecho de los campesinos a la tierra fue reconocido por razones del más alto interés nacional.

4. El Estado está obligado a entregar a los campesinos las tierras y aguas que necesiten para formar sus ejidos.

5. Los ejidos no pueden ser expropiados, porque la expropiación procede en los casos de utilidad pública, y fue la máxima utilidad pública la que los creó.

6. La propiedad privada de la tierra no es un derecho de los particulares, sino una concesión que puede otorgarles el gobierno en nombre de la nación.

7. Los campesinos tienen el derecho de reclamar la tierra. Los particulares sólo el derecho de solicitarla.

8. De la propiedad privada rústica, la única que la Constitución reconoce y protege es la pequeña propiedad que se halle en explotación.

Deducciones políticas

1. El ejido y la propiedad particular no son instituciones del mismo valor jurídico y social.

2. La explotación fundamental de la tierra es el ejido, que forma parte congénita de la estructura actual económica y social de la nación mexicana. La propiedad privada es sólo circunstancial.

3. La reclamación de la tierra por parte de los campesinos no es una demanda contra los terratenientes. No es un litigio. Es un derecho propio, unilateral, que no admite controversia.

4. El Departamento Agrario fue creado para entregar la tierra a los campesinos y no para erigirse en juez entre dos oponentes: los campesinos y los propietarios particulares.

5. La reclamación de la tierra por parte de los campesinos no que se mencionen accidentalmente en el artículo 27 son un atentado directo a la reforma agraria y deben desaparecer de la estructura jurídica de nuestro país.[2]

6. Las llamadas "concesiones ganaderas", de estímulo al desarrollo de la ganadería mayor, han llegado a ser verdaderos obstáculos para el desarrollo científico y técnico de la ganadería, para el abaratamiento de la carne en el mercado nacional y para la aplicación de la reforma agraria en enormes superficies del territorio nacional.

7. El abigeato es un negocio de los grandes ganaderos, como la labor de los gambusinos para las grandes empresas mineras y metalúrgicas.

8. La decisión de los ganaderos de crear su policía particular para vigilar la conducta de los ejidatarios es un desafío al presidente de la República y a las instituciones que nos rigen. Equivale a regresar a la época de las acordadas y guardias blancas del Porfiriato.

LAS PATÉTICAS CARAVANAS RURALES

Nuestros antepasados llegaron al norte en busca de tierras fértiles. Ya sedentarios, organizaron peregrinaciones periódicas hacia sus centros religiosos y curativos. Establecidas las autoridades coloniales, acudían en caravanas ante ellas en demanda de justicia, y a las puertas de sus palacios permanecían meses y años, aguardando la merced de ser escuchados.

Y siguen peregrinando. Hoy son dos los sitios a los que se dirigen principalmente sus caravanas: el santuario de la Virgen de Guadalupe y el Departamento Agrario.

No maten en ellos hasta la esperanza de vivir en paz en la tierra en la que hace mucho tiempo fueron señores.

Viernes 12 de mayo de 1967

---

[2] Así se encuentra en la fuente. Evidentemente hay omisión de una frase que hace incomprensible el contenido del párrafo. No ha sido posible encontrar la fuente original que permita reconstruirlo correctamente. [N. de Martín Tavira U.]

TEORÍA Y PRÁCTICA DEL MOVIMIENTO SINDICAL[1]

PRÓLOGO

Uno de los resultados de la Guerra Fría en América Latina fue la división del movimiento obrero, mientras que en los Estados Unidos de América las dos centrales sindicales —la American Federation of Labor y el Congress of Industrial Organizations— se unificaban bajo el apremio del gobierno para que sus dirigentes cumplieran con el papel de instrumentos de su política internacional.

La organización sindical en México, que después de extinguida la Confederación Obrera Pan Americana, creada en el año de 1918, quedó libre, sin ligas con los líderes de la potencia vecina, adoptando una actitud revolucionaria desde 1932, que hizo posible la unificación de las agrupaciones sindicales de las naciones hermanas del continente americano en 1938 al crearse la Confederación de Trabajadores de América Latina, volvió a caer bajo la dirección de la AFL, asociada al CIO, al prohijar los dirigentes de la Confederación de Trabajadores de México la formación de la Organización Regional Interamericana de Trabajadores —agencia de las centrales sindicales del norte— y aceptar su disciplina, su ideología y su finalidad de servir a la causa del imperialismo.

La responsabilidad del gobierno en la crisis del movimiento obrero de México es grande también. Por primera vez, desde la formación de la primera central sindical —la Confederación Regional Obrera Mexicana— en 1918, el gobierno del presidente Miguel Alemán intervino abiertamente en el régimen interior de los principales sindicatos nacionales de industria, imponiéndoles nuevos comités directivos; convirtió a los dirigentes de la CTM en instrumentos de su política de sometimiento de la organización obrera al poder público; promovió leyes para perseguir a los líderes de ideas

[1] Sólo se incluyen las tres conferencias dictadas por Vicente Lombardo Toledano en el seminario organizado por el Frente Nacional de Unificación Revolucionaria del Magisterio, que tuvo lugar del 10 al 13 de julio de 1961, Editorial del Magisterio, México, 1961.

avanzadas y, como resultado de todo, dividió a las agrupaciones sindicales, fomentando entre ellas antagonismos enconados que debilitaron a la clase trabajadora y la hicieron perder su papel de vanguardia en la lucha del pueblo y de la nación.

Esa grave crisis del movimiento sindical, de la que todavía no se cura, no ha sido, sin embargo, la única que ha sufrido. Desviaciones de derecha y de izquierda; errores en la concepción de la lucha y sus objetivos; ignorancia de la historia del país; falta de estudio de los problemas fundamentales del pueblo y del modo de resolverlos; luchas sin teoría revolucionaria; rechazo de la filosofía del proletariado y otros factores colocaron en el pasado a la clase trabajadora varias veces en situación difícil.

Pero la historia de la organización sindical en nuestro país registra también grandes victorias, enseñanzas muy valiosas, de las cuales muchos se han olvidado ya o las ignoran por no haberlas vivido. Esos éxitos y las crisis de resultados adversos adquieren hoy, en conjunto, un alto valor por el movimiento de unidad que surge del seno de las organizaciones de trabajadores, que augura una nueva etapa de luchas importantes, como las de los momentos de ascensión del proletariado.

Para analizar la experiencia de la clase obrera en el último medio siglo, desde la formación de los primeros sindicatos, que coincide con la Revolución democrática, antifeudal y antimperialista iniciada en 1910, a petición del Frente Nacional de Unificación Revolucionaria del Magisterio se organizó el seminario cuyos materiales forman esta obra. Asistieron a las cuatro sesiones realizadas durante los días 10 al 13 del presente mes de julio, 400 cuadros sindicales del magisterio, 50 dirigentes obreros y campesinos y 100 alumnos de la Universidad Obrera de México, todos ellos trabajadores industriales afiliados a diversas agrupaciones.

Los textos de las tres conferencias y de las preguntas y respuestas que se hicieron el último día son versiones taquigráficas fieles. Se agregan al final algunas notas aclaratorias sobre cuestiones tratadas de paso o simplemente enunciadas en el curso de las disertaciones; indicaciones bibliográficas para quienes deseen estudiar los problemas en sus propias fuentes, y documentos de importancia para el conocimiento de la evolución del movimiento sindical nacional e internacional.

V. L. T.

México, D. F., julio de 1961

LA TEORÍA SINDICAL

Origen de los sindicatos

Los sindicatos de trabajadores son uno de los frutos de la revolución industrial, que corresponde al ascenso histórico del régimen capitalista.

La revolución industrial, en la medida estricta de la cronología, corresponde a la transformación del sistema de la producción económica en Inglaterra, debida a la aplicación de los descubrimientos científicos a la técnica, partiendo de la utilización en gran escala del carbón, como materia energética, y del vapor como fuerza motriz. Pero en el sentido histórico del término, la revolución industrial, que se inicia en la segunda mitad del siglo XVIII, se convierte en un fenómeno universal que desarrolla el sistema capitalista de la producción a un ritmo creciente.

Uno de los aspectos del nacimiento de la industria moderna consiste en el cambio completo del carácter de los centros de producción. Del taller de los artesanos, del taller familiar y del obraje en que laboraban algunas docenas de trabajadores, se pasa a las fábricas. Éstas reúnen a centenares de operarios y en poco tiempo se convierten en centros de ocupación de millares de personas.

En los primeros años de la revolución industrial, particularmente en Inglaterra, uno de los problemas más difíciles que el cambio produce es el de encontrar alojamiento y asegurar la alimentación y el vestido a los trabajadores que se congregan en las fábricas, provenientes muchos de ellos del campo. Los primeros empresarios no sólo no resuelven estas cuestiones, sino que prácticamente no las toman en consideración.

Los obreros viven en sótanos insalubres, amontonados de manera inhumana, las jornadas de trabajo son muy largas, los salarios bajos y numerosas las medidas restrictivas a su libertad personal.

De esta situación nacen las *trade unions*, los sindicatos de los trabajadores, que se dan cuenta inmediatamente que sólo su asociación puede permitirles luchar con éxito por el logro de sus demandas.

En este periodo, cuando los obreros todavía no tienen conciencia de la clase que constituyen y están incapacitados para examinar la perspectiva histórica, muchos atribuyen las condiciones miserables en que viven al empleo de las máquinas, y por eso ocurre aquel episodio dramático del intento de destruir los nuevos mecanismos de trabajo, que anulan las relaciones de producción del pasado.

En la primera mitad del siglo XIX, con el desarrollo constante de la industria, en el continente europeo los sindicatos obreros se multiplican y con sus luchas plantean multitud de problemas que no sólo se refieren a sus reivindicaciones económicas y sociales, sino también al examen de la estructura de la sociedad capitalista naciente y a su perspectiva.

Primero son los socialistas llamados utópicos los que denuncian la injusticia social que engendra el sistema capitalista de producción. Su análisis es correcto en términos generales; pero en donde falla es en el planteamiento de los medios para la transformación de la sociedad capitalista en una sociedad socialista.

Casi paralelamente a los socialistas utópicos aparece la corriente anarquista, que habría de tener una gran importancia en las luchas de la clase obrera de algunos países hasta principios del siglo XX, y sigue teniendo significación no ya como doctrina que preside los sindicatos, sino como una supervivencia de su filosofía, aun en países en los cuales la organización llamada libertaria ha desaparecido por completo.

Otra doctrina sobre la sociedad capitalista, coetánea al socialismo utópico y al anarquismo —el materialismo dialéctico—, surge como consecuencia del desarrollo de la industria y de la transformación del pensamiento idealista y de la concepción materialista y mecánica del mundo y de la vida social. La formulan Carlos Marx y Federico Engels, quienes deducen de ella las leyes que rigen el proceso de la sociedad humana —materialismo histórico— y las que gobiernan el régimen capitalista —economía política—, trazando, al mismo tiempo, el camino para el paso del capitalismo al socialismo mediante la toma del poder por la clase obrera, la instauración de la dictadura del proletariado para liquidar la dictadura de la burguesía y hacer posible la construcción del nuevo sistema de la vida social.

Con la aparición del socialismo científico, el socialismo utópico desaparece de la escena del pensamiento político. No así el anarquismo.

Dentro de las doctrinas anarquistas se presentan algunas variantes; pero tienen como tesis común el culto a la individualidad humana, la creencia en la espontaneidad de las masas, la negación del Estado como instrumento de una sola clase social —la burguesía en el régimen capitalista y el proletariado en el régimen socialista— y la creencia en la posibilidad de la convivencia humana sin un orden jurídico rígido.

La doctrina de Miguel Alejandro Bakunin merece ser recordada, porque sería la que mayor influencia habría de ejercer en el movimiento obrero y sus agrupaciones sindicales.

En su obra *Dios y el Estado*, Bakunin afirma: "En una palabra, rechazamos toda legislación, toda autoridad, todo influjo del privilegio, de los títulos y patentes, todo influjo oficial y legal, aun cuando haya que ser establecido por medio del sufragio universal, y lo rechazamos por estar persuadidos de que tales cosas no pueden menos que redundar en provecho de una minoría dominante de explotadores y en perjuicio de una enorme mayoría de esclavizados. En este sentido somos verdaderamente anarquistas".

Bakunin considera que la suprema ley que debe regir a los hombres es la ley del progreso evolutivo de la humanidad, en virtud de que ésta ha de elevarse de un estado menos perfecto a otro lo más perfecto posible.

Este tránsito habrá de traer consigo inmediatamente la desaparición del derecho.

Al pasar la humanidad de su vida animal a la vida humana desaparecerá el Estado. En lugar del Estado habrá una convivencia social fundada en la norma, según la cual deben cumplirse los contratos.

Desaparecerá la propiedad privada ilimitada y se organizará de otro modo sobre la base de la propiedad colectiva del suelo, de los instrumentos de trabajo y de todas las formas del capital.

La sociedad futura será colectivista.

El cambio ha de operarse mediante una revolución social, por medio de un trastorno violento que se producirá por sí mismo, por la fuerza de las cosas; pero cuyo ritmo incumbe a aquellos que prevén la marcha de la evolución histórica.

En enero de 1845, Marx y Engels constituyen la Escuela de Trabajadores Alemanes, a través de la cual realizan una labor constante de educación política, estableciendo las bases teóricas para el movimiento obrero. Entran en relaciones con los grupos revolucionarios de Europa y de América del Norte. Su propósito es el de dar al proletariado conciencia de su clase y convencerlo de la necesidad de crear un partido de clase frente a las ideas nebulosas del socialismo utópico y las teorías del anarquismo.

En 1846 forman un Comité de Correspondencia que se vincula con los colaboradores que tienen en Europa y en América. Y en 1847 surge la Liga Comunista, que trabaja para organizar su primer congreso, que se realiza en junio del mismo año.

El segundo congreso de la Liga se celebra en Londres a fines de noviembre y principios de diciembre de 1847. Asisten a él Marx y Engels. Proponen que en lugar de una "profesión de fe" de la Liga, se redacte un manifiesto. Aceptada la idea se les encarga redactar el proyecto del documento, que se llamaría *Manifiesto Comunista.*

El "Manifiesto"

En el *Manifiesto* —el documento filosófico más importante del siglo XIX— se afirma:

La historia de todas las sociedades que han existido hasta nuestros días es la historia de la lucha de clases.

Nuestra época, la época de la burguesía, se distingue, sin embargo, por haber simplificado las contradicciones de clase. Toda la sociedad va dividiéndose cada vez más en dos grandes campos enemigos, en dos grandes clases, que se enfrentan directamente: la burguesía y el proletariado.

La antigua organización feudal o gremial de la industria no podía ya satisfacer la demanda, que crecía con la apertura de nuevos mercados. Fue remplazada por la manufactura.

Pero como los mercados se engrandecían sin cesar, la demanda iba siempre en aumento. También la manufactura resultó insuficiente. Las máquinas y el vapor revolucionaron entonces la producción industrial.

El lugar de la clase media industrial vinieron a ocuparlo los industriales millonarios, jefes de ejércitos enteros de trabajadores, los burgueses modernos.

La burguesía en su primera etapa ha desempeñado en la historia un papel altamente revolucionario. Ha pisoteado las relaciones feudales, patriarcales e idílicas. Ha despojado de su santa aureola a todas las profesiones hasta entonces reputadas de venerables y veneradas, y a los que las ejercen los ha convertido en asalariados.

Ha convertido las relaciones de familia en relaciones de dinero.

Ha revolucionado constantemente los instrumentos de trabajo y, por tanto, las relaciones de producción y, con ello, todas las relaciones sociales.

Impulsada por la necesidad de dar salida, cada vez mayor, a sus productos, la burguesía invade el mundo entero.

Explotando el mercado mundial, da un carácter cosmopolita a la producción y al consumo de todos los países. Ha quitado a la industria su carácter nacional.

La burguesía ha sometido el campo a la ciudad. Ha creado urbes inmensas y ha subordinado las naciones bárbaras o semibárbaras a las naciones civilizadas.

Ha aglomerado a la población, centralizado los medios de producción y concentrado la propiedad en un pequeño número de manos. La consecuencia de ello ha sido la centralización política.

Con su dominio de clase, la burguesía ha creado, en menos de un siglo, fuerzas productivas más abundantes y colosales que todas las generaciones pasadas en su conjunto.

Pero este régimen burgués de propiedad, que ha hecho surgir tan potentes medios de producción y de cambio, semeja al mago que no sabe dominar las potencias infernales que ha desencadenado con su conjuro. Hay una rebelión de las fuerzas productivas contra las relaciones de producción y contra las relaciones de propiedad, que condicionan la existencia de la burguesía y su dominio.

Las relaciones burguesas resultan demasiado estrechas para contener las riquezas creadas en su seno. ¿Cómo vive esta crisis la burguesía? De una parte, por la destrucción obligada de una masa de fuerzas productivas; de otra, por la conquista de nuevos mercados y la explotación más intensa de los antiguos. Es decir, preparando crisis más generales y más grandes y disminuyendo los medios de prevenirlas.

Las armas de que se sirvió la burguesía para derrocar el feudalismo se vuelven ahora contra la propia burguesía.

La burguesía no ha forjado solamente las armas que deben darle muerte; ha producido también los hombres que empuñarán esas armas: los obreros modernos, los *proletarios*.

El creciente empleo de las máquinas y la subdivisión del trabajo han hecho perder todo atractivo a la labor del proletario. El obrero resulta un simple apéndice de la máquina.

El precio del trabajo, como el de toda mercancía, es igual a su costo de producción.

El proletariado pasa por diferentes etapas del desarrollo. Su lucha contra la burguesía comenzó con su surgimiento.

Al principio, la lucha es entablada por obreros aislados; después, por los obreros de una misma fábrica; más tarde, por los obreros del mismo oficio de la localidad. No se contentan con dirigir sus ataques contra las relaciones burguesas de producción y los dirigen contra los mismos instrumentos de producción: destruyen las mercancías extranjeras que les hacen competencia, rompen las máquinas, queman las fábricas.

Al concentrarse los obreros, su fuerza aumenta y adquieren conciencia de ella. Llegan a formar asociaciones permanentes y la lucha se entabla entre ellos y los propietarios de los instrumentos de la producción.

A veces los obreros triunfan; pero de un modo efímero. Su verdadera victoria consiste en la unión cada vez más grande de todos.

La burguesía vive en lucha permanente: al principio contra la aristocracia, después contra las fracciones de la misma burguesía cuyos intereses están en desacuerdo con el progreso de la industria. Capas enteras de la clase dominante, por el progreso de la industria, se precipitan en las filas del proletariado.

Pero de todas las clases que hoy se enfrentan a la burguesía, sólo el proletariado es una clase verdaderamente revolucionaria. Las demás clases van degenerando y desaparecen con el desarrollo de la gran industria. El proletariado, en cambio, es su producto más peculiar.

Los proletarios no pueden conquistar las fuerzas productivas sociales, sino aboliendo el modo de apropiación que les atañe particularmente y, por tanto, todo modo de apropiación en vigor hasta nuestros días.

Es, pues, evidente que la burguesía es incapaz de seguir desempeñando el papel de clase dominante y de imponer a la sociedad, como ley reguladora, las condiciones de existencia de su clase.

La premisa esencial de la existencia y de la dominación de la clase burguesa es la acumulación de la riqueza en manos de particulares, la formación y el acrecentamiento del capital. La condición de existencia del capital es el trabajo asalariado.

La única forma de realizar un cambio no es abolir la propiedad en general, sino abolir la propiedad burguesa.

El primer paso de la revolución obrera es la constitución del proletariado en clase dominante, la conquista de la democracia.

Anarquismo y socialismo

La diferencia sustancial entre el anarquismo y el socialismo científico es la de que el primero basa su acción en la movilización espontánea de las masas en contra del régimen capitalista, en tanto que el socialismo —el marxismo— considera que no es posible el cambio de la sociedad capitalista al régimen socialista sin la organización política de la clase obrera, sin la creación de su partido, que ha de llegar al poder, y desde el poder ha de ir transformando la vieja sociedad para crear una nueva basada en la desaparición de las clases sociales y en la propiedad colectiva de los instrumentos de la producción económica.

De estos principios, tanto del anarquismo como del socialismo, se derivarían las tesis respecto del movimiento sindical, estableciendo su carácter, sus funciones y sus métodos de lucha.

Marx veía en los sindicatos centros organizadores, focos de agrupamiento de las fuerzas de los obreros, asociaciones destinadas a darles su primera educación de clase.

Marx fue el autor de la resolución adoptada en el Congreso de la Primera Internacional, celebrado en Ginebra en 1866, sobre "El pasado, el presente y el futuro de los sindicatos". He aquí sus ideas principales:

El capital es poder social concentrado, mientras que el obrero sólo dispone de su fuerza de trabajo.

Del lado del obrero, su única fuerza es su masa. Pero la fuerza de la masa se rompe por la desunión.

El fin inmediato de los sindicatos se concreta en la exigencia del día, en los medios de resistencia contra los incesantes ataques del capital; en una palabra, en la cuestión del salario y de la jornada.

Por otra parte, los sindicatos son importantes como medios para la abolición del sistema del trabajo asalariado.

Los sindicatos han atendido demasiado, con frecuencia, las luchas locales e inmediatas contra el capital. Todavía no han comprendido del todo su fuerza para atacar el sistema de esclavitud del salariado y el modo de producción actual. Se han mantenido, por lo mismo, demasiado alejados de los movimientos sociales y políticos.

Aparte de sus fines originales, los sindicatos deben aprender a actuar ahora de modo más consciente, como ejes de la organización de la clase obrera, por el interés superior de su emancipación total. Deben apoyar todo movimiento político o social que se encamine directamente a este fin.

Los sindicatos y el partido

Con esta afirmación última, Marx subraya sus discrepancias fundamentales con los bakuninistas y los partidarios de los sindicatos como fuerzas exclusivas de lucha económica. Pero a la vez señala la diferencia que existe entre los diferentes instrumentos de lucha de las masas obreras agrupadas en los sindicatos.

A ese respecto hay una resolución adoptada por la Conferencia de Londres, de la Asociación Internacional de Trabajadores, reunida en septiembre de 1871, que constituye uno de los capítulos clásicos de la literatura política marxista. Dice así:

> Teniendo en cuenta que la Internacional se halla frente a una reacción desenfrenada que aplasta cínicamente todo esfuerzo emancipador de los trabajadores y pretende mantener, por medio de la fuerza bruta, la división en clases y el dominio político de las clases poseedoras; que en contra del poder colectivo de las clases poseedoras el proletariado puede actuar, como clase, solamente constituyéndose en partido político distinto, opuesto a todos los viejos partidos creados por las clases dominantes; que esta constitución del proletariado en un partido político es indispensable para asegurar la victoria de la revolución social y de su objetivo final, la supresión de las clases; que la unificación de las fuerzas obreras, ya alcanzada por las luchas económicas, debe servir también como palanca en su lucha contra el poder político de los explotadores.
>
> La Conferencia recuerda a todos los miembros de la Internacional que en la clase obrera militante el movimiento económico y la actividad política están ligados entre sí de manera indisoluble.

Esta tesis significa que las masas trabajadoras agrupadas en uniones o sindicatos deben organizar:

Los sindicatos, para las reivindicaciones inmediatas y para el apoyo a los movimientos políticos que tienden a la transformación del sistema capitalista.

El partido político de la clase obrera, que ha de guiar a todos los trabajadores y conducirlos hasta el poder en sustitución de la burguesía y,

La alianza de todos los trabajadores en agrupaciones internacionales para facilitar, mediante la solidaridad proletaria, el logro de sus propósitos.

La tesis tiene una gran trascendencia porque plantea el problema de fijar con claridad las relaciones entre las luchas económicas y políticas, es decir, entre los sindicatos y el partido de la clase obrera.

Marx insistió siempre en la supremacía de la política sobre la economía, es decir, en la dirección política de la clase obrera como fundamental para conducir las luchas concretas económicas de los trabajadores organizados en amplios frentes de masas.

Habiendo establecido la doctrina de que el factor económico es el determinante en la vida de la sociedad humana, precisa la tarea de clase de los sindicatos por sus reivindicaciones; pero afirma también que el partido político del proletariado debe determinar las tareas económicas y dirigir la organización sindical.

Bakunin se colocaba en una posición contraria. En su folleto denominado *La política de la Internacional,* escribe: "La emancipación de los trabajadores debe ser obra de los trabajadores mismos [...]; pero la mayoría de los obreros son ignorantes. Por tanto, no les queda otro camino que el de *la emancipación por la práctica.* En consecuencia, la Internacional atribuirá a la agitación obrera en todos los países un carácter exclusivamente económico, proponiéndose como fin disminuir la jornada de trabajo y aumentar el salario; como medios, la asociación de las masas obreras y la organización de las cajas de resistencia".

Bakunin no comprendía que los sindicatos deben y pueden ser centros de organización de las masas, que preparan a las masas para la lucha por la dictadura del proletariado.

Aunque habló mucho de la lucha económica, consideraba los sindicatos como agrupaciones de individuos impreparados. *Por eso tenía la idea de que la masa necesitaba un héroe que la condujera en su rebelión espontánea.* (Cursivas de V. L. T.)

La diferencia sustancial entre ambas doctrinas consiste en que

Marx confiaba en las masas, en la clase obrera y en su organización, en tanto que Bakunin aceptaba sólo el movimiento de las masas sin organización y sin dirección política que las condujera tanto a las victorias concretas de carácter económico cuanto a las de trascendencia de tipo histórico.

División de la Primera Internacional

En el seno de la Primera Internacional las dos corrientes de opinión chocaron de un modo frontal y la Internacional se dividió en dos bandos: el de los partidarios del socialismo científico y el de los partidarios del anarquismo.

Es muy interesante hacer notar que compartieron las ideas de Marx los representantes de los trabajadores de los países industrializados de Europa, en tanto que siguieron a Bakunin los representantes de las regiones atrasadas, como el sur de Francia, Italia y España, desde donde el anarquismo se difundiría a los países agrícolas, como los de la América Latina.

Para comprender bien la diferencia profunda de esas dos concepciones de la lucha de la clase obrera, basta un ejemplo: el de las huelgas.

Marx tenía que luchar en contra de dos opiniones igualmente equivocadas: la de los *tradeunionistas* ingleses y la de los anarquistas. Para los primeros, las huelgas son "un torpe derroche de dinero, no solamente para los obreros, sino también para los patrones". Para los anarcosindicalistas, las huelgas económicas son el único medio de lucha.

Marx expuso su tesis del siguiente modo: "los obreros, hecha abstracción de la servidumbre que supone todo el sistema del salariado, no deben exagerar las consecuencias de estas luchas cotidianas, no deben olvidar que combaten contra los efectos, pero no contra sus causas; que sólo retrasan el movimiento descendente, pero no varían su dirección; que no hacen más que aplicar paliativos, pero no curan la enfermedad. Por tanto, no deben gastar su energía exclusivamente en esta lucha inevitable de guerrillas, lucha que provoca siempre los continuos ataques del capital o las variaciones del mercado".

Deben comprender que el sistema actual, con todas las miserias que lleva aparejadas para ellos, produce al mismo tiempo las condiciones materiales necesarias para la nueva edificación económica. En vez de la solución conservadora: "Un salario justo por una jornada de trabajo justa", deben inscribir en su bandera las palabras revolucionarias: "Abolición del sistema del trabajo asalariado".

Es necesario todavía insistir en este punto. La diferencia entre el marxismo y el anarquismo consiste en que para el marxismo no puede haber lucha práctica sin una teoría que la dirija, en tanto que para el anarquismo la teoría es independiente de la práctica.

La tesis sindical de Lenin

Lenin desarrolló las tesis de Marx y de Engels en su época. Según la frase clásica de que el marxismo no es un dogma, sino un camino para la acción, precisó con gran claridad las relaciones que deben existir entre los diversos instrumentos de lucha de la clase obrera.

Partiendo del principio de que sin teoría revolucionaria no puede haber movimiento revolucionario, Lenin recordaba las observaciones hechas por Engels en 1874 sobre la importancia que tiene la teoría en el movimiento socialdemócrata, es decir, en el movimiento revolucionario denominado así en aquel tiempo. Engels reconoce no dos formas de la gran lucha de la socialdemocracia, la política y la económica, sino *tres, colocando a su lado también la lucha teórica*.

A esa convicción se debe la batalla sistemática librada por Lenin contra la teoría de la espontaneidad de las masas, afirmando:

La historia de todos los países atestigua que la clase obrera, exclusivamente con sus propias fuerzas, sólo está en condiciones de elaborar una conciencia sindicalista, es decir, la convicción de que es necesario agruparse en sindicatos, luchar contra los patronos, reclamar del gobierno la promulgación de tales o cuales leyes necesarias para los obreros, etcétera. En cambio, la doctrina del socialismo ha surgido de teorías filosóficas, históricas y económicas que han sido elaboradas por representantes instruidos de las clases poseedoras, por los intelectuales.

Eso explica que nuestra tarea, la de la socialdemocracia, consiste en *combatir la espontaneidad*, consiste en apartar el movimiento obrero de esta tendencia espontánea del sindicalismo a cobijarse bajo el ala de la burguesía, y atraerlo hacia el ala de la socialdemocracia revolucionaria.

Y agrega: "La conciencia política de clase no se le puede aportar al obrero *más que desde el exterior* [cursivas de V. L. T.], esto es, desde afuera de la lucha económica, desde afuera de la esfera de las relaciones entre obreros y patronos".

Contestando a la pregunta: "¿Qué hacer para dar a los obreros conocimientos políticos?", decía: "los socialdemócratas deben *ir a todas las clases de la población,* deben enviar *a todas partes* destacamentos de su ejército".

Continúa Lenin:

Debemos ir a todas las clases de la población como teóricos, como propagandistas, como agitadores y como organizadores. Nadie duda de que el trabajo teórico de los socialdemócratas debe orientarse hacia el estudio de todas las particularidades de la situación social y política de las diversas clases [...] Sólo el partido que *organice* campañas de denuncias que realmente *interesen a todo el pueblo* podrá convertirse en nuestros días en vanguardia de las fuerzas revolucionarias [...] Pero uno de los rasgos más característicos del economismo es, precisamente, no comprender esta relación; aún más: no comprender que la necesidad más urgente del proletariado —educación política en todos los aspectos por medio de la agitación política y de las campañas de denuncias políticas— coincide con idéntica necesidad con el movimiento democrático general.

Entrando más a fondo en el tema afirma:

La lucha política de la socialdemocracia es mucho más amplia y más compleja que la lucha económica de los obreros contra los patronos y el gobierno. Del mismo modo y, como consecuencia de ello, la organización de un partido socialdemócrata revolucionario debe ser inevitablemente de un *género distinto* de la organización de los obreros para la lucha económica.

Aclara la afirmación anterior de este modo:

La organización de los obreros debe ser, en primer lugar, sindical; en segundo lugar, lo más extensa posible; en tercer lugar, debe ser lo menos clandestina posible.

En los países que gozan de libertad política —comenta— la diferencia entre la organización sindical y la organización política es completamente clara [...] Las organizaciones obreras para la lucha económica deben ser organizaciones sindicales [...] Que participe en la unión gremial todo obrero que comprenda la organización de la unión para la lucha contra los patronos y contra el gobierno [...] Cuanto más amplias sean estas organizaciones, tanto más amplia será nuestra influencia en ellas, influencia ejercitada no solamente por el "desarrollo espontáneo" de la lucha económica, sino también por la acción directa y consciente de los miembros socialistas de los sindicatos sobre sus camaradas.

Refiriéndose a la actitud de los "comunistas de izquierda" de Alemania, afirma Lenin:

los sindicatos representaban un progreso gigantesco de la clase obrera en los primeros tiempos del desarrollo del capitalismo por cuanto significaban el paso de la división y de la impotencia de los obreros a los *embriones* de unión de clase de los proletarios, *al partido revolucionario del proletariado*, que no merecerá este nombre mientras no sepa ligar a los líderes con la clase y las masas en un todo único, indisoluble.

Poco tiempo después,

los sindicatos empezaron a manifestar fatalmente *ciertos* rasgos reaccionarios, cierta estrechez corporativa, cierta tendencia al apoliticismo, cierto espíritu rutinario, etcétera. Pero el desarrollo del proletariado no se ha efectuado ni ha podido efectuarse en ningún país de otro modo que por los sindicatos y por su acción concertada con el partido de la clase obrera.

Comentando el hecho de que en los países de Occidente se han entronizado en los sindicatos individuos que constituyen una "aristocracia obrera, profesional, mezquina, egoísta, desalmada, ávida, pequeñoburguesa, de espíritu imperialista, comprada y corrompida por el imperialismo", decía lo siguiente:

la lucha contra la "aristocracia obrera" la sostenemos en nombre de la masa obrera y para ponerla de nuestra parte; la lucha contra los jefes oportunistas y *socialchovinistas* la llevamos a cabo para conquistar a la clase obrera [...] y tal es, precisamente, la necedad que cometen los comunistas alemanes de "izquierda", los cuales deducen *del* carácter reaccionario y contrarrevolucionario de los *cabecillas* de los sindicatos la conclusión de la necesidad de... ¡salir de los sindicatos!, de ¡renunciar a trabajar en los mismos! y de ¡crear nuevas formas de organización obrera inventadas por ellos!

No actuar en el seno de los sindicatos reaccionarios —decía insistiendo en la cuestión— significa abandonar a las masas obreras insuficientemente desarrolladas o atrasadas a la influencia de los líderes reaccionarios, de los agentes de la burguesía, de los obreros aristócratas u "obreros aburguesados" [...]

Precisamente la absurda "teoría" de la no participación de los comunistas en los sindicatos reaccionarios demuestra con la mayor evidencia con qué ligereza estos comunistas "de izquierda" consideran la cuestión de la influencia sobre las "masas" y de qué modo abusan de su griterío acerca de las "masas". Para saber ayudar a la "masa", para adquirir su simpatía, su adhesión y su apoyo, no hay que temer las dificultades, las zancadillas, los insultos, los ataques, las persecuciones de los "jefes" que, siendo oportunistas y socialchovinistas, están en la mayor parte de los casos en relación directa o indirecta con la burguesía y la policía, y *trabajar* sin falta *allí donde estén las masas.* Hay que saber hacer toda clase de sacrificios, vencer los mayores obstáculos para entregarse a una propaganda y agitación sistemática, tenaz, perseverante, paciente, precisamente en las instituciones, sociedades o sindicatos, por reaccionarios que sean, donde se halle la masa proletaria o semiproletaria. Y los sindicatos y las cooperativas obreras —estas últimas, por lo menos, en algunos casos— son precisamente las organizaciones en donde están las masas.

Se burla Lenin de esos izquierdistas y expresa:

Los comunistas de izquierda revolucionarios, pero irreflexivos, quedan al lado y gritan: "¡Masa!", "¡Masa!" y *¡se niegan a trabajar en los sindicatos!* ¡so pretexto de su "espíritu reaccionario"! e inventan una "Unión Obrera" nuevecita, pura, limpia de todo prejuicio democraticoburgués y de todo pecado de estrechez corporativa y profesional. "Unión Obrera" que será (¡qué será!) —dicen— muy amplia y para la admisión en la cual se exige solamente (¡solamente!) ¡el "reconocimiento del sistema de los soviets y de la dictadura"!

Hablando de la intransigencia sectaria de algunos, advertía:

El mayor peligro —quizá el único peligro— para el revolucionario verdadero es la exageración en el impulso revolucionario, el olvidar los límites y las condiciones del empleo adecuado y eficaz de los métodos revolucionarios. En esto es donde los verdaderos revolucionarios se estrellaban con más frecuencia al comenzar a escribir "Revolución" con mayúscula, al colocar la "revolución" a la altura de algo casi divino, al perder la cabeza, al perder la capacidad de pensar, considerar y comprobar con la mayor sensatez y calma en qué momento, bajo qué circunstancias y en qué campo de acción hay que saber actuar a la manera revolucionaria y en qué momento, bajo qué circunstancias y en qué campo de acción hay que saber pasar a la acción reformista. Los revolucionarios verdaderos sucumbirán —no en el sentido de su derrota exterior, sino del fracaso interior de su causa— sólo en un caso; pero sucumbirán sin duda en ese caso, de que pierdan la serenidad y se figuren que la revolución, "grande, victoriosa y mundial", necesariamente, puede y debe resolver por la vía revolucionaria todas y cualquier clase de tareas, bajo cualquier circunstancia y en todos los campos de acción.

Los sindicatos en los diversos sistemas sociales

Ahora podemos ya intentar una definición de lo que son los sindicatos y precisar sus objetivos y su táctica de lucha. Pero antes hay una cuestión de carácter teórico que resolver: la relativa a la posibilidad y a la conveniencia de que los sindicatos existan y desempeñen sus tareas bajo todos los sistemas de la vida social.

Cuando después de consolidado el régimen socialista en Rusia entró el gobierno soviético en contacto con los organismos gubernamentales de carácter internacional, los sindicatos soviéticos se presentaron a la Conferencia Internacional del Trabajo que se reúne anualmente y que fue la principal institución de la Organización Internacional del Trabajo creada por el Tratado de Versalles, con el cual terminó la primera Guerra Mundial.

Como observador de la Confederación Regional Obrera Mexicana (CROM) asistí por primera vez a la Conferencia Internacional del Trabajo, reunida en Ginebra en el año de 1925. Desde entonces hasta hace unos cuantos años, la argumentación de los líderes obreros reaccionarios en contra de la admisión de los sindicatos soviéticos no sólo en la Conferencia, sino aun en el Grupo Obrero de la Conferencia, fue la siguiente: esos sindicatos forman parte del aparato del Estado y, por tanto, no son sindicatos independientes. En consecuencia, sus representantes no pueden ser admitidos en el seno del Grupo Obrero, porque éste está constituido por delegados de los sindicatos libres.

Esta teoría, afirmé yo desde aquella época, es absurda, porque la única conclusión a la que se puede llegar aceptándola es que para que existan y funcionen de una manera normal los sindicatos es indispensable que en todos los países exista el régimen capitalista. Implica también esa afirmación la idea de que los sindicatos, para merecer este nombre, deben concebirse exclusivamente como uniones de resistencia y de lucha contra la clase patronal y el Estado.

En 1945, días después de terminada la segunda Guerra Mundial y cuando habían surgido ya las democracias populares de los países del centro y del sureste de Europa, propuse a la Conferencia Internacional del Trabajo, realizada en París, la restructuración de la Organización Internacional del Trabajo, porque los cambios que estaban ocurriendo en el mundo y otros más que se hallaban en puerta indicaban la necesidad de cambiar la estructura de la OIT, si ésta quería seguirse llamando una institución internacional. Afirmaba que el sistema capitalista de la producción económica no era ya el único y que, en tal virtud, al lado de los países de gran desarrollo industrial capitalista surgían los países socialistas y que, en poco tiempo, además, los países coloniales lucharían por su independencia nacional, ampliando el panorama del movimiento sindical de la clase trabajadora.

Mi proposición no tuvo éxito entonces. Pero es ahora, en el año de 1961, cuando la Organización Internacional del Trabajo se propone reformas a su estructura, tomando en cuenta los cambios operados en el escenario mundial. Hace apenas unos meses que las comisiones nombradas por la Organización Internacional del Trabajo para estudiar el carácter y el funcionamiento de los sindicatos obreros en la Unión Soviética y en los Estados Unidos publicaron sus informes. El relativo a los sindicatos soviéticos es muy importante, porque destruye todas las afirmaciones de los líderes reaccionarios respecto del carácter y de las tareas que los sindicatos soviéticos cumplen en su país, enriqueciendo la concepción tradicional de la organización sindical.

Los sindicatos pueden definirse, en consecuencia, como organizaciones de masas de los trabajadores, como organismos de frente único, independientemente de sus opiniones políticas o de sus creencias, para defender los intereses y derechos de su clase y elevar constantemente su nivel de vida económica, social y cultural, bajo cualquier sistema de la vida social.

En los países imperialistas, en los que en virtud de la concentración del capital y la formación de los monopolios, que han liquidado la libre concurrencia, aplastan a las capas de la burguesía media y pequeña y aceleran el proceso de pauperización de las masas laboriosas, los sindicatos se hallan en lucha frontal contra la gran burguesía y no cuentan con más aliado para lograr sus reivindicaciones que la solidaridad obrera internacional.

El ejemplo de los sindicatos en los Estados Unidos de América es muy ilustrativo a este respecto. Por las razones que todos conocen, la clase obrera norteamericana no ha sido educada políticamente. Al contrario, con excepción de algunos de sus organismos y dirigentes con mayor conciencia de sus tareas inmediatas y futuras, las grandes masas están tan influidas por la ideología de la clase burguesa, que no han podido organizar todavía un partido político propio con influencia decisiva sobre ellas. En las elecciones para designar a los representantes populares votan por cualquiera de los dos partidos manejados por los grandes monopolios y aceptan como válida la política internacional del gobierno. Pero tratándose de sus intereses económicos, luchan de manera resuelta e incansable, a veces imponiéndose a sus líderes, para alcanzar mejores salarios, contratos de trabajo o prestaciones de carácter social.

En los países subdesarrollados, como los de la América Latina, los árabes y algunos del Lejano Oriente, todos ellos basados en el régimen de la propiedad privada, los sindicatos realizan las mismas tareas que en los países de gran desarrollo industrial; pero luchan también por reivindicaciones de tipo popular y por demandas de carácter nacional —la elevación del nivel de vida del pueblo, el respeto a la soberanía nacional y la emancipación económica respecto del imperialismo—, porque sin el logro de esos objetivos las victorias puramente económicas que los sindicatos logran son efímeras.

En los países socialistas los sindicatos son también agrupaciones de masas, a las que los trabajadores ingresan de un modo voluntario y se proponen, como en los países capitalistas, la defensa de los intereses económicos, sociales y culturales de los obreros. Sin embargo, como las clases sociales han desaparecido y no existe la explotación del hombre por el hombre, el proletariado se halla en el poder y su partido es el que educa y dirige al pueblo, las agrupaciones sindicales se hallan en relación íntima con su partido y con el gobierno.

Algunos ignorantes presentan a los sindicatos de los países socialistas como apéndices del Estado, sin libertad y sin funciones de importancia. La verdad es que cuando en un país no existe sino la clase obrera, compuesta por trabajadores manuales e intelectuales, van desapareciendo las diferencias tradicionales entre la ciudad y el campo, la educación y la cultura se convierten en patrimonio de todo el pueblo, y los sindicatos, que agrupan a las masas laboriosas, realizan tareas de trascendencia.

En la Unión Soviética los sindicatos se ocupan, ante todo, de impulsar el trabajo de los obreros para realizar los planes del desarrollo económico. Porque del cumplimiento de los planes depende su bienestar material y las posibilidades de mejorar todos los aspectos de su vida. En un país capitalista e imperialista no puede concebirse esta tarea, porque los sindicatos se encuentran en lucha abierta con la burguesía.

Los sindicatos se encargan de la seguridad en el trabajo, de aplicar las leyes que protegen la salud de los trabajadores. Esta tarea tampoco se concibe en un país capitalista, en donde son las autoridades las que se ocupan sin gran interés de este problema, bajo la presión de los obreros, víctimas de los constantes accidentes del trabajo y de las enfermedades profesionales.

Los sindicatos soviéticos manejan los seguros sociales, que cubren todos los riesgos, desde los motivados por el trabajo hasta el retiro de los trabajadores por incapacidad o vejez. Es tan grande la red de los servicios que dependen de los seguros sociales, que los sindicatos han organizado un importante aparato de administración para atenderlos, pues no se reducen a cuidar la salud de los trabajadores, sino que abarcan actividades que no existen en los países capitalistas, como las casas de descanso, los palacios de cultura, las labores artísticas y la educación propia de los trabajadores en el campo sindical, independientemente de la que reciben del sistema educativo del país.

La emulación en el trabajo es otro de los rasgos característicos de las tareas de los sindicatos soviéticos, no sólo para el fin de cumplir con los planes del desarrollo económico, sino para mejorar de una manera constante los procedimientos y las máquinas e instrumentos de la producción y los servicios públicos. Miles y miles de iniciativas surgen de los obreros y gracias a ellas el desarrollo técnico ha llegado a los más altos niveles.

No podría ser el Estado el que realizara estas y otras actividades ni tampoco el partido, porque sus funciones son diferentes. Corresponden a las masas laboriosas, afiliadas al partido o no, a las que producen, porque saben que trabajan para ellas mismas, mejorando su existencia y planeando su porvenir.

Las tesis de la Federación Sindical Mundial sobre los sindicatos

El movimiento sindical nació bajo la inspiración de la unidad de todos los trabajadores para enfrentarse a la burguesía organizada internacionalmente. Por esa razón, desde la Primera Internacional hasta hoy, los trabajadores comprenden que sólo la alianza de todos ellos, por encima de las fronteras de los diversos países e independientemente de su raza, color, idioma, sexo, ideas y creencias, puede llevarlos a la conquista de sus reivindicaciones inmediatas y futuras.

Esa alianza descansa también en el conocimiento de la ley del desarrollo desigual de los diferentes países de la tierra. Por eso se han podido asociar sin reservas los trabajadores de los países coloniales, semicoloniales, capitalistas y socialistas.

La primera vez en la historia de la clase trabajadora que se unieron los sindicatos de los diferentes continentes de la tierra fue en 1945, al surgir la Federación Sindical Mundial.

Los que tuvimos el privilegio de asistir, en febrero de 1945, a la Conferencia Sindical Mundial de Londres, convocada por el Trade Union Congress de la Gran Bretaña, no obstante que esa asamblea se realizaba en plena segunda Guerra Mundial, vimos al lado de los obreros de los Estados Unidos de América, de la Gran Bretaña y de Francia, a los de los países semicoloniales de América Latina, a los de Asia y de África, junto a los trabajadores de la Unión Soviética, el único país socialista que había entonces.

¿Cuáles fueron los principios acordados en Londres y que después confirmaron unánimemente los delegados de los trabajadores de todas las regiones del planeta en el congreso constituyente de la Federación Sindical Mundial, realizado en el mes de septiembre del mismo año de 1945 en la ciudad de París?

La unidad de todos los trabajadores de los países basados en el régimen de la propiedad privada, sobre el principio de la lucha de clases.

La unidad de los trabajadores de todos los países, independientemente del grado de su desarrollo económico, social, político y cultural.

La lucha incesante para elevar las condiciones de vida de los trabajadores en todo el mundo.

El apoyo de todas las organizaciones obreras a los pueblos coloniales en su lucha por la conquista de su independencia nacional.

El respaldo de todos los trabajadores a la lucha de los pueblos semicoloniales por su emancipación económica respecto del imperialismo.

El respeto al derecho de la autodeterminación de todos los pueblos, del cual deriva el de darse la forma de gobierno que su voluntad decida.

La solución pacífica de los problemas y conflictos internacionales.

La lucha contra todas las formas del fascismo, que impide la libre expresión del pensamiento, la vigencia de las libertades democráticas y los derechos de la clase obrera.

La movilización de todos los trabajadores para impedir una nueva guerra mundial.

Esos principios han sido desarrollados y precisados en todas las reuniones de la Federación Sindical Mundial, particularmente en las del Congreso Sindical Mundial, en el cual participan los representantes de todos los trabajadores, afiliados y no afiliados a la FSM, porque lo que a ésta le importa de manera principal es la lucha común de los obreros por sus demandas inmediatas y por las tareas históricas que deben llevar a cabo.

Como un ejemplo de la concepción de la FSM sobre los objetivos de los sindicatos en el ámbito internacional, es útil recordar la resolución general del IV Congreso Sindical Mundial realizado en Leipzig, en el mes de octubre de 1957. ¿Qué contiene esa resolución?

Examina el panorama internacional de aquel momento.

La agudización de la lucha de clases en los países capitalistas.

La lucha de los pueblos coloniales por su independencia.

El progreso de la unidad de acción de los trabajadores en los países capitalistas y coloniales.

El fracaso de las aventuras imperialistas en Vietnam y en Egipto.

La consolidación cada vez mayor de las fuerzas de la paz en el mundo.

Los esfuerzos de los círculos monopolistas para ampliar la Guerra Fría.

Los antagonismos interimperialistas frente a los problemas de los países coloniales y las grandes perspectivas de consolidar la paz mundial con el apoyo de las masas trabajadoras de todos los continentes.

En el Manifiesto del IV Congreso Sindical Mundial dirigido a todos los trabajadores y trabajadoras de todos los países, se señalan las reivindicaciones de la clase obrera:

Aumento de salarios y disminución de la jornada de trabajo.

Lucha contra las consecuencias negativas de la automatización.

Supresión de todas las formas de discriminación por razones de sexo, edad o raza.

Extensión de las vacaciones pagadas.

Construcción y mejoramiento de las habitaciones obreras.

Protección efectiva del trabajo.

El Manifiesto invita a los sindicatos de todas las afiliaciones o autónomos a desarrollar sus relaciones mutuas sobre la base de las siguientes normas:

El respeto mutuo y la no injerencia en los asuntos interiores respectivos.

El intercambio de informaciones, la organización de encuentros y las discusiones fraternales sobre la base de igualdad.

La busca de cuestiones sobre las cuales los trabajadores puedan asociarse; la fijación de objetivos y de consignas comunes; la eliminación voluntaria de los puntos sobre los cuales no pueden estar de acuerdo.

Las declaraciones específicas del IV Congreso Sindical Mundial están inspiradas en los principios de la Conferencia Sindical Mundial de Londres y en la Declaración de Principios y de los Estatutos con los cuales nació la Federación Sindical Mundial en 1945.

Pero es muy importante advertir cómo la FSM, representando ya a más de 100 millones de trabajadores de todas las profesiones y oficios, de todas las regiones de la tierra, formula directivas para los trabajadores según el régimen social establecido en los distintos países. A este respecto es de una utilidad enorme para los trabajadores de México conocer o recordar la resolución de la FSM relativa a los países coloniales y subdesarrollados. He aquí algunas de sus formulaciones:

Los países que han conquistado su independencia nacional deben resolver importantes problemas: cómo reforzar su independencia y mejorar las condiciones de vida difíciles de su pueblo, elaborando proyectos de desarrollo económico planificado, basado sobre la democracia y el apoyo del pueblo.

Este desarrollo se ha detenido porque muchos de los recursos necesarios de esos países se encuentran aún en manos de los monopolios extranjeros o dependen de las inversiones realizadas por los monopolios.

Algunos tratan de encontrar una solución nacionalizando las riquezas naturales —minas, plantaciones, yacimientos de petróleo, etcétera— poseídas por los imperialistas y creando empresas que pasan a la propiedad del Estado. Pero estas medidas irritan a los monopolios extranjeros, que los amenazan con represalias y con rehusarles toda cooperación económica. En otros países, en los que la economía está ligada tradicionalmente a los monopolios extranjeros, piden a éstos que los ayuden a desarrollarse. Entonces, los monopolistas frenan la utilización eficaz de la ayuda y procuran limitar la independencia y la soberanía del país, imponiéndole condiciones discriminatorias.

La FSM apoya la resolución de los países que han conquistado su independencia de desarrollar libremente su economía a fin de liquidar las supervivencias del colonialismo, nacionalizando los recursos naturales y la producción que se encuentra en manos de los colonialistas. Apoya su política de obtener ayuda económica sin condiciones políticas de parte de todos los países altamente industrializados (capitalistas y socialistas) y de establecer con todas las naciones relaciones mercantiles sin discriminación.

La FSM considera que si la ayuda se concede bajo la base de igualdad y de respeto a la soberanía del que la recibe, esa ayuda no solamente contribuye a la construcción de la economía de los países, sino que refuerza la amistad y la fraternidad entre los pueblos interesados y sirve a la causa de la prosperidad y de la paz.

Tanto para los países que luchan por su independencia cuanto para los que ya la han logrado, la FSM apoya las reivindicaciones de los trabajadores que provienen de esos países:

Liquidación de las consecuencias del colonialismo sobre la situación de los trabajadores.

Mejores salarios y fijación de un salario mínimo garantizado para poner fin a la situación de hambre de los trabajadores.

Estabilización de los precios y escala móvil de los salarios.

Aplicación de la jornada de ocho horas y reducción del tiempo de trabajo sin disminución de salarios para las labores peligrosas.

Lucha contra la racionalización, que se traduce en la intensificación del trabajo, y en contra del despido de los obreros.

Lucha contra la desocupación total y parcial.

Reconocimiento y respeto a las libertades democráticas y a los derechos sindicales completos.

Mejores condiciones de habitación.

Legislación progresiva del trabajo; participación de los sindicatos en la elaboración y en la aplicación de esas leyes.

Instauración o mejoramiento de la seguridad social contra la discriminación racial y religiosa en materia de salarios, de empleo, etcétera; derecho a la formación profesional y a los empleos calificados.

Cesación del trabajo forzado y sanciones contra los que lo utilizan.

Respecto de la línea estratégica y táctica de lucha para los trabajadores de los países subdesarrollados, la FSM declara:

> Los movimientos sindicales todavía jóvenes de ciertos países tienen necesidad de prepararse en la lucha y adquirir experiencia en la evolución de las diversas situaciones que se presenten. Porque algunos sindicatos no consagran su atención sino a los problemas de la lucha por la independencia nacional; pero olvidan la defensa de los intereses inmediatos y vitales de los trabajadores. Otros, por el contrario, luchan por la defensa de los intereses inmediatos de los trabajadores; pero descuidan sus tareas en el campo de la independencia nacional, que ellos consideran como de importancia secundaria. *En esta lucha las organizaciones sindicales tienen la tendencia a olvidar la necesidad de cooperar con todas las capas del pueblo, aislando así sus propias fuerzas.*

La FSM agrega:

> Los sindicatos de los países que la han conquistado ya o que luchan por adquirir su independencia deben consagrar una atención muy grande a su funcionamiento democrático y a establecer relaciones estrechas con todos los trabajadores. Los no organizados deben organizarse. Deben formarse los militantes, particularmente en las distintas categorías de la clase obrera.
>
> El movimiento sindical debe desarrollar constantemente la educación de la clase trabajadora a la luz de los principios del patriotismo y del

internacionalismo, a fin de elevar su conciencia de clase y su sentimiento de solidaridad.

En el último documento aprobado por el Buró Ejecutivo de la FSM, reunido en Praga en el mes próximo pasado de junio, que lleva por título Programa de Acción Sindical en la Etapa Actual para la Defensa de los Intereses y Derechos de los Trabajadores, y que deberá ser discutido por el V Congreso Sindical Mundial, que se reunirá en Moscú en diciembre del presente año, se encuentran los siguientes párrafos que tienen una gran importancia para los sindicatos de los países subdesarrollados:

Para crear la base de un porvenir feliz, los trabajadores de los países de Asia, África y América Latina tratan de consolidar su independencia nacional, preservar la integridad de sus países y contribuir a crear las condiciones de un desarrollo libre e independiente fortaleciendo su unidad. En la situación específica de estos países y apoyando la lucha política general de los pueblos por su independencia, la acción sindical por las reivindicaciones económicas y sociales constituye uno de los aspectos importantes del papel de los sindicatos para asegurar la participación de los trabajadores en la lucha por un desenvolvimiento económico independiente y una profunda transformación democrática de la sociedad.

Tal desarrollo no puede ser asegurado más que por un amplio frente nacional que englobe todas las fuerzas patrióticas y a todas aquellas cuyos intereses son incompatibles con los intereses de los imperialistas y monopolios extranjeros. Este frente sólo logrará el éxito si se basa sólidamente en una estrecha alianza de la clase obrera con el campesinado.

La clase obrera deberá jugar el papel esencial en la creación y actividad de estos frentes nacionales. Cada día tiene mayor conciencia del papel de los sindicatos en tanto que organización de clase y de masas. Interviene para mantener el carácter de clase de los sindicatos, y basa sus relaciones con la burguesía nacional y otras clases sobre la cooperación en la lucha común contra el imperialismo, sin abandonar en ningún momento los intereses vitales de los trabajadores.

La independencia de las organizaciones sindicales es una condición esencial para laborar y luchar mejor en favor de los intereses del conjunto del pueblo y, en primer lugar, de la clase obrera. *La independencia de clase, la unidad y el apoyo de las masas son para las organizaciones sindicales un factor esencial para la prosecución de la lucha contra el imperialismo y el colonialismo, para la edificación de una economía nacional acorde con los intereses de todo el pueblo, para el respeto de la democracia.*

Las luchas de los obreros agrícolas por mejores salarios y contra el desempleo, por verdaderas reformas agrarias; las luchas de los trabajadores para aumentar su poder adquisitivo, por una legislación social más avanzada y por el pleno ejercicio del derecho sindical se ligan cada vez más con la acción por la evicción de los monopolios extranjeros y el desarrollo sobre una base democrática de un sector de Estado de la economía nacional. Se conexionan con la acción en pro de una política de industrialización que haga fructificar los recursos locales y los ponga a cubierto del saqueo de los monopolios extranjeros, de una política de independencia monetaria que rompa con la subordinación a la política económica de los imperialistas, de una política de desarrollo económico que asegure la independencia efectiva y utilice todos los recursos del país en interés del pueblo.

La acción por estos objetivos actuales y urgentes es paralela a la lucha por la realización y la defensa de la independencia económica y política, la eliminación de los métodos autoritarios y dictatoriales de gobierno, el reconocimiento a las masas del derecho de participar en la determinación de la política nacional, garantizando todas las libertades democráticas.

Conclusiones

¿A qué conclusiones fundamentales se puede llegar después de recordados el origen de los sindicatos, las teorías que presidieron las primeras asociaciones obreras y las que se han formulado en el curso de su evolución histórica? A las siguientes:

1. Dos doctrinas fundamentales han influido en el movimiento sindical: el socialismo científico y el anarquismo. Éste, fruto del liberalismo y del pensamiento pequeñoburgués, ha desaparecido. Sólo subsiste como actitud individualista que la lucha de clases va liquidando. La única teoría válida es la del socialismo científico.

2. Los sindicatos son agrupaciones de masas, integradas por trabajadores de todas las profesiones y oficios, que se asocian con el fin de defender sus intereses de clase, conquistar sus reivindicaciones inmediatas y contribuir a la unidad y al bienestar de todos los trabajadores en los diversos países del mundo, independientemente del régimen social que en ellos prevalezca.

3. Los sindicatos deben unirse en federaciones, centrales sindicales nacionales y en organismos internacionales, porque la unidad de la clase trabajadora es la única garantía para el éxito de sus reivindicaciones y demandas.

4. Los sindicatos desempeñan, bajo cualquier sistema de la vida social, las mismas tareas fundamentales: mejorar constantemente las condiciones económicas, sociales y culturales de los trabajadores.

5. Los sindicatos deben apoyar todas las medidas tendientes a mejorar las condiciones de vida del pueblo y acelerar el desarrollo progresivo de sus respectivos países.

6. Los sindicatos deben presentar planes, programas, proposiciones e iniciativas para el desarrollo progresivo económico y social de sus naciones.

7. Los sindicatos no son partidos políticos ni deben realizar las funciones de los partidos, a los cuales compete la educación política de los trabajadores a través de sus miembros pertenecientes a los sindicatos, así como la orientación de la vida política de sus respectivos países.

8. Los sindicatos no tienen como misión llegar al poder —tarea que corresponde a los partidos—, sino la de contribuir, con la preparación de las masas que agrupan, a hacer posible la transformación de la sociedad bajo la dirección del partido político de la clase obrera.

9. La línea estratégica y táctica de los sindicatos varía según el estado del desarrollo histórico de los diversos pueblos del mundo.

10. En los países que luchan por su independencia nacional y en los que disfrutan de ella, pero están sometidos económicamente a las fuerzas del imperialismo, los sindicatos deben unir a sus demandas económicas y sociales la lucha por la independencia política nacional o por la emancipación económica respecto del imperialismo.

11. En los países coloniales y semicoloniales, es el imperialismo el que deforma la evolución económica, social, política y cultural de sus pueblos. Por tanto, los sindicatos deben enfrentarse al imperialismo, que impide la libertad y el progreso independiente de sus naciones.

12. En los países coloniales y semicoloniales, los sindicatos deben esforzarse por crear un frente nacional que agrupe todas las fuerzas cuyos intereses sean incompatibles con los del imperialismo.

13. La clase obrera debe jugar un papel esencial en la creación y en la actividad del frente nacional, sin olvidar sus demandas y sus intereses de clase.

14. Todas estas tareas sólo son posibles sobre la base de la unidad de la clase trabajadora.

ORIGEN Y EVOLUCIÓN DEL MOVIMIENTO SINDICAL MEXICANO

Aspectos principales del desarrollo económico y social de México en la primera mitad del siglo XX

La organización sindical en México, como en todos los países del mundo, es el resultado del desarrollo de la economía nacional y particularmente de la evolución de la industria. Por esta razón, antes de señalar los orígenes de los sindicatos obreros, es indispensable tener una idea clara de las características del proceso económico de nuestro país, desde que aparecen los primeros sindicatos coincidiendo con la iniciación de la Revolución mexicana en contra de la dictadura personal de Porfirio Díaz.

Dentro del cuadro de la evolución económica, es necesario tomar en cuenta, ante todo, el crecimiento demográfico. En 1910 la población de la República era de 15 500 000 habitantes. Veinte años después, en 1930, la población ascendía a 17 millones y medio. En 1950, subió a 25 800 000, y en 1960, a 34 200 000 personas.

En el crecimiento de la población resalta un hecho de una gran importancia: el desplazamiento de la población rural hacia las ciudades. En 1910 la población rural representaba el 80% de la población total del país, y la urbana, sólo el 20%. En 1930 la población rural había descendido hasta el 66.5% y la urbana había crecido, representando el 33.5% de la población total. En 1950 la población rural representaba el 57.3% y la urbana llegaba ya al 42.7%. En 1960 la población rural había descendido al 55.4% y la urbana había subido al 44.6%.

¿A qué factores se debe este desplazamiento de la población rústica hacia los centros urbanos? Indudablemente al desarrollo económico del país, que es necesario también puntualizar para apreciar claramente la transformación del carácter de la población mexicana.

En 1910 la población económicamente activa era de 5 200 000 habitantes. De éstos, la rural representaba 3 500 000 y la urbana 1 700 000. Veinte años después, en 1930, no había cambios sensibles, las cifras eran casi idénticas a las del año en que se inicia la Revolución. Pero como consecuencia de la intensa aplicación de la reforma agraria, particularmente en el periodo de 1934 a 1940; de la prosecución de las obras de riego para la agricultura; de la apertura de las carreteras modernas; del establecimiento de las instituciones de crédito dedicadas a las masas rurales; de la nacionalización de los ferrocarriles y del petróleo, medidas que en conjunto elevaron la capacidad de compra de las masas populares, en el año de 1940 se intensifica el desarrollo de la industria para satisfacer el mercado nacional creciente.

En las últimas dos décadas —la de 1940 a 1950 y la de 1950 a 1960— se acentúa el cambio en la composición de la población económicamente activa. En 1950 la población rural activa es de 4 800 000 individuos, y la urbana de 3 500 000. En 1960 la población rural económicamente activa es de 6 200 000 personas, y la urbana de 5 500 000.

La maquinación del campo en ciertas regiones del territorio nacional contribuye al desplazamiento de la población. En 1930 había solamente 900 000 arados. En 1950 ya había 2 262 000 arados. Pero el factor principal es el desarrollo de la industria.

Tomando como índice igual a 100 el año de 1929, he aquí los índices del volumen y del valor de la producción industrial.

Año	Volumen	Valor
1910	69.2	57.8
1920	53.6	48.8
1929	100.0	100.0
1940	165.2	164.8
1950	279.5	255.0
1960	385.2	298.0

La industria crece en el último medio siglo, aumentando el número de sus centros de producción. Una sola cifra basta para apreciar el hecho: en 1910 había 3 684 establecimientos industriales; para 1955 habían aumentado a 151 400.

Las industrias de transformación dedicadas a la producción de artículos de consumo indican con más precisión todavía el ritmo del crecimiento industrial. En 1910, tomando como índice el año de 1939 igual a 100, el índice del volumen físico de la producción de las industrias manufactureras era de 43.0; y aumentó a 370.2 en 1959.

Por último, el proceso de ocupación en las actividades industriales ha sido el siguiente: en 1930, de la población económicamente activa del país, la industria representa el 10.1%, equivalente a 524 000 personas. En 1960 la población industrial ocupada representa 16.1% del total de la población económicamente activa, o sea, 1 895 000 personas.

Las primeras agrupaciones sindicales

De acuerdo con los datos que anteceden es fácil comprender por qué el movimiento obrero no empieza a organizarse sino hasta que el régimen político del país lo permite, derogando la legislación represiva vigente todavía en 1910, y por qué crece rápidamente en la medida en que la Revolución mexicana va cambiando la estructura económica del país, liquidando la antigua, basada fundamentalmente en el sistema de la concentración de la tierra en pocas manos.

Cuando Francisco I. Madero llega a la Presidencia de la República, crea el Departamento del Trabajo para que estudie la cuestión social. En 1912 se funda la Casa del Obrero Mundial, cuya labor habría de tener una importante influencia en la organización de los primeros sindicatos modernos y en su orientación ideológica.

La Casa del Obrero Mundial era un centro de agitación y de propaganda de los derechos de la clase trabajadora, inspirada en la doctrina anarcosindicalista. Algunos de sus principales fundadores profesaban esa filosofía social por haberla recibido de quienes la difundieron en el sur de Europa, después de la división de la Primera Internacional, especialmente en España.

Los fundadores del Partido Liberal Mexicano, dirigido por Ricardo Flores Magón, proclamaban la misma tesis social, de tal suerte que las primeras agrupaciones sindicales estaban influidas por el pensamiento anarquista. Sin embargo, la clase obrera estaba concentrada en los lugares en los que había surgido la industria, aislados los unos de los otros, hecho que impedía sus relaciones. Los demás trabajadores eran artesanos.

Los centros mineros y las fábricas textiles representaban, en 1912, los sitios más importantes de la concentración de los obreros industriales. Los artesanos formaron sindicatos gremiales, destacándose principalmente los de artes gráficas, de la construcción, los panaderos, los sastres y otros. Los trabajadores de los ferrocarriles se encontraban todavía en la etapa de la lucha por desplazar a los obreros norteamericanos que los manejaban. Poco tiempo después de logrado su propósito, empezaron a agruparse en hermandades, a semejanza de los organismos de los ferrocarrileros de los Estados Unidos de América.

El anarcosindicalismo, como teoría y como práctica de la organización sindical, no duró mucho tiempo porque la guerra civil obligó a los trabajadores a tomar partido. La Casa del Obrero Mundial firmó, el 17 de febrero de 1915, un pacto con el jefe del Ejército Constitucionalista, Venustiano Carranza, en virtud del cual los trabajadores se comprometían a formar batallones para ayudar a la victoria del bando "constitucionalista", y éste adquiría la obligación de prestar su apoyo a los representantes de la Casa del Obrero Mundial para que organizaran a la clase trabajadora en todo el país. De esta suerte, la tesis del no reconocimiento del orden jurídico creado por la burguesía y del Estado que la representaba dejó de existir en el seno de los sindicatos. Subsistió en su aspecto del culto a la espontaneidad de las masas.

Al promulgarse la Constitución de 1917, después de derrotado el ejército de la dictadura porfiriana, de una intensa agitación en el campo en favor de la liquidación de los latifundios y de la reforma agraria, y de numerosos decretos de los jefes del ejército popular en favor de los derechos de la clase obrera, se inicia el verdadero periodo de organización de las agrupaciones sindicales.

En 1916 se había intentado agrupar a todos los sindicatos del país para crear la Confederación del Trabajo de la Región Mexicana, en el Puerto de Veracruz. La asamblea no llegó a resoluciones concretas. Un año después se insistió en agrupar a todos los sindicatos en el Segundo Congreso Obrero Preliminar reunido en Tampico. Pero es hasta 1918 cuando la idea cristaliza.

Nacimiento de la primera central sindical nacional

El gobernador del estado de Coahuila, Gustavo Espinosa Mireles, cumpliendo con un decreto de la legislatura local, convocó a todas las organizaciones de trabajadores del país para un congreso que se realizaría en la ciudad de Saltillo, con el fin de crear una central nacional de todos los sindicatos. De esa asamblea surge la Confederación Regional Obrera Mexicana (CROM).

¿Qué ideas prevalecieron al constituir la primera central sindical de los trabajadores mexicanos? A su congreso constituyente asistieron los representantes de los sindicatos que existían entonces, casi todos ellos imbuidos más que por la filosofía exacta del anarquismo, por las formulaciones y por las consignas de esa teoría social. Esto explica el nombre mismo de la central sindical naciente. La palabra *regional* quería decir que la organización sindical de México era una fracción de un movimiento obrero internacional, que en aquel tiempo se refería al movimiento anarquista, aun cuando la CROM no se afilió a la tendencia que representaba. El lema de la central: "Salud y revolución social" era también un lema anarco-sindicalista.

Pero quienes dirigieron el congreso constituyente de la CROM, aceptando la fraseología anarquista, tenían ya otra concepción de la lucha sindical. En vez de la "acción directa", típica del anarquismo, postularon la "acción múltiple"; es decir, la acción sindical y, al mismo tiempo, la acción política de los trabajadores, apoyada en las masas de los sindicatos, a la manera del Partido Laborista de la Gran Bretaña. Un año después de constituida la CROM, el 21 de diciembre de 1919, se funda el Partido Laborista Mexicano.

Contra la teoría de la acción múltiple, dentro del marco del reformismo que representaban la CROM y el Partido Laborista, tres corrientes políticas aparecen en el escenario de la clase obrera mexicana: la de la vieja guardia del anarquismo, la de la Iglesia católica y la del comunismo.

El Partido Comunista Mexicano (PCM) se funda el 25 de septiembre de 1919, por decisión de la mayoría de los integrantes del Congreso del Partido Socialista, y se adhiere a la Tercera Internacional. Tres meses después, en diciembre, una fracción del PCM constituye el Partido Revolucionario Comunista Mexicano. Al año siguiente, el PCM forma la Federación Comunista del Proletariado Nacional con diversos sindicatos, confundiendo así, desde un principio, la organización sindical con un partido político. El 15 de febrero de 1921 se reúne la Convención Radical Roja, que declara constituida la Confederación General de Trabajadores (CGT), de tendencia anarcosindicalista. En abril de 1922 se instala en la ciudad de Guadalajara el Congreso Católico, que forma la Confederación Nacional Católica del Trabajo, rechazando la concepción unitaria de frente único de masas de los sindicatos, transformándolos en apéndices de la Iglesia.

Alejandro Losovski, secretario general de la Internacional Sindical Roja, ante un grupo de delegados de los sindicatos de América Latina —reunidos en Moscú en 1928 con el fin de cambiar impresiones y ponerse de acuerdo para convocar a un congreso, que se reuniría en Montevideo al siguiente año, del cual surgió la Confederación Sindical Latino Americana (CSLA)—, examinó el panorama que presentaba en aquella época el movimiento obrero de nuestros países. A pesar del tiempo transcurrido desde entonces y de que las apreciaciones de Losovski eran de carácter general, son válidas muchas de ellas, porque algunas de las características de la organización sindical que él pintó hace 33 años subsisten todavía. Menciono en seguida algunos párrafos de sus intervenciones, que vienen a pelo para el tema que estoy tratando.

Antes y después de la guerra [la primera Guerra Mundial] —decía Losovski—, [...] eran el anarquismo y el anarcosindicalismo quienes tenían en casi todas partes la dirección del movimiento sindical en América Latina. El otro extremo son dos o tres organizaciones puramente reformistas, del género de las agrupaciones norteamericanas.

Esos dos extremos han creado una situación tal, en el movimiento obrero latinoamericano, que el resultado ha sido el debilitamiento del mismo.

La única diferencia que yo encuentro entre el anarquismo de la América Latina y el de Europa es que el primero es un poco provinciano. Y solamente en 1927 o en 1928 comenzaron a observar una crisis ideológica en el interior de ese movimiento, que lleva a cierto número de compañeros anarquistas o anarcosindicalistas a comprender que la revolución no se hace por medio de proclamas, que no se pueden hacer huelgas cada 24 horas y que para combatir a la burguesía no basta tener un periódico semanal y un centenar de militantes, sino que es necesario una organización suficientemente fuerte para combatir y derribar el Estado capitalista.

Otra cuestión, muy importante, es la debilidad teórica, ideológica, de todo el movimiento sindical de la América Latina. Quisiera, camaradas, que no me comprendieseis mal. No quiero aquí ni herir a los representantes del movimiento sindical de América Latina, ni decir cosas desagradables. Pero es preciso que hablemos con toda franqueza. Cuando digo debilidad ideológica, quiero decir que el movimiento no puede llegar a una victoria cuando la vía no es clara, cuando no se ve bien el objetivo que se quiere alcanzar, cuando no se sabe apreciar la correlación de fuerzas, cuando se les estima insuficiente o excesivamente. Pues, en este caso, la derrota es automática. Os presentaré algunos ejemplos y vosotros mismos reconoceréis que tengo razón.

En América Latina se habla demasiado de la revolución social. Todas las cartas acaban, como se dice allá: ¡Viva la revolución social! [risas]. Esto está muy bien; yo no estoy en contra de ello. Pero hay cierto número de camaradas de América Latina que tienen una idea demasiado primitiva de la revolución social.

Losovski agrega:

En otros países hay cierto número de camaradas que creen que si la revolución socialista no se ha producido ayer, llegará mañana [risas]. Creen que volverán de Moscú con la revolución social en el bolsillo. Creen que la revolución social es una cosa que llega de la noche a la mañana. Así, en lugar de preguntarse: ¿qué es lo que quiere decir revolución social, qué fuerzas tenemos para hacerla, somos sólidos desde el punto de vista de la organización, desde el punto de vista de la ideología?, en lugar de preguntarse todo eso, los camaradas tienen siempre ante ellos la visión de la revolución social que vendrá de la noche a la mañana. Y es evidente que con esta idea, con esta táctica, la derrota es segura.

Y he aquí esta valiosísima reflexión:

Si queremos que nuestra táctica sea justa, cada organización sindical o política debe, ante todo, saber cuál es el carácter de su país, cuáles son las fuerzas de las diferentes clases del país: proletariado, burguesía, pequeña burguesía, clase campesina, etcétera, cuál es la situación de los campesinos, etcétera. Todos esos problemas deben ser estudiados de una manera minuciosa. De otro modo, todas nuestras previsiones pueden ser completamente derribadas por acontecimientos inesperados para nosotros, pero no inesperados para el proceso de la historia. En el movimiento, en la lucha, no es el individuo, sino la clase lo que cuenta, y para ejercer una influencia en la marcha de los acontecimientos, es preciso movilizar a toda la clase obrera y también saber que tenemos, contra nosotros, diferentes clases. Si hay defectos, errores en el cálculo, si hay errores de apreciación en la correlación de las fuerzas, entonces todas nuestras previsiones pueden ser demolidas.

Desarrollo y táctica del movimiento obrero en su primera etapa

Cuando la CROM nació, a pesar de las contradicciones que existían entre los diversos sectores del ejército popular que habían luchado en contra de la dictadura porfiriana, la mayoría de sus jefes eran caudillos que representaban y exponían las aspiraciones de los trabajadores del campo y de la ciudad, ligados a las grandes masas del pueblo, de las cuales recibían su inspiración.

El primer gobierno constitucional después de la nueva Carta Magna, el de don Venustiano Carranza, representaba a la burguesía rural capitalista y a ciertos sectores de la burguesía industrial, opuestas a los hacendados y al sistema semiesclavista y feudal que había prevalecido durante el último medio siglo. El segundo gobierno, presidido por el general Álvaro Obregón, fue un decidido impulsor de los derechos sociales, elevados ya a la categoría de normas supremas de la vida jurídica y política de México. Este hecho influyó de manera considerable en la línea estratégica y táctica del movimiento sindical.

La tesis anarquista de lucha frontal contra el Estado burgués y su táctica de la acción directa contra la clase patronal tenía dentro de ese ambiente muy pocas perspectivas. La propaganda del "orden social cristiano" que la Iglesia católica realizaba no podía prosperar tampoco en un clima como aquél, que representaba la reafirmación de las Leyes de Reforma y una Constitución que, recogiendo el pensamiento democrático y liberal del siglo XIX, ampliándolo, había establecido normas más estrictas en contra de la participación de los sacerdotes en la vida política del país. En cuanto al movimiento comunista naciente, sus tesis eran harto confusas, llegando a coincidir en muchas ocasiones con la corriente anarcosindicalista.

La CROM apoyó decididamente al gobierno del presidente Álvaro Obregón y después al del presidente Plutarco Elías Calles, hasta que se provocó la crisis en el seno de ella y del Partido Laborista Mexicano.

Examinando de una manera objetiva la situación de aquel tiempo, se puede afirmar que, aun cuando difícil de aplicar de una manera adecuada, la táctica de la colaboración del movimiento obrero y campesino con el gobierno que luchaba contra el feudalismo y trataba de hacer pasar al país a una nueva etapa de desarrollo económico y político era correcta. Es la táctica que se ha empleado por el movimiento sindical en todos los países coloniales y semicoloniales, lo mismo tratándose de la lucha por la independencia política nacional que por el desarrollo económico autónomo sin influencias del imperialismo.

Pero existe siempre un gran peligro en la aplicación de esa línea estratégica y táctica. Con la participación de los más destacados dirigentes de la CROM y del Partido Laborista en el gobierno, en muchas ocasiones fueron olvidadas o atenuadas las reivindicaciones de clase del proletariado. Muy pocas veces también se ligaron las reivindicaciones de clase a las demandas de carácter popular y a las exigencias económicas y políticas de la nación. Por eso, cuando se operó la gran crisis política, a la muerte del general Álvaro Obregón, el movimiento sindical fue arrastrado por sus dirigentes a posiciones no sólo reformistas, sino de olvido completo de la independencia de la clase obrera, en espera de un cambio político favorable.

Los dos primeros años de la administración del presidente Plutarco Elías Calles fueron positivos; pero los dos últimos, bajo la presión del imperialismo yanqui, representan un viraje a la derecha del movimiento revolucionario. Muerto el general Álvaro Obregón a manos de un fanático católico, Elías Calles quedó dueño de la situación del país, y para gobernar sin obstáculos como futuro dictador inició una ofensiva contra la CROM y el PLM, para destruir su influencia en el escenario nacional y crear una fuerza política propia que le permitiera gobernar a México sin responsabilidad, constituyéndose así, según la conocida frase, en el poder detrás del trono.

Crisis de la CROM

Manteniendo la unidad formal, en el seno de la CROM se enfrentaron dos corrientes: una constituida por sus líderes perpetuos, que preconizaban como táctica de lucha la espera hasta que el general Plutarco Elías Calles desandara el camino de las rectificaciones, y la otra, por los militantes revolucionarios, partidarios de la lucha de clases y de la independencia del movimiento obrero respecto del gobierno.

Las dos corrientes de opinión se habían formado antes de la crisis política que produjo el asesinato del general Obregón. En las últimas convenciones nacionales de la CROM, la mayoría absoluta de los delegados que la integraron eligieron a Vicente Lombardo Toledano como secretario general, porque representaba la línea revolucionaria e independiente de la clase obrera. Para evitar la división de la CROM en momentos tan difíciles, Lombardo renunció públicamente al puesto para el cual había sido elegido e insistió, al mismo tiempo, de modo resuelto, en el cambio de línea estratégica del movimiento sindical. Los dirigentes de la CROM no advirtieron la trascendencia de lo que ocurría en el seno de la organización. Creyeron que su autoridad bastaba para mantener la central sindical en las mismas posiciones de siempre.

El choque entre las dos corrientes fue inevitable. El 23 de julio de 1932, en una asamblea de la Unión Linotipográfica, Lombardo pronunció un discurso que fue ampliamente difundido con el título de "El camino está a la izquierda". Meses después, en septiembre, en un mitin realizado en el Teatro Olimpia de la ciudad de México, convocado por Lombardo como secretario general de la Federación de Sindicatos Obreros del Distrito Federal, Luis N. Morones, el líder principal de la CROM, lo acusó de propagar ideas exóticas, como la del socialismo, de pretender educar, de acuerdo con sus principios, a las masas trabajadoras, y de enfrentarse al poder público por afirmar que había traicionado a los principios de la Revolución. Al día siguiente, Lombardo renunció a la CROM, después de ocho años de actuar como miembro de su Comité Central.

Poco después de ese acontecimiento, se reunió en Orizaba la X Convención de la CROM. La mayoría de los delegados, como había ocurrido en las convenciones anteriores, volvió a protestar contra las desviaciones de derecha de Morones y sus amigos; pero la crisis fue definitiva. Entonces, la mayoría de las agrupaciones sindicales convocó a una convención extraordinaria de la CROM, que se reunió en el Teatro Díaz de León de la ciudad de México en el mes de marzo de 1933. Lombardo fue invitado a asistir a la asamblea y fue elegido por aclamación secretario general de la "CROM depurada", como los delegados le llamaron. Lombardo aceptó pero a condición de que fuera revisada a fondo la línea estratégica y táctica del movimiento obrero, estableciendo principios y normas para conducirlo de acuerdo con sus intereses de clase. Para este fin redactó un programa, que fue aprobado en medio de gran entusiasmo, y cuyos principales postulados eran los siguientes:

Reconocimiento de la lucha de clases como base de acción del movimiento obrero.

Democracia sindical.

Educación política de los trabajadores, para cuyo fin se crearía la Escuela Superior Obrera Karl Marx.

Independencia del movimiento sindical respecto del Estado.

No aceptación de puestos públicos por los dirigentes y militantes sindicales.

Instauración de los seguros sociales, que deben cubrir todos los riesgos, desde los accidentes de trabajo y las enfermedades profesionales hasta el desempleo.

Intensificación de la reforma agraria, llegando hasta la socialización de la tierra.

Nacionalización del petróleo.

Escuelas para la formación de obreros calificados y de técnicos superiores, para desarrollar la industria nacional.

Restricciones y prohibiciones a las inversiones del capital extranjero.

Impuestos progresivos a los capitales improductivos.

Reinversión de las utilidades de las empresas para impedir su exportación al extranjero.

Construcción por el Estado de habitaciones baratas para los trabajadores de todas las profesiones y oficios.

Comedores gratuitos en las escuelas primarias.

Un nuevo sistema electoral que permita la representación legítima de la clase obrera en el Congreso de la Unión.

Creación de la Confederación Obrera Iberoamericana, para luchar contra el imperialismo yanqui.

Reacción del gobierno

Como parte de la ofensiva en contra de la CROM por parte del poder público, los más altos representantes del gobierno adquirieron a un líder de esa central, Alfredo Pérez Medina, para encargarle la labor de crear un nuevo organismo nacional de la clase obrera. El apoyo principal lo recibió a través del Partido Nacional Revolucionario (PNR), creado por el general Plutarco Elías Calles, sin consulta con nadie y dirigido entonces por el general Manuel Pérez Treviño.

Al surgir la "CROM depurada", se apresuró la realización de aquel propósito. Se creó entonces la Cámara del Trabajo del Distrito Federal; pero, una a una, las principales organizaciones que la integraban fueron separándose de ella: la Alianza de Tranviarios, la Federación Sindical de Trabajadores del Distrito Federal, la CGT, la Confederación Nacional de Electricistas, la Alianza de Uniones y Sindicatos de Artes Gráficas y otras.

El gobierno hizo el último intento para evitar que la clase obrera volviese a la lucha. En enero de 1934 se creó, por el mismo Pérez Medina, la Cámara Nacional del Trabajo de la República Mexicana; pero murió en su asamblea constituyente, que resultó un completo fracaso.

La segunda central sindical nacional

El propósito de Lombardo era rehacer la unidad sindical y crear una nueva organización basada en el principio de la lucha de clases y en los postulados aprobados por la Convención de la "CROM depurada" en marzo de 1933.

Por medio de pactos concertados entre la mayoría de los sindicatos de la CROM, que Lombardo representaba, y las agrupaciones separadas de la Cámara del Trabajo y otras independientes, en el mes de octubre de 1933 surgió la Confederación General de Obreros y Campesinos de México (CGOCM).

Era la segunda central sindical nacional. Excepto algunos sindicatos influidos por el Partido Comunista, que permanecieron voluntariamente aislados, la CGOCM agrupó a las organizaciones militantes de la clase trabajadora y a sus dirigentes y cuadros medios. No obstante que representaba a la mayoría de los sindicatos del país, la CGOCM consideró que su misión histórica era transitoria, porque tenía que seguir luchando por ampliar la unidad sindical hasta que todas las organizaciones quedaran asociadas. Insistió particularmente en tres principios: la lucha de clases, la democracia sindical y la independencia del movimiento obrero respecto del Estado.

Logró sus propósitos no sólo por la combatividad que volvió a caracterizar a la clase trabajadora en general, sino porque las condiciones políticas del país habían cambiado. Contra la opinión del general Plutarco Elías Calles, surgió del ala izquierda del partido del gobierno, el PNR, la candidatura del general Lázaro Cárdenas para presidente de la República, con el apoyo de los miembros de las organizaciones sindicales y campesinas. Elías Calles aceptó de mal grado la candidatura de Cárdenas, y éste asumió la Presidencia de la República el 1º de diciembre de 1934.

La estadística internacional demuestra que cuando se abre la perspectiva para la clase trabajadora de obtener sin obstáculos insuperables sus reivindicaciones, la lucha de clases se intensifica, lo mismo que en los periodos de aguda represión. La CGOCM multiplicó su labor. Huelgas, paros, manifestaciones, la aplicación del boicot contra las empresas reacias a tratar con los sindicatos, grandes mítines de masas y otras medidas le permitieron avanzar rápidamente hasta hacer posible la unidad de acción de todos los trabajadores, independientemente de su afiliación a los organismos nacionales existentes.

El presidente Lázaro Cárdenas, como lo había hecho el presidente Álvaro Obregón en su época, pero con mayor decisión todavía, impulsó la reforma agraria, ampliando su contenido al otorgar la tierra a los obreros agrícolas de las haciendas particulares; promovió cambios en la legislación del trabajo con un sentido progresista; hizo que variara la jurisprudencia de la Suprema Corte de Justicia de la Nación, que en los últimos tiempos había sido adversa a los intereses de los trabajadores; inició una vigorosa intervención del Estado en la economía nacional para multiplicar las fuerzas productivas; nacionalizó los ferrocarriles y la industria del petróleo y formuló una política internacional sin sometimiento al extranjero.

La clase patronal se enfrenta entonces al gobierno de manera resuelta, dirigida por los elementos más reaccionarios de la burguesía. El general Plutarco Elías Calles la apoya y hace declaraciones a la prensa el 15 de junio de 1935, en las cuales acusa a Lombardo de ser el responsable de las huelgas que se realizan en el país, calificándolas de subversivas, y amenaza al presidente de la República, Lázaro Cárdenas, con echarlo del poder si mantiene su actitud revolucionaria intransigente.

El Comité Nacional de Defensa Proletaria

El mismo día de las declaraciones de Elías Calles, Lombardo moviliza a la CGOCM para que convoque a todas las organizaciones obreras sin distinción a fin de discutir el grave conflicto político y tomar medidas en defensa de los intereses de la clase trabajadora. Acuden todas y queda creado el Comité Nacional de Defensa Proletaria. Los únicos sindicatos, pocos por cierto, que no se presentan son los influidos por el Partido Comunista Mexicano, que declara que el choque entre el general Elías Calles y el presidente Lázaro Cárdenas es un pleito entre dos facciones de la burguesía nacional que al proletariado no le interesa.

Días después, el Comité Nacional de Defensa Proletaria lleva a cabo un enorme mitin de masas frente al Palacio Nacional, y el presidente Lázaro Cárdenas reafirma su postura revolucionaria.

El Comité Nacional de Defensa Proletaria se propone entonces la unificación de todas las organizaciones sindicales del país. Inicia sus labores, pero tropieza con una dificultad seria, consistente en decidir cómo debe considerarse la unidad de la clase trabajadora. ¿Con todas las corrientes sindicales, con las agrupaciones y militantes de todas las doctrinas políticas o sólo con algunas de ellas?

La tercera central nacional sindical

Contra los elementos partidarios de la teoría anarcosindicalista y contra los reformistas, Lombardo reitera su tesis de que la organización sindical es un frente de masas, independientemente de las opiniones políticas y de las creencias de quienes lo integren, y de que para hacer posible la verdadera unidad es indispensable no sólo aceptar a las agrupaciones y los cuadros de todas las tendencias, sino también hacerlos partícipes en la dirección de la organización obrera. En esta labor, que también se refleja en la Declaración de Principios y en los Estatutos de la nueva central que el Comité Nacional de Defensa Proletaria ha encomendado a Vicente Lombardo Toledano, a Salvador Rodríguez L. y a Francisco Breña Alvírez, transcurren algunos meses hasta que queda instalado el congreso constituyente de la organización, el 26 de febrero de 1936.

Características de la CTM

La Confederación de Trabajadores de México surgió en el escenario nacional como una fuerza nueva de una militancia combativa desconocida hasta entonces. A diferencia de la CROM, nació sin la ayuda del gobierno, con independencia absoluta del Estado. Al margen de ella quedaron unas cuantas agrupaciones, las de la CROM, ubicadas en dos o tres regiones secundarias del país.

Al recibir al presidente Lázaro Cárdenas, el Primer Congreso Ordinario de la CTM, el 22 de febrero de 1938, el secretario general de la confederación pronunció estas palabras: "Nada hay en la vida de la CTM que nos avergüence ni que nos preocupe. Somos una organización independiente del gobierno, autónoma y, por tanto, nuestra palabra cuando se expresa alcanza la enorme significación de un apoyo auténtico del pueblo. Ni usted querría un proletariado sometido a la dirección del gobierno ni nosotros querríamos un jefe del gobierno que no estuviera sometido más que a la voluntad del pueblo de México". En esas palabras quedaron establecidas las relaciones entre el movimiento obrero y el poder público. Pero es necesario recordar la doctrina social de la CTM y su táctica de lucha.

En la Declaración de Principios, Objetivos y Táctica de Lucha de la CTM, contenida en sus Estatutos, se postulan los siguientes principios:

El proletariado de México luchará, fundamentalmente, por la abolición del régimen capitalista. Sin embargo, tomando en cuenta que México gravita en la órbita del imperialismo, resulta indispensable, para llegar al objetivo antes enunciado, conseguir la liberación política y económica del país.

El proletariado de México reconoce el carácter internacional del movimiento obrero y campesino y su lucha por el socialismo. En tal virtud, al mismo tiempo que establece las más estrechas relaciones con el movimiento obrero de los demás países de la tierra y coopera en el desarrollo de la más amplia y efectiva solidaridad internacional, pondrá todo lo que esté de su parte para lograr la unidad internacional del proletariado.

El lema de la Confederación de Trabajadores de México es: "Por una sociedad sin clases".

Partiendo de esos principios y tomando en consideración el carácter semicolonial de México, la CTM estableció como su línea estratégica y táctica de lucha la alianza de la clase obrera con los campesinos y con todos los sectores democráticos susceptibles de actuar en común por el logro de objetivos comunes ante las demandas y reivindicaciones de carácter nacional.

En relación con el mejoramiento de las condiciones de vida del pueblo y el desarrollo económico independiente del país, la CTM resolvió ponerse a la vanguardia de las luchas por esos objetivos, formulando programas para la elevación del nivel de vida de las masas populares para la intensificación y la ampliación de la reforma agraria, para el desarrollo de la industria nacional y para establecer condiciones precisas a las inversiones extranjeras.

En cuanto a las demandas del proletariado, reconociendo el principio de la lucha de clases, la CTM formuló una serie de objetivos inmediatos que constituyen hoy todavía, a un cuarto de siglo de distancia, las aspiraciones de la clase obrera. De ese modo, la CTM diferenció y asoció, al mismo tiempo, las reivindicaciones de la clase obrera con las del pueblo y de la nación mexicana.

Postuló el principio del internacionalismo proletario. Acordó convocar a un congreso para agrupar a todas las organizaciones sindicales de la América Latina y se propuso contribuir a la unidad del movimiento obrero mundial.

Aplicó desde su nacimiento el principio de la unidad, independientemente de la fuerza que cada una de las corrientes ideológicas representaba en su congreso constituyente. En su primer Comité Nacional había elementos sindicalistas tradicionales, con ciertas supervivencias del pensamiento anarcosindicalista; sindicalistas reformistas, comunistas y marxistas-leninistas sin partido.

La obra de la CTM

No nos proponemos hacer la historia del movimiento sindical de nuestro país. Por eso nos limitaremos a enumerar algunas de las luchas emprendidas por la CTM en defensa de los intereses de la clase obrera, de los campesinos, del pueblo y de la nación, en tanto que sirven para esclarecer su línea estratégica y táctica. Las principales durante sus primeros cinco años de vida fueron las siguientes:

La huelga de los trabajadores electricistas contra la Compañía Mexicana de Luz y Fuerza Motriz, S. A. (Mexican Light and Power

Company), decretada por los trabajadores pertenecientes al Sindicato Mexicano de Electricistas. Para llevar al éxito la huelga, que afectaba un servicio público vital para los intereses de la clase obrera y de toda la población, la CTM logró previamente el apoyo de las masas trabajadoras y de algunos sectores de la burguesía nacional, cuyos intereses se oponían a esa empresa perteneciente a un poderoso monopolio extranjero. Más aún, fueron convocados por el secretario general de la confederación los extranjeros residentes en la ciudad de México, la mayor parte de ellos norteamericanos, para explicar el carácter del conflicto y contestar las preguntas que les fueron formuladas por la concurrencia. El éxito de la huelga fue completo.

La huelga de los obreros agrícolas de la región denominada La Laguna, de los estados de Coahuila y Durango, contra los hacendados de la comarca por negarse a firmar un solo contrato colectivo, nivelando los salarios y las prestaciones de los trabajadores. En este conflicto, por acuerdo expreso de los trabajadores de La Laguna y con una proposición previa al presidente de la República, la huelga fue levantada por la CTM para que se aplicara la Ley Agraria, estableciendo, por primera vez, el sistema colectivo de trabajo agrícola. El plan de la CTM serviría para el trabajo colectivo de los ejidos en otras regiones del país.

El conflicto de los trabajadores de las empresas del petróleo, por negarse éstas a aceptar un solo contrato colectivo de trabajo en toda la industria, nivelando hacia arriba los salarios y las prestaciones. En este conflicto la CTM aplicó, por primera vez en la historia del movimiento obrero mexicano, la línea estratégica y táctica del frente nacional patriótico en contra del imperialismo.

Las empresas pertenecientes a los dos grandes monopolios internacionales del petróleo —la Standard Oil Company y la Royal Dutch Shell— se negaron rotundamente a aceptar el pliego de peticiones que el sindicato había formulado. Se hizo entonces el emplazamiento para la huelga, señalando una fecha que permitía el examen cuidadoso del problema y la discusión de la línea a seguir para resolverlo satisfactoriamente.

Estalló la huelga el 28 de mayo de 1937. El propósito principal de la paralización de las labores era saber hasta qué punto aceptaban las empresas, suspendidas ya las labores, las demandas de los trabajadores petroleros. Hubo un ofrecimiento que no satisfizo ni al sindicato ni a la CTM. El siguiente paso, de acuerdo con el plan previamente trazado, fue el levantamiento de la huelga por los trabajadores para plantear, siguiendo el procedimiento que señala la ley de la materia, un "conflicto de orden económico" ante la Junta Federal de Conciliación y Arbitraje. El propósito de esta medida era el de permitirle al gobierno el examen del estado financiero de las empresas, revisando sus libros y documentos privados, que serviría de base para el fallo del tribunal del trabajo.

La investigación se realizó de un modo minucioso. En el mes de agosto la comisión de peritos informa que las empresas están perfectamente capacitadas para acceder a las demandas del sindicato. El 11 de noviembre las compañías declaran a la prensa: "Nos rehusamos aceptar la decisión del tribunal del trabajo si está concebida en los términos que señalan los peritos nombrados por el gobierno o se nos impone algo más de lo que hemos ofrecido conceder".

La Junta Federal de Conciliación y Arbitraje dicta su laudo el 18 de diciembre, fundándose en el dictamen rendido por los peritos. Contra la determinación de la junta, las empresas recurren al amparo de la justicia federal. El día 1° de marzo de 1938 la Suprema Corte de Justicia de la Nación niega el amparo a las empresas y confirma la validez del laudo de la Junta Federal de Conciliación y Arbitraje.

Las empresas petroleras se niegan a obedecer la sentencia de la Corte que, de acuerdo con la Constitución, es un fallo inapelable para todas las personas que habitan o tienen intereses en el territorio nacional. Llegado el conflicto a este punto, la CTM y el sindicato resuelven acudir a la Junta Federal de Conciliación y Arbitraje para dar por rescindidos los contratos de trabajo, de acuerdo con el derecho que la ley les otorga, con el fin de que el gobierno expropie los bienes de las empresas y nacionalice la industria del petróleo. El paso lo da el presidente Lázaro Cárdenas el 18 de marzo de 1938.

Hemos recordado este conflicto, sin duda el más importante en la historia del movimiento obrero mexicano y de las luchas de nuestro pueblo por salvaguardar la soberanía nacional, porque es un ejemplo de la eficacia de la línea estratégica y táctica de la alianza de las fuerzas democráticas y patrióticas para derrotar al imperialismo.

La Conferencia Nacional de Educación, en la que fueron discutidas las características que debe tener la educación popular en nuestro país en todos sus grados, y cuyas conclusiones servirían como contribución para la primera ley orgánica del artículo 3° de la Carta Magna.

La unificación del magisterio en un solo sindicato y la organización de las primeras agrupaciones de trabajadores del Estado, partiendo del principio de que el Estado debe considerarse como patrón respecto de sus servidores, y con la mira de obtener una legislación igual para ellos que para la clase obrera, lograda después en parte con la expedición del Estatuto Jurídico para los Trabajadores del Estado.

La resolución de agrupar todas las fuerzas políticas del país en un frente popular mexicano, que aceptaron en principio el partido del gobierno —Partido Nacional Revolucionario—, la Confederación Campesina Mexicana y el Partido Comunista Mexicano; pero que no llegó a realizarse en la forma propuesta, porque fue menester en la semana misma de la expropiación de las empresas petroleras unir las fuerzas determinantes de la vida nacional —la clase obrera, la clase campesina y el ejército— en un pacto, del cual surgió el Partido de la Revolución Mexicana (PRM), más que como un partido político permanente como una alianza para evitar un golpe de Estado en contra del gobierno constitucional, y la intervención de fuerzas extrañas en la vida de México, que preludiaban las actividades subversivas del general Saturnino Cedillo, de la "quinta columna" de los nazis y de la "falange" española que operaban en nuestro país.

El apoyo decidido al gobierno de la República española ante la rebelión fascista que encabezaría Francisco Franco y contra la intervención de Alemania y de Italia en los asuntos internos del país, que provocó grandes movimientos de masas en México y la ayuda decidida del gobierno a la República amenazada.

La protesta por la presencia en México de León Trotsky, a quien el gobierno le otorgó asilo en enero de 1937. La CTM dejó la responsabilidad a las autoridades de las consecuencias que pudieran traer las actividades de Trotsky y combatió públicamente sus opiniones que calumniaban al gobierno de España, vituperaban al pueblo de China, acusaban al proletariado mexicano de estar vendido al "oro de Moscú" y rechazaban la teoría del frente popular, coincidiendo con las ideas y la propaganda de los países gobernados por el fascismo.

El Congreso Internacional en contra de la Guerra y el Fascismo, sugerido por el presidente Lázaro Cárdenas al Congreso Nacional de la CTM, que fue el primero de su género en el mundo.

La convocatoria a todas las organizaciones sindicales de la América Latina para un congreso de unidad, que se realizó en el mes de septiembre de 1938, del cual surgió la Confederación de Trabajadores de América Latina (CTAL).

El Congreso Económico de la CTM, que tuvo por objeto presentar un programa para el desarrollo económico del país sobre la base de la reforma agraria integral y la industrialización independiente de la nación mexicana.

La primera división de la CTM

La CTM había unificado a los obreros; los había ayudado a elevar su conciencia de clase; había formulado la línea estratégica y táctica del proletariado adecuada a un país semicolonial con supervivencias de su pasado feudal y esclavista. Como fuerza representativa de la clase trabajadora, había conquistado la vanguardia del pueblo y de las fuerzas democráticas de la nación. Había establecido la democracia sindical en el seno de sus agrupaciones y mantenido su independencia respecto del Estado. Había contribuido a la unidad de la clase obrera internacional. El deber de todas las corrientes políticas representadas en su seno era el de robustecer la unidad interior de la CTM y acrecentar su fuerza y su prestigio.

El Partido Comunista Mexicano no lo entendió así y quiso aprovechar una de las primeras reuniones del Consejo Nacional de la CTM, su cuarta asamblea, celebrada en abril de 1937, para apoderarse de la dirección nacional de la confederación de una manera mecánica, tratando de hacer prevalecer sus puntos de vista en contra de la opinión de la absoluta mayoría de los miembros de la organización. Abandonaron el Consejo Nacional los sindicatos y tres de los secretarios del Comité Nacional influidos por el Partido Comunista. Estos últimos fueron sustituidos por otros elementos.

El pleno del Comité Central del Partido Comunista Mexicano realizado meses después, en junio del mismo año de 1937, reconoció su error, aceptó que los acuerdos del IV Consejo Nacional de la CTM debían ser acatados, revisó su táctica de lucha y aseguró al Comité

Nacional de la CTM su cooperación leal para fortalecer su unidad y para hacer respetar los acuerdos de sus órganos representativos. Pero si la unidad se restableció formalmente, se perdió desde el punto de vista cualitativo, porque los tres secretarios influidos por el Partido Comunista y representantes de su manera de pensar fueron remplazados por elementos de tendencias reformistas, que eran la mayoría.

De ese acontecimiento se habrían de derivar más tarde graves dificultades para la CTM a partir, principalmente, de la renuncia a la Secretaría General de la Confederación de su secretario general, Vicente Lombardo Toledano, ante el Segundo Congreso Nacional de la Confederación, en febrero de 1941, para poder asumir su carácter de presidente de la Confederación de Trabajadores de la América Latina, a petición de las organizaciones sindicales de todo el hemisferio en un momento peligroso para el mundo.

Nueva división y declinación de la CTM

Al concluir la gestión de Fidel Velázquez como secretario general de la CTM, después de Lombardo Toledano, dos facciones se enfrentaron para designar al sucesor. Una era la de la mayoría de los sindicatos, dirigida por los elementos de la corriente reformista y oportunista; la otra, la de la minoría, que jefaturaban los viejos líderes del Partido Comunista. Ésta postulaba al ferrocarrilero Luis Gómez Z.; la primera, a Fernando Amilpa, antiguo chofer del Departamento de Limpia y Transportes de la ciudad de México.

Los partidarios de Gómez Z., sabiendo que perderían la elección antes del congreso que debía decidir la cuestión, retiraron al Sindicato de Trabajadores Ferrocarrileros del seno de la CTM, junto con otras agrupaciones sobre las cuales tenían influencia, y formaron con ellas la Confederación Unitaria de Trabajadores (CUT), que no tuvo éxito. De este modo, la confederación sufrió otra división más grave todavía que la de 1937, porque ésta fue pasajera, aun cuando tuvo serias repercusiones políticas; pero la nueva fue definitiva y dejó el campo completamente libre a la facción oportunista.

Dueños de la dirección de la CTM, cinco líderes, amigos personales y del mismo origen —la Federación Sindical de Trabajadores del Distrito Federal—, empezaron a expulsar a los cuadros y militantes con ideas diferentes de las suyas, y transformaron la confederación en una agrupación ajena a la lucha de clases y a la batalla de la clase obrera en favor de los intereses del pueblo y de la nación.

En 1947, en su IV Congreso General, esos dirigentes propusieron la desafiliación de la Confederación de Trabajadores de México de la CTAL y de la FSM, y dieron pasos firmes para acercarse a la Federación Americana del Trabajo (AFL), entregándose al gobierno de manera incondicional. Los delegados al congreso, la mayoría de ellos simples sindicalistas con mentalidad pequeñoburguesa, otros de origen campesino sin conciencia de clase y otros más temerosos de las represalias aprobaron en silencio la iniciativa.

Así pasó la CTM, de vanguardia del pueblo y de la nación mexicana, de fuerza impulsora del movimiento progresista del país, a retaguardia de la burguesía de derecha y a instrumento del imperialismo norteamericano. Su antigua gloria se había eclipsado para siempre.

La Guerra Fría

Al llegar Harry S. Truman a la presidencia de los Estados Unidos de la América del Norte, creyendo que su país era el único poseedor de la bomba atómica y que ese monopolio le daba una superioridad militar sobre la Unión Soviética, e impulsado por los grandes monopolios, desató la Guerra Fría, que miraba hacia varios objetivos. Entre éstos, los siguientes:

Influir en las naciones europeas otorgándoles créditos, para formar con ellas un bloque de carácter militar que el gobierno norteamericano presidiría.

Romper las relaciones diplomáticas y comerciales con los países socialistas de parte del mundo occidental.

Impedir el ingreso de la República Popular de China en las Naciones Unidas.

Reforzar la influencia de los capitales norteamericanos en la América Latina.

Dividir el movimiento obrero internacional que la Federación Sindical Mundial representaba.

Controlar el movimiento obrero latinoamericano por conducto de los líderes reaccionarios de la Federación Americana del Trabajo (AFL).

En febrero de 1949 los representantes de las agrupaciones sindicales de los Estados Unidos, la Gran Bretaña y de algunas de Francia, Holanda y Bélgica, influidas por ellos, presentaron a la reunión del Buró Ejecutivo de la FSM, realizada en París, la proposición de que el movimiento obrero internacional hiciera suyo el Plan Marshall del gobierno de los Estados Unidos para intervenir en la vida económica y política de las naciones europeas. En el caso de que la FSM no estuviera de acuerdo con esta medida, deberían cesar las actividades de la federación por tiempo indefinido, designando una comisión que liquidaría sus bienes en espera de una nueva ocasión para reconstruir la unidad obrera internacional.

El Buró Ejecutivo de la FSM rechazó con indignación esas proposiciones, mantuvo su programa unitario e hizo un llamamiento a todos los trabajadores del mundo para que no se dejaran arrastrar por esa maniobra del imperialismo norteamericano. El Segundo Congreso Sindical Mundial, reunido en Milán ese mismo año, ratificaría los puntos de vista de la dirección de la FSM.

En el continente americano los dirigentes sindicales reaccionarios de los Estados Unidos, particularmente los de la AFL, ya se habían adelantado para dividir la CTAL. Convocaron en la ciudad de Lima a un congreso de los representantes de las organizaciones sindicales, que se realizó en 1947, y declararon establecida la Confederación Interamericana de Trabajadores (CIT), que no prosperó y quedó prácticamente disuelta al nacer.

A fines de 1949 los elementos disidentes de la FSM organizan la Confederación Internacional de Sindicatos Libres (CISL) y encargan a los dirigentes de los sindicatos de los Estados Unidos dar pasos firmes para organizar su sucursal en América. Después de algunos arreglos por arriba entre los líderes reformistas y oportunistas, fue constituida, en enero de 1951, la Organización Regional Interamericana de Trabajadores (ORIT) en la ciudad de México. En 1952, bajo la inspiración y el apoyo del gobierno argentino, presidido por Juan Domingo Perón, se formó, en una reunión realizada en la ciudad de México, la Asociación de Trabajadores Latinoamericanos (ATLAS), que persiguiendo el control del movimiento de la América Latina contribuyó a su división.

Coincidiendo con esos acontecimientos, el presidente Truman informó a los gobiernos de los países latinoamericanos que la tercera Guerra Mundial era cuestión de poco tiempo, y les indicó que deberían prepararse para enfrentarse a esa grave crisis. Se produjo entonces un cambio a la derecha en toda la América Latina. En algunos países hubo golpes de Estado contra los gobiernos constitucionales. Los demás realizaron el viraje rápidamente, que adoptó diversas modalidades; pero que perseguía como propósito principal controlar el movimiento sindical y hacerlo depender del Estado para impedir que la clase obrera se opusiera a los planes del imperialismo yanqui.

En México, por primera vez en la historia del movimiento sindical, el gobierno intervino militarmente para deponer el Comité Nacional del Sindicato de Trabajadores Ferrocarrileros e impuso como secretario general a un individuo apodado *el Charro*, palabra que después serviría para calificar todos los comités sindicales no electos democráticamente por los trabajadores.

Reformó el Código Penal para darle al delito de "disolución social", que había sido creado durante la guerra para evitar las actividades subversivas de los agentes de las potencias encabezadas por la Alemania nazi, un sentido contrario al de su origen, a fin de poderlo aplicar especialmente a los elementos de la clase obrera y de tendencias revolucionarias y facilitar el control del movimiento obrero por parte del poder público.

Reformó la Constitución de la República, fijando la superficie de las propiedades agrícolas privadas, para impulsar la agricultura capitalista contra la de los campesinos, y dando a los propietarios particulares el derecho de acudir al amparo de la justicia federal para defender sus intereses.

División del movimiento sindical y campesino

Como la mayor parte de los dirigentes de las agrupaciones sindicales se plegaron a la política del gobierno, algunos de los antiguos sectores militantes de la CTM organizan entonces la Alianza de Obreros y Campesinos el mismo año de 1948, afiliándola a la CTAL y la FSM.

Logran atraer importantes sindicatos nacionales de industria, y en junio de 1949 la Alianza de Obreros y Campesinos desaparece para dar origen a la Unión General de Obreros y Campesinos de México (UGOCM), que cuenta en su seno, entre otros, con el Sindicato Industrial de Trabajadores Mineros y Metalúrgicos, el Sindicato de

Lombardo Toledano en los años treinta, cuando dirigía la Confede-
*ración de Trabajadores de México (*CTM*)*

Trabajadores Petroleros, la Alianza de Tranviarios del Distrito Federal, el Sindicato Nacional de Trabajadores de la Construcción de Presas y Caminos, y las masas rurales integradas por ejidatarios y obreros agrícolas.

La UGOCM se afilia a la Confederación de Trabajadores de América Latina y a la Federación Sindical Mundial y adopta la Declaración de Principios y el Programa aprobados en el congreso constituyente de la Confederación de Trabajadores de México.

Prosiguiendo con su labor de control, el gobierno interviene en las convenciones y asambleas de los sindicatos industriales, empleando el mismo procedimiento que contra del Sindicato de Trabajadores Ferrocarrileros. Impone a las directivas de esas agrupaciones y las retira de la UGOCM. Pero no mantiene la unidad del movimiento sindical, sino que, por el contrario, aun contando con la actitud favorable de muchos dirigentes, la CTM se divide, dando lugar a otras centrales sindicales.

Con algunos sindicatos que se separan de la CTM se crea la Confederación Nacional Proletaria. Después la CUT, que no había tenido éxito, pero que controlaba algunas agrupaciones, se asocia con la Confederación Nacional Proletaria, y con sindicatos supervivientes de la antigua CGT forma la Confederación Revolucionaria Obrera Campesina (CROC).

Una nueva central, con el nombre de Federación de Agrupaciones Obreras (FAO), se organiza para enfrentarse a la CROC y a la CTM. Pasado algún tiempo se divide también y da lugar a dos facciones: la Federación Obrera Revolucionaria (FOR) y el Grupo "Engrane".

Finalmente, surge la Confederación Nacional del Trabajo (CNT) en 1960, integrada por la CROC, la FOR, el Sindicato Mexicano de Electricistas, la Federación de Obreros de la Caña de Azúcar y la Federación Nacional de Trabajadores de la Industria y Comunicaciones Eléctricas. El Sindicato de Telefonistas apoyó la idea; pero no se afilió a la CNT. La CTM, a su vez, crea el Bloque de Unidad Obrera (BUO), que no persigue la unidad, sino impedir que se liberen las organizaciones sindicales de su influencia.

Excepto la UGOCM, que cuenta con 77 federaciones regionales y seis federaciones en los estados de la República, con un número aproximado de 300 000 miembros, pero integrada por 70% de campesinos y el resto de obreros organizados en sindicatos locales y cooperativas, las demás centrales obedecen las indicaciones del gobierno.

Por otro lado, la Federación de Sindicatos de Trabajadores al Servicio del Estado (FSTSE), que agrupa a todos los servidores públicos y al Sindicato Nacional de Trabajadores de la Educación (SNTE), durante la Guerra Fría dejó también de ser una agrupación militante de la clase trabajadora. En los últimos años ha habido elecciones democráticas en algunos de sus sindicatos, y el SNTE recobró su vieja militancia, defendiendo los intereses de los maestros que lo integran y realizando obras de indudable importancia, al mismo tiempo que renovó sus viejas ligas con la clase obrera y los campesinos y se afilió a la FISE (Federación Internacional Sindical de la Educación), una de las Uniones Internacionales Profesionales de la Federación Sindical Mundial.

Consecuencias de la división

Las consecuencias inmediatas de la división del movimiento obrero fueron las siguientes:

Desaparición de la democracia sindical.

Corrupción de la mayoría de los dirigentes sindicales.

Olvido de la lucha de clases.

Pérdida constante del poder de compra de los salarios.

Anulación del movimiento obrero como fuerza de opinión ante los problemas del pueblo y las demandas de carácter nacional.

El índice de los precios, según los datos del Banco de México —banco central de la nación—, siguió este ritmo: considerando 1939 igual a 100, en 1940 subió a 108.0. Diez años después, en 1950, llegaba a 311.2.

El número de huelgas de jurisdicción federal en ese mismo periodo, según datos oficiales también, fue el siguiente: en 1943 hubo 569 huelgas; en 1944 bajaron a 374; en 1945 descendieron hasta 107; en 1946 sólo se registraron 24; en 1947 hubo 13; en 1948 hubo 11 y en 1949 sólo nueve huelgas.

La situación no ha cambiado de una manera sustancial, porque la división sindical se ha mantenido.

Por eso, a pesar del desarrollo económico del país en las últimas décadas, la riqueza nacional se sigue distribuyendo de una manera injusta, creando una división verdaderamente dramática entre los diversos sectores de la sociedad. La clase obrera dividida es impotente para influir en el cambio de la situación que prevalece.

La división no se limita, sin embargo, a la parcelación del movimiento sindical en diversas centrales, facciones y grupos. En los últimos tiempos algunos elementos, tratando de *depurar* los sindicatos de sus líderes conservadores o indeseables y de hacer resurgir la combatividad de la clase trabajadora, en lugar de lograr este propósito han contribuido también a la división ahondándola y confundiendo a gran parte de los miembros del movimiento sindical. A título de simples ejemplos menciono algunas de esas actividades.

A raíz del desastre de las huelgas de los trabajadores ferrocarrileros del mes de marzo de 1959, provocado por el sectarismo de los dirigentes del Sindicato de Trabajadores Ferrocarrileros, que el gobierno utilizó, violando las leyes vigentes, para dejar sin empleo a miles de obreros y encarcelar a muchos, acusándolos de haber incurrido en el delito de disolución social, se constituyó un grupo denominado Consejo Nacional Ferrocarrilero, que pretendió fungir como el Comité Ejecutivo Nacional legítimo del sindicato, entrando en lucha frontal contra el comité designado por el gobierno y reconocido por las empresas de los ferrocarriles, creando así dos autoridades dentro de la misma agrupación sindical.

El Consejo Nacional Ferrocarrilero, que pudo contar con el apoyo de la mayoría de los trabajadores, fue perdiéndolo, porque ordenó paros de actividades que no tuvieron éxito, el asalto a los locales de las secciones del sindicato en algunos lugares del país y otras acciones semejantes que provocaron nuevas represalias de parte del poder público.

En lugar de proponerse la lucha interior en el sindicato por el respeto a sus estatutos, a fin de que volviera a la vida normal, y empeñarse en crear condiciones favorables para elecciones democráticas, tanto de la dirección nacional como de las secciones de la agrupación, el Consejo Nacional Ferrocarrilero, integrado por obreros sin trabajo, lo mismo que los consejos establecidos en algunos lugares perdieron su contacto con las masas trabajadoras. Días después de esta conferencia, el Consejo Nacional Ferrocarrilero celebró una convención con los consejos locales que lo integran y tomó el siguiente acuerdo: "Realizar elecciones democráticas al margen de los Estatutos [del sindicato] por considerar que es la única forma de elegir a los verdaderos representantes de los trabajadores" *(La Voz de México,* órgano central del Partido Comunista Mexicano, núm. del 26 de julio de 1961).

El otro ejemplo es el del conflicto en la Sección IX del Sindicato Nacional de Trabajadores de la Educación. Contra los dirigentes de esa sección, repudiados por la mayoría de los maestros de enseñanza primaria en el Distrito Federal, surgió en el año de 1959 un movimiento que adoptó el nombre de Movimiento Revolucionario del Magisterio (MRM). Dos objetivos se propuso: la elección democrática de los dirigentes de la Sección IX y el aumento de salarios a los maestros.

El MRM contó con la simpatía de la mayor parte de los maestros del país y de la clase trabajadora porque sus demandas eran justas. Después de una serie de incidentes, se realizaron las elecciones en la Sección IX y su comité directivo fue elegido de manera democrática y reconocido tanto por el Comité Nacional cuanto por el Consejo Nacional de la organización del magisterio. Pero el Comité de la Sección IX se transformó inmediatamente en un organismo de lucha contra el Comité Nacional del Sindicato, pretendiendo dirigir la organización a lo largo de la República, entrando en conflicto abierto no sólo con el Comité Nacional, sino también con los comités de las secciones y delegaciones del sindicato. Aliado a elementos de la reacción clerical, a sectarios y a aventureros, se convirtió en un pequeño partido político de la oposición por la oposición a la manera de las primeras agrupaciones anarquistas.

Esos dos ejemplos y otros muchos que se podrían señalar, de igual carácter, han ayudado a la división y a la confusión dentro del movimiento sindical mexicano, porque se ha olvidado la teoría sindical y, también, la línea estratégica y táctica de los sindicatos. Este olvido ha permitido la intromisión de elementos extraños en las agrupaciones de masas y enemigos de la clase obrera, como los trotskistas, que el imperialismo norteamericano ha revivido en la última época para frenar las luchas de la clase trabajadora e impedir su unificación, tratando de conducirlas a verdaderas aventuras que concluyen, invariablemente, con la derrota de los trabajadores.

Otra vez el anarquismo

Desde hace muchos años nadie se atreve en México a difundir la doctrina anarquista ni la creación de sindicatos de acuerdo con ella. Pero el pensamiento de Bakunin y de sus émulos ha renacido como una tendencia que se hubiera agazapado en los rincones más oscuros del movimiento sindical y brota ahora como materia del subconsciente de los individuos que lo utilizan inclusive sin conocer su paternidad.

Se levanta otra vez la teoría de la espontaneidad de las masas. De la obligación que tienen los dirigentes de seguirlas adonde vayan. Se repudia la labor paciente y sistemática de orientar, desde dentro de los sindicatos, a sus miembros, y de contribuir a la formación de su conciencia de clase. Se hacen alianzas con los enemigos de la clase obrera. Se olvida al verdadero enemigo de los trabajadores y del pueblo de México —el imperialismo norteamericano— y se dirige la lucha fundamentalmente en contra de las organizaciones sociales y políticas cuyos dirigentes no están de acuerdo con su conducta.

Conclusiones

De este repaso de las teorías, y de su aplicación en la práctica, que más influencia han tenido en el movimiento sindical de nuestro país, se desprenden algunas enseñanzas que es importante señalar:

1. Cuando la clase obrera pierde su independencia ante la clase patronal o ante el Estado, olvida que es la única clase social revolucionaria y que no puede convertirse ni en reserva ni en instrumento de la burguesía.

2. Cuando se proscribe en los sindicatos la democracia como práctica de sus asambleas y como método para llegar a sus determinaciones, esa medida contribuye a sostener dirigentes opuestos a sus intereses inmediatos y a sus tareas históricas.

3. Cuando los sindicatos niegan el valor de la doctrina de la clase obrera y se dedican exclusivamente a las reivindicaciones materiales, caen en el *economismo* y pierden la perspectiva de las luchas de la clase obrera.

4. Cuando los sindicatos se convierten en partidos políticos, postergan sus funciones propias y crean la división en sus filas.

5. Cuando los sindicatos no forman sus cuadros y no los educan políticamente de acuerdo con la doctrina de la clase obrera, lo mismo que a sus elementos de base, permiten la influencia ideológica de la burguesía en sus filas y sólo mantienen su unidad en apariencia.

6. Cuando se intenta conquistar la dirección sindical por procedimientos antidemocráticos, pasando por encima de la opinión de la mayoría o violando los estatutos de una organización, ésta se divide y pierde su fuerza.

7. Cuando se crean en el seno de las agrupaciones sindicales dos o más corrientes de opinión y no se discuten sus diferencias para llegar a conclusiones unánimes y constructivas, se llega invariablemente a la división.

8. Cuando se separan de una federación o confederación algunos sindicatos con el pretexto de alejarlos de las ideas reaccionarias de sus líderes, se olvida la teoría sindical revolucionaria y se abre la puerta a la división.

9. Cuando los dirigentes de los sindicatos se empeñan en aplicar sistemáticamente los mismos métodos de lucha en todos los conflictos y en todas las circunstancias sin crear los adecuados en cada ocasión, las agrupaciones sindicales fracasan.

10. Cuando se hacen prevalecer las diferencias entre los sindicatos o sus dirigentes por encima de sus posibles puntos de acuerdo, la unidad es imposible y los enemigos de la clase obrera aumentan su fuerza y contribuyen a mantener la división.

11. Las desviaciones de derecha, lo mismo que las desviaciones de izquierda, frenan el desarrollo y la unidad de las agrupaciones sindicales, estancan su lucha o las conducen a la derrota.

12. Si las reivindicaciones de clase de los trabajadores no se asocian, en un país semicolonial como México, a las demandas del pueblo y a las exigencias de la liberación nacional, los éxitos de la clase obrera son transitorios y pueden anularse con facilidad.

13. Si la clase trabajadora acepta o tolera la dirección de los organismos y de los líderes que sirven al imperialismo norteamericano, cabeza del imperialismo internacional, se convierte en enemiga de sus propios intereses y, también, de los intereses del pueblo y de la nación mexicana.

14. La tarea fundamental de los sindicatos y de sus dirigentes progresistas y revolucionarios es la de hacer posible la unidad de todos los trabajadores, independientemente de su afiliación y de sus ideas políticas, en acciones comunes por las demandas de las grandes mayorías para hacer posible la reconstrucción de la unidad orgánica perdida.

LOS PROBLEMAS DE LA UNIDAD

El propósito del examen de las principales teorías y prácticas del movimiento sindical de México es el de que contribuya a rehacer la unidad de la clase trabajadora.

Cuando Carlos Marx decía "del lado del obrero su única fuerza es su masa; pero la fuerza de la masa se rompe por la desunión", afirmaba una verdad simple y, a la vez, de enorme trascendencia. Por eso, la consigna fundamental para todos los trabajadores sigue siendo, desde hace un siglo, la consigna con la cual termina el Manifiesto: "Trabajadores de todo el mundo, uníos".

Todos los trabajadores de los países capitalistas, cualesquiera que sean su raza, nacionalidad, opiniones políticas, creencias religiosas y filiación sindical, sufren la explotación capitalista.

El descenso de los salarios, el desempleo, la agravación de las condiciones de trabajo, la ausencia o la insuficiencia de la seguridad social no distinguen opiniones políticas y filiaciones sindicales.

Todos los trabajadores sufren, sin distinción de ninguna clase, el peso de la economía dedicada a la guerra. Todos ellos, sin excepción, son atacados en sus derechos sindicales y en sus libertades democráticas. Todos los trabajadores se encuentran ante la tremenda amenaza de una nueva catástrofe armada.

Todos los trabajadores de México —católicos, protestantes, ateos, miembros de los partidos políticos o sin partido, obreros, empleados, maestros, técnicos, profesionistas, intelectuales, campesinos, obreros agrícolas— sufren las consecuencias de los recesos y de las crisis de la economía de los Estados Unidos de América, de la cual depende nuestro país en muchos aspectos de su producción, de su comercio y de su desarrollo económico y social.

Exceptuando a una minoría que tiene salarios o recursos aceptables, las grandes masas de la población laboriosa de México viven en condiciones de pobreza y en algunas regiones en verdadera situación de miseria.

La clase trabajadora de nuestro país hace varios años que no estudia los problemas que le atañen ni los que afectan al pueblo y a la nación, ni presenta programas para el desarrollo progresivo de México desde el punto de vista del proletariado.

Mientras la división se mantenga en las filas de los sindicatos y entre éstos y las federaciones y confederaciones que agrupan a los trabajadores, la clase obrera seguirá negándose a sí misma como fuerza revolucionaria para el logro de sus intereses de clase y para contribuir a la marcha ascendente de México.

Por eso, el problema fundamental de la clase trabajadora es el problema de su unidad.

¿Qué es la unidad en el movimiento obrero? ¿Qué es su contrapartida, la división? ¿Cómo lograr y mantener la unidad? ¿Cómo impedir la división? En la respuesta a estas preguntas está la clave para las victorias y, también, para las derrotas de la clase trabajadora.

La unidad sindical es un problema táctico que deriva de una cuestión teórica. Si se conciben los sindicatos como no son, con funciones que no les corresponden, queda el camino abierto para la división.

Si los sindicatos olvidan sus tareas inmediatas y sus responsabilidades históricas, se abre también la vía para la desunión.

Los sindicatos no sólo son agrupaciones de frente único constituidas por trabajadores de los más diversos oficios, con directivas electas democráticamente, independientes de la clase patronal y del Estado, cuyos miembros pueden sustentar distintas doctrinas políticas y creencias religiosas. Son también centros de organización de los trabajadores, en agrupamientos de cada una de las ramas de la producción y de los servicios y en centrales nacionales, que al sumar sus fuerzas las multiplican, dando al conjunto un valor extraordinario. En política y en las cuestiones sociales la suma no es, como en la aritmética, una simple operación cuantitativa. En política y en los problemas sociales, la suma es siempre una multiplicación. Los sindicatos, además, son centros de preparación doctrinaria, de educación de clase para todos los que los integran.

De esa caracterización de los sindicatos se infieren las formas de la unidad y las causas de la división sindical. Veamos en qué consisten.

Para comprender la cuestión, utilizaremos el método de hallar lo cierto por la vía de la negación de lo falso. Enumeraremos las formas principales contrarias a la unidad.

Son contrarias a la unidad sindical las siguientes actitudes:

La que pretende hacer prevalecer una teoría filosófica, imponiéndola a quienes tienen otra o no sustentan ninguna.

La que trata de arrastrar a los trabajadores en su conjunto hacia prácticas religiosas o políticas, cualesquiera que éstas sean.

La que maneja el argumento falso de que la minoría tiene que acatar los acuerdos de la mayoría en materia religiosa o política.

La que con el pretexto de no permitir en el seno de un sindicato la imposición de una doctrina política o religiosa, olvida que, respetando los puntos de vista individuales, el proletariado debe tener una teoría suya sobre la sociedad en que vive, que le permita conocer la condición en que dentro de ella se encuentra y precisar los objetivos por los cuales lucha.

La que niega, en consecuencia, que los trabajadores deban preocuparse por el porvenir y pretenda limitar su pensamiento y su conducta al momento en que viven.

La que, aceptando las ideas de la burguesía, postula como un deber de la clase obrera mantener el régimen de la propiedad privada de los instrumentos de la producción económica.

La que impide la libre discusión en las asambleas generales para tomar acuerdos o elegir a los comités directivos de los sindicatos.

La que realiza compromisos con el empresario o patrón sin consulta con todos los trabajadores y el acuerdo expreso de ellos.

La que acepta las indicaciones de las autoridades sin haberlas sometido a la discusión de la asamblea del sindicato.

La que sanciona a la minoría o a cualquiera de sus componentes por haber expuesto ideas o presentado proposiciones distintas de las de la mayoría.

La que aconseja no actuar en el seno de los sindicatos, alegando que son "blancos" o tienen directivas indeseables.

La que desconoce la autoridad de los dirigentes electos conforme a los estatutos de la organización.

La que trata de alcanzar la directiva de una agrupación sindical por el camino de la maniobra, de la amenaza, del chantaje o de la presión moral.

La que impulsa la organización de sindicatos paralelos de la misma actividad profesional o dentro de la misma industria.

La que ayuda a la creación de dos comités directivos en una misma agrupación, con el fin de disputarle al comité existente el mando, al margen de los estatutos del sindicato.

La que aconseja rechazar la acción conjunta con otras organizaciones por sus demandas comunes, argumentando que no se debe tratar con sindicatos reformistas o con líderes deshonestos o traidores.

La que levanta deliberadamente obstáculos para la unidad, exigiendo como condición para ella que primero se resuelvan las discrepancias, colocando en segundo término los puntos en que pueden coincidir.

La que de una manera calculada crea impedimentos para la unidad, empleando un lenguaje inadecuado o injuriando o calumniando a aquellos a quienes debe atraer hacia la acción común.

La que en lugar de jerarquizar en el orden de su importancia los objetivos de la lucha prefiere los secundarios a los principales.

La que confunde a los verdaderos enemigos de la clase obrera con sus probables aliados y conduce a las organizaciones sindicales al aislamiento.

El secretario general de la Federación Sindical Mundial, Louis Saillant, escribía en la revista *El Movimiento Sindical Mundial*, en octubre de 1952, lo siguiente:

> El trabajo unitario no es una táctica que pueda conocer momentos de inacción, fases vacías de iniciativas. El trabajo unitario es una tarea permanente y esencial que no soporta que se le deje para "un periodo más favorable".
>
> Perseguir fines unitarios entre los trabajadores no es llevar a cabo una maniobra, una operación en un momento dado, es una posición fundamental que debe sostenerse de manera permanente en todos los periodos y circunstancias, cualesquiera que sean la intensidad y el nivel de las luchas del proletariado.
>
> Cuando los trabajadores desconocen y olvidan este principio elemental y base de nuestra actividad, van al fracaso y facilitan las maniobras de los enemigos de la unidad, cualesquiera que ellos sean.

Son casi innumerables los errores, las equivocaciones o los caminos que conducen a la división, y muchos son también los medios que conducen a la unidad. Pero en países como México, heredero de la doctrina anarquista traída a nuestra tierra por dirigentes sindicales de España, doctrina que no confía en la organización de la clase trabajadora y en su dirección política de clase, sino que prefiere la espontaneidad de las masas y el papel de los dirigentes como simples acompañantes de las masas; heredero de una teoría que hace del individuo un culto, que ensalza y sigue al héroe o al caudillo sin reflexión crítica, uno de los obstáculos mayores con el que ha tropezado la clase trabajadora es el sectarismo.

Es verdad que ha habido desviaciones de derecha, numerosas y graves algunas de ellas, en el curso del desarrollo del movimiento sindical mexicano. Sin embargo, recordando los errores cometidos y las consecuencias que produjeron, tal vez las desviaciones de izquierda han sido más dañosas que las otras, porque las desviaciones de derecha las corrigen las propias masas trabajadoras cuando entran en combate.

Esto no quiere decir que el sectarismo no haya existido o deje de existir en otros países del mundo capitalista. En todos ellos brota cuando menos se espera; pero en los países coloniales y semicoloniales, en donde todavía la clase obrera no es la clase social determinante, en donde los partidos políticos de la clase obrera están formándose todavía; en donde, además del desarrollo industrial incipiente, la influencia de los monopolios imperialistas es considerable, el sectarismo tiene más extensión y también más profundidad como pensamiento y como práctica que en las naciones de gran desarrollo industrial, con muchos siglos de cultura.

Por esta razón, la Federación Sindical Mundial siempre ha insistido en la necesidad imperiosa de liquidar para siempre el sectarismo en las filas de la clase obrera.

En el Consejo General de la FSM, de noviembre de 1951, celebrado en la ciudad de Berlín, el ponente sobre la unidad, Benoit Frachon, secretario general de la Confederación General del Trabajo de Francia (CGT), explicando los peligros del sectarismo expresaba:

No ser sectario es comprender que la clase obrera no es un bloque ideológico homogéneo. Que no está separada de la burguesía por una muralla china y que, por consiguiente, la ideología, las tareas de la burguesía penetran en sus filas por miles de vías. Que la burguesía en el poder dispone del potente aparato del Estado, de medios de expresión y de propaganda mucho más importantes que los nuestros. Que esta burguesía logra corromper a ciertos hombres, de los cuales hace sus agentes y propagandistas de su ideología y corrupción. Todo esto, que no influye en lo más avanzado y más consciente de la clase obrera, afecta más o menos a las capas del proletariado.

Es necesario, en todas las circunstancias, ver a los trabajadores a quienes nos dirigimos tal cual son y no como quisiéramos que fuesen. Utilizar con ellos un lenguaje que puedan comprender, que les invite a reflexionar y a pensar. Hace falta ayudarlos a que desenmascaren, por sus propias experiencias, las mentiras y los embustes de los que les arrastran al error.

No ser sectario es no exigir de aquellos a quienes nos dirigimos, para lograr la unidad de acción, que adopten todo nuestro programa, si no están convencidos de que todos los puntos de él son justos.

Se puede realizar la unidad de acción por una sola reivindicación, que en sí puede parecer modesta; pero que tendrá el mérito de haber unido a los trabajadores.

En este caso, el hecho más importante es, junto a la reivindicación que en sí puede parecer modesta, el mérito de haber unido a los trabajadores.

En ese caso, lo más valioso es, junto a la reivindicación cuyo logro es de la mayor importancia, la forma de conducir la lucha para hacer que triunfe la reivindicación; es decir, la utilización con toda lealtad, como verdaderos militantes proletarios, de la nueva fuerza que la unidad constituye.

Conocemos a compañeros que consideran un oportunismo el contentarse con una reivindicación modesta. En realidad, su llamada intransigencia revolucionaria lleva al peor de los oportunismos, puesto que su resultado es la inacción.

Es verdad que el caso se produce allí donde, bajo el pretexto de realizar la unidad, los compañeros quieren ir más allá de donde es posible ir. Esto es también nocivo para el desarrollo de la unidad. Actuar de este modo es ir a remolque de las masas, mientras que nuestro deber es guiarlas y ayudarlas a franquear nuevas etapas.

No ser sectario significa hacer un constante esfuerzo para que los trabajadores divididos por opiniones políticas o religiosas diferentes hagan fracasar las maniobras de sus enemigos de clase que tratan de hacer de estas diferencias de opinión barreras infranqueables.

No ser sectario es no olvidar, cuando los trabajadores se han unido, que las diferencias existen todavía, que no desaparecen como una ligera brisa. Es actuar en forma que el comunista, el socialista, el cristiano, el musulmán o el no creyente se sientan en plena fraternidad, sin que ni uno ni otro imponga su ley para llevar a cabo la acción, basándose en que puede servir a la unidad.

No ser sectario, ser un verdadero artesano de la unidad, es trabajar sin descanso, sin consideraciones de amor propio, en la realización de la unidad, en el reagrupamiento de las diversas centrales. Casos de este tipo no faltan en el mundo, y muestran los resultados que pueden obtenerse cuando se tiene una verdadera voluntad de realizar la unidad.

No ser sectario es trabajar en las organizaciones que no están adheridas a la FSM, así como en los sindicatos gubernamentales y reaccionarios donde están las masas obreras. Es trabajar en esos lugares, aunque sea menos brillante, menos vistoso, que ser el gran dirigente de una organización que tenga en sí todas las cualidades de pureza revolucionaria; pero que sufra de un pequeño defecto: no tener afiliados.

No ser sectario es militar en las organizaciones como un verdadero partidario de la FSM, con una paciencia y una perseverancia que nada pueda desanimar. Es ligarse a las masas para plantearles con toda sencillez las cuestiones que les interesan; ayudarlas a formular sus reivindicaciones, a expresar sus deseos, a descubrir los tortuosos caminos de la traición de sus dirigentes, a hacer nacer en ellas la necesidad de tomar en sus manos los destinos de sus propios sindicatos.

Si no sabemos hacer esto, no podremos luchar bien contra el sectarismo y dejaremos a millones de trabajadores a merced de las maniobras y de la influencia de la burguesía, incluso sin disputárselos.

No ser sectario no quiere decir proseguir la realización de la unidad abandonando la crítica de los dirigentes que traicionan la clase obrera; pero los comentarios y explicaciones deben hacerse de tal modo que cada trabajador que cree todavía en aquellos dirigentes comprenda que ha sido verdaderamente traicionado.

Es necesario comprender que los obreros, los militantes de una organización, jamás aceptan con gusto que se han equivocado, sobre todo cuando se trata de viejos militantes que llevan a veces decenas de años en sus organizaciones. Frecuentemente sienten cariño por sus sindicatos, tienen confianza en sus dirigentes y, de pronto, se dan cuenta de que los estaban engañando durante años y años.

Es más humano, más correcto y también más eficaz no vanagloriarnos ante ellos de haber tenido razón, sino facilitarles este paso difícil que deben dar para que sean ellos mismos los que reconozcan su error.

Pero la unidad no es un problema que los trabajadores puedan resolver sin tomar en cuenta el país en que viven y el mundo al que pertenecen.

La unidad depende también de dos factores importantes: de evitar la injerencia indebida de los diversos sectores de la burguesía en los sindicatos, y de mantener y ampliar la solidaridad entre los miembros y las agrupaciones de la clase obrera.

El problema de las relaciones del movimiento sindical con la burguesía en un país como México, que todavía hace medio siglo luchaba contra la estructura esclavista y feudal, desaparecida en Europa desde el siglo XVIII, es de vital importancia no sólo para lograr la unidad de los trabajadores, sino para acrecentarla constantemente.

Someter el movimiento sindical al Estado es nulificarlo como fuerza revolucionaria.

Mantener una actitud de oposición sistemática en contra del poder público es también una táctica falsa que lleva a constantes fracasos.

La única línea estratégica y táctica justa, considerada desde el punto de vista de la unidad, es la de apoyar los actos positivos del gobierno y criticar constructivamente sus actos negativos.

Cuando la clase trabajadora, sin tomar en consideración el momento histórico que el país vive, cree que debe entablar una lucha frontal contra el gobierno, no logra victorias sino derrotas, y ayuda a los enemigos de México.

Nuestra propia experiencia histórica lo prueba. ¿Qué significación tiene desde el punto de vista de la unidad y del progreso de las masas trabajadoras de nuestro país, el periodo de 1910 a 1916, en la víspera de la instauración del Congreso Constituyente de Querétaro? Lo característico de esa etapa son las relaciones entre la pequeña burguesía gobernante y las masas trabajadoras. Es la alianza de estos sectores para el logro de objetivos profundamente anhelados por el pueblo.

Analizada bien desde el punto de vista histórico y de la correlación de las fuerzas sociales de entonces, la nueva Constitución de la República, la de 1917, es un gran fruto de la alianza de las masas trabajadoras del campo y de la ciudad y la pequeña burguesía que dirigió las fuerzas políticas y armadas de la Revolución.

No hemos sabido todavía, profundizando en el examen de la Constitución que nos rige, sacar todo el provecho de esa Carta fundamental de la estructura jurídica y política de nuestro país. Cuando la alianza entre la clase trabajadora urbana y rústica y la burguesía gobernante se rompe, ocurren retrocesos en la unidad y en el desarrollo del movimiento sindical.

Quiero recordar un solo caso, como ejemplo que prueba esa afirmación. Los sindicatos que había en 1916 eran agrupaciones influidas por la teoría anarquista. Consideraban que la clase trabajadora debía luchar sistemáticamente y en cualesquiera circunstancias en contra de la burguesía, desconociendo y repudiando el Estado y expresando su repulsa por el orden jurídico establecido.

En esos años, cuando el ejército norteamericano invade el territorio de nuestro país, se declara en la ciudad de México una huelga de los obreros electricistas, apoyada después por la mayoría de los trabajadores del Distrito Federal, que paraliza las fábricas, deja a oscuras a la región central de la República y lanza a miles y miles de gentes a la calle en un momento también en que las subsistencias eran muy escasas.

¿Fue justa la línea estratégica y táctica de los obreros electricistas de paralizar la vida económica y social de la región más importante del país cuando nuestra patria sufría la invasión armada de la potencia vecina? No, a mi juicio, a pesar de que su petición del pago de salarios a base del patrón oro era correcta. Vale la pena examinar este caso y otros parecidos, porque demuestra que no basta con formular demandas justas para lograrlas sin tomar en consideración el momento en que las reivindicaciones se presentan y las condiciones objetivas, reales, de la vida del país y de las relaciones con el mundo de afuera. Ejemplos como ése se podrían citar muchos.

Desde otro ángulo, hay casos que deben recordarse también, con el exclusivo objeto de que la clase trabajadora de hoy los examine de nuevo o los conozca a fin de no incurrir en errores parecidos.

Uno sólo deseo mencionar. En la época del sectarismo más agudo, aun cuando la agudez se presenta periódicamente, de esto hace años, hubo una huelga que me llamó la atención porque tuve participación al final de ella. Se trataba de una huelga contra el empresario de una pequeña fábrica de ropa de la ciudad de México. Los trabajadores habían formulado su pliego de peticiones. El empresario había aceptado casi todas; pero hubo una que dijo rotundamente que no podía admitir. La petición consistía en exigirle al propietario de la fábrica que fueran puestos en libertad unos jóvenes negros, presos en una población de los Estados Unidos de la América del Norte. El infeliz empresario, ignorante, no sabía en donde estaba ese lugar ni quiénes eran los negros cuya libertad exigía el sindicato. Los trabajadores fueron a verme para consultar mi opinión. Les pregunté quién había redactado su pliego de peticiones. Fue nuestro partido, me contestaron, y confiado en él hemos presentado esa demanda al patrón. Les dije que esa petición no era correcta; que un sindicato mexicano, hecho para defender los intereses económicos de sus miembros, no podía presentar al dueño de una fábrica mexicana esa exigencia, porque rebasaba el límite de la soberanía de México y que, por tanto, era una demanda estúpida, que se había incluido por ignorancia del autor del documento o por su espíritu sectario, siguiendo mecánicamente una consigna que tenía por objeto enviar protestas de todas partes por el encarcelamiento indebido de unos trabajadores en el vecino país del norte.

Casos como ése hay centenares en la historia del movimiento sindical de nuestro país. Por eso, el sectarismo que los provoca debe ser arrancado de raíz, como yerba venenosa, pues hace imposible la unidad en el interior de un sindicato, en una región, en un país y en el ámbito internacional.

La unidad tiene otros dos aspectos importantes: la solidaridad entre los trabajadores de un mismo país y la solidaridad obrera internacional.

Ejemplos de solidaridad dentro del territorio de México son los casos ya señalados de la huelga del Sindicato Mexicano de Electricistas, en 1937, y el de la huelga de los trabajadores petroleros, que culminó con la expropiación de las empresas extranjeras de la industria en 1938.

Ejemplo de solidaridad internacional es la ayuda prestada por los trabajadores mexicanos a los trabajadores españoles durante la guerra civil. Recuerdo a este respecto un hecho interesante. Habíamos hecho un llamamiento a todos los trabajadores, especialmente a los de los puertos marítimos, para que ayudaran al envío de armas y mercancías a España y boicotearan todas las naves que llevaran carga para fortalecer la rebelión de los fascistas que encabezaría Francisco Franco.

El primer barco que salió de Veracruz, consignado al gobierno republicano, llevaba armas, víveres, medicinas, ropa. Urgía que llegara a las costas de España porque eran momentos decisivos. Los miembros de la Unión de Estibadores y Jornaleros del Puerto de Veracruz llamaron a otros obreros de la zona marítima, multiplicándo sus propios elementos, para facilitar la maniobra. Trabajaron sin interrupción durante varios días con sus noches hasta cargar el barco y despacharlo, batiendo todos los *records* conocidos.

Cuando los representantes del gobierno republicano español en México se presentaron conmigo a la asamblea general de la Unión de Estibadores, que se convirtió en un mitin de casi todos los trabajadores portuarios, para agradecerles su esfuerzo y pagar los gastos de la maniobra, los estibadores declararon que era un acto gratuito de cooperación suya para la causa del pueblo español.

Otro ejemplo de solidaridad obrera internacional fue el paro general acordado por la CTM como protesta por la invasión de Etiopía por las tropas del gobierno fascista de Mussolini, con un mensaje a los trabajadores de aquel país.

Otro más fue el boicot decretado por la CTM contra los barcos norteamericanos mercantes que salieron de San Francisco, Los Ángeles, San Diego y San Pedro hacia el sur, tripulados por esquiroles que rompieron en parte la huelga de trabajadores de esos puertos, con objeto de abastecerse de combustible en cualquier puerto mexicano del Pacífico. Los barcos que llegaron quedaron anclados en las costas de nuestro país, porque no hubo un solo trabajador mexicano que se prestara, a ningún precio y por ningún motivo, a proporcionarles combustibles para seguir su ruta. En este sentido, la historia de la CTM, durante sus primeros cinco años de vida, está llena de jornadas honrosas.

Y cuando han ocurrido crisis graves en América, con repercusiones fuera del país en que se han producido, provocando el interés de todo el continente, la solidaridad de la clase obrera mexicana se ha expresado de una manera decidida y entusiasta. Como en los casos de la agresión al pueblo del Ecuador por parte de las tropas del Perú; de la agresión del imperialismo yanqui a Guatemala.

El ejemplo más reciente de solidaridad obrera internacional es el apoyo decidido de la clase trabajadora de México hacia la Revolución cubana.

Lo anterior demuestra que si los trabajadores de nuestro país se unen en acciones comunes por objetivos concretos y de interés común; si pasan por encima de sus discrepancias y siguen una línea estratégica y táctica justa, como la que preconiza la Federación Sindical Mundial; si aumentan sus contactos en la lucha; si vuelven a fraternizar, recobrarán su unidad orgánica y volverán a ocupar el sitio de vanguardia de nuestro pueblo.

Sólo la influencia ideológica de la burguesía —factor negativo que paraliza la acción de la clase trabajadora— puede cegar a los obreros, manuales o intelectuales, impidiéndoles ver que la perspectiva que ante ellos se ofrece es prometedora y luminosa.

En nuestra época, ninguna de las batallas de la clase trabajadora en cualquier país de la tierra deja de ser un episodio del combate general de los trabajadores de todos los continentes por objetivos idénticos.

La crisis general del sistema capitalista de producción, que se hace más profunda y más amplia en la medida en que el tiempo corre; las discrepancias y antagonismos interimperialistas; la rebelión de los pueblos coloniales contra el imperialismo; el esfuerzo de los pueblos que gozan de libertad política, pero desean emanciparse económicamente del imperialismo; la agonía ideológica en que vive la gran burguesía de nuestro tiempo; el surgimiento de un mundo nuevo, el mundo socialista, en que lo mismo la producción que los servicios, la cultura que la ciencia y el arte ascienden sin obstáculos, hacen de la clase trabajadora, más que en todo el pasado, una sola fuerza indivisible que mira el porvenir con plena confianza.

Nosotros, los obreros mexicanos, manuales e intelectuales, formamos parte de esa familia. El porvenir es el mismo para todos porque, como decía Carlos Marx, los trabajadores no tienen nada que perder como no sean sus cadenas.

LA BATALLA DE LAS IDEAS EN NUESTRO TIEMPO[1]

LAS IDEAS siempre han estado vinculadas a una época y a una clase social.

La clase social dominante de la sociedad es la que impone las ideas dominantes. Contra estas ideas surgen las de la clase que lucha por un cambio social y persevera hasta que logra el poder o una influencia pública mayor. Entonces las antiguas ideas se van extinguiendo para dejar su lugar a las nuevas. Por esta causa no se pueden juzgar las ideas sino dentro del proceso histórico de la sociedad humana.

Las clases sociales han sido dos, desde el principio de la historia hasta hoy, en el seno de la sociedad dividida en clases. Estas dos clases son, por una parte, la propietaria de los instrumentos de la producción económica y, por la otra parte, la clase social que con su esfuerzo, manual e intelectual, produce todo lo que existe.

Sin pretender intentar un examen de las clases sociales en los distintos periodos de la evolución histórica, es conveniente recordar que en la Antigüedad clásica, comenzando por Grecia, las clases sociales estaban constituidas por los esclavos y por los propietarios de los esclavos, instrumentos de la producción, y que esos propietarios constituían los sectores decisivos no sólo de la vida económica y social, sino también de la cultura de su tiempo. Eran los terratenientes, que formaban lo que entonces se llamó la aristocracia, los navieros y los comerciantes y, en cierta medida, los que habían hecho de la guerra una profesión o un oficio permanente, así como los preceptores y los artistas. La clase productora estaba representada sólo por la gran masa de los esclavos, muy superior en número a la de los hombres libres. En la Roma antigua, la clase propietaria estaba formada por los patricios y los équites, y la clase trabajadora, por los esclavos y los plebeyos.

En la Edad Media la clase propietaria estaba compuesta por los señores feudales y los maestros de los gremios, y la clase trabajado-

---

[1] Conferencia dictada en la Universidad Nacional Autónoma de México en 1959. Vicente Lombardo Toledano, *Selección de obras*, Ediciones del Partido Popular Socialista, México, 1989.

ra, por los siervos de la gleba, los vasallos y los oficiales de los talleres.

En la época moderna la clase propietaria está representada sólo por una clase social, la burguesía, y la clase trabajadora, únicamente también por una clase, el proletariado.

Las clases sociales son factores determinantes en la evolución de la sociedad por la lucha que realizan, la una contra la otra, y por el carácter y la trascendencia de las ideas que sostienen en los distintos periodos de su época. Porque el antagonismo entre las clases determina no sólo los aspectos de la vida material, sino también las manifestaciones del pensamiento, el derecho, la religión, las ciencias, la filosofía, la literatura, el arte, la cultura en todas sus manifestaciones.

No hay una relación directa, rígida, de causa a efecto, entre la base material de la sociedad y las ideas. Es una relación que tiene el valor de proyección de las condiciones de la vida económica sobre las necesidades sociales y los anhelos de tipo espiritual, provocando los diversos aspectos del pensamiento.

Pero además de la existencia de las clases sociales, para valorizar las ideas es menester tomar en consideración el grado de desarrollo de los conocimientos logrados por el hombre en los distintos periodos de la evolución social. Sin ese conocimiento no sería posible tener un panorama cabal, no se podría llegar a una comprensión acertada de las ideas en los distintos estadios históricos.

La clase dominante en la época de la esclavitud en el mundo occidental, que comprende la civilización helénica y la civilización romana, pertenecía a una sociedad que vivía aún en la etapa infantil del conocimiento. La sociedad esclavista había logrado ya éxitos considerables en algunos aspectos de la técnica; pero todavía no había arribado a un conocimiento sistemático de la realidad objetiva y, por tanto, no podemos afirmar que existiera una ciencia, considerada como la investigación y el conocimiento de las leyes que rigen la naturaleza. La filosofía estaba unida a la religión, a la moral, a la literatura, especialmente a la poesía y a la enseñanza. Habrían de pasar muchos siglos aún para que la filosofía se convirtiera en una rama del saber fundada en la libre y sistemática investigación de la naturaleza y del hombre.

Esas dos circunstancias son las que explican la imposibilidad, para una persona sensata de nuestro tiempo, de declarar que es partidaria, *verbi gratia*, de la filosofía de Sócrates, de Platón, de Aristóteles o de cualquier otro de los grandes pensadores de la Antigüedad. Tampoco sería válido decir que está afiliada a la filosofía de la Edad Media. Más aún, no sería respetable afirmar que acepta el pensamiento del siglo XVII o del siglo XVIII y, aún agregaría yo, de los primeros años del siglo XIX, ni de la filosofía de cualquier época que no sea la nuestra.

Por ese motivo, cuando surge algún individuo que adopta una actitud vanidosa y pueril, afirmando que ha creado un sistema filosófico o una teoría del mundo o una tesis social al margen de la época en que vive, su conducta puede tener el valor de la extravagancia, pero no influirá indudablemente ni en la historia de las ideas ni tendrá importancia para la sociedad a la cual pertenece. Hoy, como siempre, desde que la humanidad empezó a darse una explicación del mundo y de su propio ser, las ideas deben examinarse a la luz de nuestra época y de la lucha de clases en el seno de cada país y en el ámbito internacional.

¿Cuál es el panorama de hoy? ¿Cuál es, en el escenario de la tierra, el hecho determinante, definidor, que puede explicar no sólo el carácter de la estructura económica de la sociedad humana, sino también las múltiples manifestaciones del pensamiento superior? El hecho característico de estos años es el de que en lugar de un solo mundo hay dos mundos: el capitalista y el socialista.

No hay una sociedad basada en un solo régimen social, como en el pasado, que comprenda largos y largos siglos. Dos sistemas de la producción económica han creado dos modos diferentes y opuestos de la vida social. Pero desde el punto de vista estrictamente ideológico, el pensamiento que contribuyó a este hecho trascendental no es un conjunto de postulados que haya surgido en la víspera de nuestra época o que haya aparecido ahora mismo en el debate interno y constante de la cultura. Las ideas que han cooperado al establecimiento de los dos sistemas sociales tienen su punto de partida en la iniciación de la historia moderna.

El Renacimiento representa el principio del pensamiento contemporáneo, porque ese gran acontecimiento de la historia, aparte de otras razones, es el que realiza los trascendentales descubrimientos geográficos; el que desarrolla el comercio; el que da origen a una nueva clase social, la burguesía; el que engendra el movimiento universal por la libertad de investigación; el que implanta la libre expresión del pensamiento, y el que trabaja por un arte sin limitaciones y sin dogmas. Las ideas del Renacimiento impulsan el desarrollo de las fuerzas productivas, y éstas, a su turno, estimulan la obra de la investigación, de la ciencia, de la técnica y del pensamiento puro, lo mismo que todas las expresiones del arte.

Si se estudian con atención las ideas que desde el Renacimiento amplían el horizonte de la humanidad hasta la primera mitad del siglo XIX, se observará que el hecho fundamental de este brillante y glorioso periodo de la historia consiste en el esfuerzo del pensamiento por la conquista de la realidad, tanto de la naturaleza como de la sociedad humana. Es una larga etapa ascendente. Sin embargo, dos hechos de importancia, ocurridos en estos siglos, provocan en el campo del saber debates que han de irse ampliando hasta llegar a la época que nos ha tocado vivir. Dos grandes acontecimientos que encienden la discusión respecto del modo de entender el universo, el mundo y la vida.

El primero es la Revolución de 1789 en Francia. Esta crisis profunda, que no ha de limitarse a las fronteras de su país, sino que ha de ampliarse a todas partes, provoca la primera gran conmoción económica, social y cultural. El debate de las ideas se libra, principalmente, entre la concepción de la evolución material de la sociedad y la tesis del desarrollo de las ideas con prioridad en el desenvolvimiento histórico y, particularmente, en el proceso de la naturaleza. Así se explica que la Revolución se apoye, principalmente, en el principio de la evolución constante de la sociedad humana. Es entonces cuando nacen la concepción dialéctica de la historia; el espíritu histórico en la literatura —Walter Scott, Alejandro Manzoni y Alejandro Pushkin, entre otros, son altos exponentes de ese espíritu— y una teoría de la vida proyectada hacia la sociedad futura: el socialismo, todavía inmaduro el socialismo utópico.

La dialéctica de la historia, o la dialéctica histórica, pasa a ser el problema central de la filosofía. Contra esta tesis, el pensamiento conservador se refugia en dos actitudes o en dos corrientes ideológicas: el romanticismo y la defensa de lo antiguo; pero no en la defensa de la Antigüedad clásica, sino del pensamiento inmediatamente anterior correspondiente a la Edad Media.

¿Cuáles clases sociales son las que libran el combate ideológico? Por un lado, la burguesía, que emerge como la portadora del nuevo pensamiento, contra la censura previa, las prohibiciones y los estancos de todo tipo de la Edad Media. Por otro lado, la clase social representativa de los siglos anteriores, es decir, la que sobrevive de la época del feudalismo.

El otro gran hecho que interrumpe lo que pudiéramos llamar el ascenso ideológico sin obstáculos, en este largo periodo que parte del Renacimiento y llega hasta la mitad de la centuria pasada, es la Comuna de París, instaurada en 1871. Para poder apreciar la importancia, la trascendencia de este acontecimiento, es necesario recordar que el sistema esclavista de la sociedad se destruyó, principalmente, por la decadencia de las fuerzas productivas. En cambio, el feudalismo engendró su propio enemigo: la burguesía y, a su vez, el régimen burgués produjo la clase social antagónica: el proletariado.

Es útil recordar esas circunstancias, porque durante la esclavitud y el feudalismo las clases sociales oprimidas no tuvieron una filosofía propia que explicara de manera sistemática el universo, el mundo y la vida. Por primera vez en la historia, la clase explotada —el proletariado— surgía con una filosofía propia, una filosofía suya, una explicación del universo, del mundo y de la vida, que es la filosofía del materialismo dialéctico.

La Comuna de París y su antecedente, la creación de la Primera Internacional de la clase obrera, de 1864, han de detener, sin proponérselo, el ascenso del pensamiento renovador. Han de suspender el debate entre la burguesía y los supervivientes de la etapa feudal, porque entonces la burguesía, que ve el peligro de lo nuevo y de sus consecuencias, se enfrenta a la naciente doctrina filosófica, antagónica a la que la propia burguesía había postulado. La batalla se libra, ante todo, en los países de la Europa continental; pero pasa después a la Gran Bretaña y llega a los Estados Unidos de América y, en la medida en que las ideas universales influyen en los países poco desarrollados, se ha de extender al ámbito del mundo entero.

La revuelta del pensamiento de la burguesía contra la doctrina filosófica de la clase obrera, que emerge como un sistema filosófico completo, no sólo como explicación de la realidad, sino también como una teoría para transformar la realidad, la hace olvidar los principios que le dieron origen: la razón humana como fuerza capaz de conocer la esencia de las cosas, de formular las leyes que rigen la naturaleza y la vida humana. La razón que descubrió la teoría de la evolución, el carácter transitorio de los distintos sistemas sociales, que examinando la estructura de la sociedad basada en la propiedad privada de los instrumentos de la producción económica afirmó la inevitable desaparición histórica del régimen capitalista deja de ser entonces un instrumento útil para los intereses de la burguesía. Y andando el tiempo, cuando la afirmación de que la sociedad capitalista es permanente —tesis de los ideólogos de la burguesía— empieza a ser desmentida por los hechos, el debate ideológico se lleva a cabo entre dos bandos que polarizan de una manera completa las escuelas filosóficas y políticas: el materialismo, como afirmación de la sustancia de todo lo que existe en perpetuo cambio, y el idealismo, como afirmación de que la única realidad es la conciencia individual del hombre, motor fundamental de su conducta.

¿Por qué los hechos niegan la perpetuidad del sistema capitalista? Porque la producción económica se va haciendo cada vez más social y, en cambio, la apropiación de lo producido se hace más y más privada por la concentración del capital en manos de una minoría, hecho que intensifica la lucha de clases y engendra las crisis de superproducción, más profundas y de duración mayor cada vez que se presentan.

Entre 1860 y 1880 la libre concurrencia llega a su punto culminante. Pero ya, desde entonces, la aparición de los *kartels* y de los monopolios indica cuál ha de ser su desarrollo inmediato.

Al comenzar el siglo nuestro, apenas pasada la crisis de 1900-1903, se acelera el ritmo del desarrollo de los monopolios. Éstos dominan rápidamente las diversas actividades de la vida económica, y dentro del mismo proceso en corto tiempo los consorcios financieros ejercen una influencia dominante sobre los otros. Entonces es cuando llega el sistema capitalista, según la expresión gráfica y certera del economista británico John A. Hobson, que Vladimir Ilich Ulianov Lenin había de analizar genialmente, al periodo del imperialismo.

El imperialismo es la exportación de capitales y la conquista de los países atrasados. Por el reparto del mundo, por el reparto de los países subdesarrollados estalla la primera Guerra Mundial. Pero esa gran crisis también facilita la Revolución de Octubre, de 1917, en Rusia, que establece el primer régimen socialista. Los ideólogos de la burguesía, a partir de ese momento, ya no han de enfrentarse sólo al materialismo dialéctico como una filosofía, como una nueva teoría del universo, del mundo y de la vida, sino que se hallan ante la primera aplicación victoriosa de la doctrina, nada menos que en un país cuyo territorio representa la sexta parte de la superficie del planeta.

¿Cuál es entonces su actitud? ¿Cuál es la tesis que han de enfrentar los ideólogos de la burguesía y del imperialismo a la filosofía del materialismo dialéctico? La de dar formas nuevas a la corriente negadora de la razón como instrumento del saber y del progreso, que la obra del filósofo Emmanuel Kant había planteado. Esa corriente es la corriente idealista tradicional, la que afirma la prioridad del espíritu sobre la naturaleza. La filosofía *irracionalista,* como la llama el pensador Georg Lukács.

Emmanuel Kant, el eminente filósofo de Königsberg, inicia —permítanseme las limitaciones de un esquema de tipo histórico que sólo tiene el valor de una lista de enunciados— la época moderna del pensamiento. Pero en cuanto a la posibilidad de la razón para averiguar la esencia de las cosas, Kant se pronuncia por el agnosticismo. La "cosa en sí", afirma, resulta impenetrable para la razón. De este gran filósofo, con aciertos enormes en otros aspectos del discurrir, derivan otros tres pensadores de importancia: Johann Gottlieb Fichte, Friedrich Wilhelm Joseph Schelling y Georg Wilhelm Friedrich Hegel. Dentro de esta corriente negadora de la razón como instrumento para penetrar en la médula de la realidad, es Schelling el más categórico de todos, el que niega el desarrollo de la historia. Su filosofía puede equipararse a una mística desenfrenada. Trata, nada menos, que de probar filosóficamente la "revelación". A él se debe que haya renacido, después de siglos de olvidada para la cultura, el empleo de la mitología para dar una explicación de lo que existe.

Sigue a Schelling otro pensador que alcanzó gran fama y positiva influencia en el pensamiento de la época moderna: Arthur Schopenhauer. Se puede decir que es el primer filósofo del idealismo típicamente burgués. No del viejo idealismo, sino del idealismo de la etapa en que la burguesía asciende como clase social y fuerza de dominio económico y político, y desanda el camino, a la vez, desde el punto de vista de las ideas.

Schopenhauer afirma que el individuo es un fin en sí mismo, que actúa desligado de toda clase de relaciones con la sociedad, que mira hacia adentro de su conciencia y que su conciencia le indica que el desarrollo progresivo de la sociedad no existe. Concluye afirmando que la única manera que tiene el hombre de liberarse es anulando su voluntad.

Después de Schopenhauer habrían de surgir los pensadores ya colocados francamente en el campo de la mística y de la repulsa de toda teoría evolutiva de la historia, y también de rechazo a la tesis de la evolución material e ideológica de la sociedad.

Sören Kierkegaard es, quizá, el más representativo de estos filósofos. Su pensamiento influye particularmente en el periodo comprendido entre las dos guerras mundiales. Niega la dialéctica, pero trata de oponerle otra, que es un nuevo artificio, porque equivale a desnaturalizar su verdadero proceso. Siendo lo único esencial en la historia, afirma, la salvación del alma del hombre por la aparición de Cristo, se puede decir que la historia en realidad no existe. Todo lo decide la subjetividad.

Como ocurre siempre con el suceder del pensamiento, que jamás se interrumpe, en contra de lo que acontece en otros aspectos de la vida social, la filosofía irracional llega a otro gran pensador, brillante, talentoso, con afirmaciones inclusive geniales, y que ha de tener una influencia enorme hasta hoy mismo en ciertos sectores del pensamiento sistemático.

Hablo de Federico Nietzsche. No es un negador de la acción, como Schopenhauer. No es un escéptico. Por el contrario, Nietzsche es un militante decidido al servicio de las ideas reaccionarias. Para él la voluntad no es la voluntad schopenhaueriana, que se niega a sí misma, sino el único factor válido de la vida; pero esta voluntad es la "voluntad de poder". Niega la evolución progresiva. Para ello inventa la tesis del "retorno eterno" de las cosas, que significa, en el fondo, el triunfo del ser sobre el devenir. La lucha histórica, escribe con énfasis, no se ha realizado ni se realizará sino entre dos tipos de hombres, entre dos razas: la de los señores y la de los esclavos. Crea esta tesis aristocrática de la vida social como una contrapartida de la lucha de clases. Y concluye afirmando que es en el hombre superior, en el Superhombre, en quien radica la posibilidad única de que la vida tenga un sentido digno de ser vivido.

Esos filósofos, que se explican por el momento en que surgieron y también por la forma que adoptó la lucha de clases en su tiempo, pueden ser calificados como los precursores de la filosofía reaccionaria de los últimos años. Ésta habría de surgir, inevitablemente, enfrentándose al materialismo dialéctico, que reconoce la unidad de todo lo que existe y postula el cambio de las cosas dentro del proceso general del universo. Sus adversarios tenían que formular una nueva teoría del mundo. Esta teoría es la filosofía de la vida. Pero más que una escuela filosófica, la filosofía de la vida es una tendencia que influye en las doctrinas contemporáneas, en las ciencias sociales, en la literatura y en el arte, tratando de explicar y de resolver, desde el punto de vista de los intereses de la burguesía y del imperialismo, los problemas del desarrollo social y las nuevas modalidades que presenta la lucha de clases.

¿Cuál es la esencia de la filosofía de la vida? Consiste en hacer del agnosticismo, de la "imposibilidad" de la razón para conocer la "cosa en sí", como decía Kant, un misticismo y hacer del idealismo subjetivo un mito, creado por la propia conciencia del hombre.

Alemania es la proveedora de los grandes sistemas filosóficos que forman los dos siglos de nuestra época, ya que produce los más altos exponentes de la filosofía de la vida. Basta con mencionar sus nombres para darse cuenta de la fuerza que representan no sólo en su país, sino en todo el mundo capitalista. Su propósito es el de impedir el derrumbe del sistema social al cual están unidos, indirecta o directamente, y el de evitar también la difusión y la influencia de la filosofía del materialismo dialéctico.

Estos pensadores son Wilhelm Dilthey, Georg Simmel, Oswald Spengler, Max Scheler, Martin Heidegger, Karl Jaspers y, finalmente, el grupo de los ideólogos del sistema nazi, cuyo exponente, por lo menos el más popular, fue Alfred Rosenberg.

Es interesante advertir que todos estos filósofos se caracterizaron, por igual, por la negación del conocimiento racional. Por la negación del desarrollo histórico progresivo. Por la afirmación del carácter excepcional de la conciencia en el seno de la naturaleza y por su lucha implacable contra el materialismo dialéctico.

No he de referirme a cada una de sus doctrinas. He seleccionado sólo algunas de sus frases, las más representativas de su pensamiento, para que pueda apreciarse la audacia de las ideas y la trascendencia política que tuvieron.

Dilthey dice: "Las premisas fundamentales del conocimiento se dan en la vida [...] La vida no puede ser citada ante el foro de la razón".

Simmel afirma: "La vida es el ser que se interpone entre la conciencia y el ser en general [...] El mundo objetivo no existe. Sólo existen diferentes formas de comportamiento vivo ante la realidad: el conocimiento, el arte, la religión, lo erótico, etc. [...] Cada una de esas formas de comportamiento hace brotar su mundo propio de objetos".

Al estallar la primera Guerra Mundial, la filosofía de la vida detiene su rumbo para abrir campo a la justificación ideológica de la agresión del imperio alemán dirigido por los prusianos. La guerra resulta ser la actividad humana superior, y lo "alemán", el instrumento que puede levantar al hombre al más alto nivel. "La guerra es la vida; la paz es lo inerte y lo muerto", habrán de afirmar los filósofos en plena decadencia.

Scheler proclama que "la verdadera raíz de la guerra reside en que a toda vida es inherente la tendencia al incremento [...] Lo muerto, lo mecánico, procura solamente conservarse. La vida, en cambio, crece o decae".

Viene en seguida Oswald Spengler. Se enfrenta a un mundo diferente del de sus antecesores. La Revolución Socialista de Octubre ha triunfado. Por eso su libro, que adquirió tanta fama: *La decadencia de Occidente*, es ya una repulsa abierta del espíritu científico, de la competencia de la razón humana para resolver los grandes problemas de la humanidad. Niega el desarrollo unitario del género humano. Levanta la teoría de la cultura como "fenómeno primigenio" de la sociedad. Todo depende, afirma, del "ciclo cultural" en que se vive, y concluye afirmando que existen varias culturas cualitativamente distintas, y que cada una de ellas tiene su desarrollo propio e inconfundible en todos sus aspectos.

Al filósofo Scheler le corresponde la etapa de lo que los economistas y los sociólogos llaman el periodo de la "estabilización relativa", que se inicia en Europa a partir de 1923, después del movimiento revolucionario de aquella época. Es un negador decidido del régimen democrático. "La forma sociológica de la democracia 'desde abajo', afirma, es, en general, más bien enemiga que amiga de *todas* las formas superiores del saber [...] Son los demócratas de origen liberal, quienes, sobre todo, han mantenido en alto y desarrollado la ciencia positiva."

Y de este modo llegamos a uno de los filósofos de quien partieron los que hoy mismo exponen y desarrollan su pensamiento regresivo: Martin Heidegger. Como ya no se puede negar de un modo rotundo que existe la filosofía del materialismo dialéctico; como ya no es dable, desde el punto de vista de la realidad histórica y del razonamiento lógico, seguir afirmando la existencia exclusiva del pensamiento idealista, Heidegger propone una "tercera vía" filosófica: el *realismo*. Sólo que el camino hacia la realidad objetiva independiente de la conciencia no existe. Existe, por el contrario, una estrecha y orgánica vinculación entre los fenómenos y la esencia, entre la fenomenología y la ontología. Pero la ontología sólo es posible como fenomenología.

Es importante la influencia de este pensador no sólo en el campo de las ideas puras. Su influjo alcanza las letras, el arte. James Joyce, André Gide, André Malraux, por ejemplo, representan en la literatura la misma actitud.

Heidegger concluye afirmando que el único camino firme es el que ya había trazado el filósofo Kierkegaard: "Como la marcha del mundo, a la larga, no es en modo alguno lo único que importa que sea, debemos abandonar todos los planes y toda la actuación en torno al remoto porvenir, para *dedicarnos aquí y ahora a crear y animar la existencia* [...] hacer del presente lo auténtico es, en fin de cuentas, lo único que me es dable hacer".

De aquí parte la filosofía del existencialismo. Pero antes de hablar del existencialismo actual, de estos años, es preciso hacer ver que la pendiente del irracionalismo, como tenía que ocurrir, tomando en cuenta los grandes cambios sociales realizados en el mundo, desembocaría fatalmente en el pensamiento del nacionalsocialismo.

Son muchos los teóricos del fascismo. El solo enunciado de sus nombres reduciría el tiempo limitado de esta conferencia. Sólo quiero que se vea hasta dónde baja, con ellos, el nivel del pensamiento. Hasta qué punto los sistemas filosóficos caducos del pasado resultan muy superiores al proceso de enanismo ideológico que ocurre desde la víspera del advenimiento del régimen fascista en Italia y que, años más tarde, llegaría hasta la proclama agresiva y bárbara con la victoria del partido nazi en Alemania.

Ludwig Klages, uno de estos ideólogos, dice: "Dondequiera que hay un cuerpo vivo, hay también un alma. Este estado cósmico, orgánicamente vivo, es desintegrado y desplazado por el *espíritu*

[...] Sobre el alma se eleva el *espíritu* [...] Sobre la vida que deviene y perece, una acción encaminada a perecer [...] un poder extramundial ha irrumpido en la esfera de la vida [...] La actividad de la razón es una 'infancia y no una ignominia'".

Y el más vulgar de estos pensadores o, mejor dicho, de estos consejeros ideológicos del fascismo, Rosenberg, en su libro llamado el *Mito del siglo xx*, populariza y difunde simplemente la filosofía de la vida con fines de agitación. Sostiene la antítesis entre la vida y la muerte, entre la intuición y la razón, y afirma que la eterna entidad de las razas separadas entre sí y entre las cuales no puede haber mediación ninguna sólo se puede liquidar mediante la destrucción mutua de las razas. La filosofía de la vida termina, en consecuencia, en la concepción del mundo "nacionalsocialista".

La filosofía *existencialista* de hoy, particularmente la que encabeza Jean Paul Sartre, no es más que una nueva adaptación de la filosofía de la vida a las necesidades del régimen capitalista decadente de la posguerra, porque no es sólo ya la Unión Soviética la que representa el marxismo, teórico y aplicado. Ahora es medio mundo, desde la Alemania oriental hasta Corea. Por eso no se puede seguir despreciando el materialismo dialéctico.

Es importante precisar el verdadero contenido de la doctrina de Sartre, porque en nuestro medio —"arreglado al bodegón son las moscas", dice un viejo refrán español— también el macartismo y el existencialismo tuvieron algunos partidarios, aunque ignoro si los tienen todavía. Sartre dice, definiendo su propio pensamiento:

> Todo objeto tiene una esencia y una existencia. Una esencia, es decir, un conjunto constante de propiedades. Una existencia, es decir, cierta presencia efectiva en el mundo. Muchas personas creen que la esencia es primero y después la existencia. Esta idea tiene su origen en el pensamiento religioso. El existencialismo sostiene, por el contrario, que en el hombre, y en el hombre sólo, la existencia preside a la esencia. Esto significa que el hombre es primero y que sólo después puede ser esto o lo otro. En una palabra —afirma Sartre—, el hombre debe crear su propia esencia. ¿Qué es, por tanto, el existencialismo? ¿Fascista, conservador, comunista o demócrata? No —resuelve el filósofo—, no es nada de eso. Es cierta manera de enfocar las cuestiones humanas, rehusando darle al hombre una naturaleza fija para siempre...

Son claras las consecuencias de tal doctrina. Para Sartre no hay leyes naturales que rijan el universo y la vida. El hombre es un ser único en el seno de la naturaleza. Puede crear su propio ser a su antojo. Pero la existencia consiste sólo en la existencia misma, es decir, en la nada.

¿Qué es, por tanto, lo que el existencialismo representa? Para mí es la decepción profunda de una época que ha llegado al crepúsculo, y es temor también hacia el socialismo, que va ampliando la autoridad de sus bases filosóficas y el área de su influencia política.

El existencialismo es la vieja filosofía de la angustia, que lo mismo cae en el misticismo religioso que en la posición nihilista o en el aturdimiento deliberado de la extravagancia, que no quiere saber nada del futuro, sino del presente. Y del presente sólo lo que puede llevar al hombre al margen de la realidad que lo circunda.

Sartre desciende de la filosofía alemana, irracional o irracionalista; pero también del irracionalismo francés, que en México estuvo de moda cuando yo fui estudiante.

El irracionalismo representado, de modo principal, por dos famosos pensadores: Henri Bergson y Emile Boutroux. El primero, negador también del razonamiento, partidario de la *intuición* como la única arma que puede emplear el hombre para conocer la verdad, y Boutroux, el filósofo de la "contingencia en las leyes de la naturaleza", de la impenetrabilidad entre los diversos sectores del ser, y del pensamiento con el ser, con el propósito de dar cabida a la intervención de agentes extrahumanos o divinos en el proceso de la historia.

El panorama de esa escuela filosófica se completa con el *pragmatismo*.

También el pragmatismo es una doctrina surgida del pensamiento germánico. La Escuela de Viena estableció sus bases principales; pero bien pronto traspuso el océano y adquirió carta de ciudadanía en los Estados Unidos de América. Negador de la razón, como los otros, afirmando que el pensamiento es incapaz de aprehender la esencia de las cosas, que lo que importa es la acción que puede desarrollar las fuerzas materiales y humanas, tiene su exponente más conocido en William James.

Del pragmatismo de William James deriva la filosofía de John Dewey, la tesis pedagógica llamada la "escuela de la acción" y, en política, la práctica de la expansión de los monopolios hacia adentro y hacia afuera de los límites del país. Por tanto, se puede decir que el pragmatismo es una simple variante del irracionalismo, en una nación poderosa que llegó, antes que otras, al más alto nivel de su desarrollo industrial y financiero, con apremios imperialistas.

Pero precisamente por constituir la negación del conocimiento y del proceso de la realidad objetiva, tuvo que arribar, de manera inevitable, a la misma conclusión con la que terminó la filosofía de la vida. Valdría la pena hacer un estudio cuidadoso de la filosofía de los nazis y de los pensadores norteamericanos de estos últimos años, porque incuestionablemente se hallaría el parentesco entre el macartismo y el nacionalsocialismo hitleriano.

Ésta es la característica sustancial de toda la gran corriente del irracionalismo que cubre la época contemporánea, el periodo de nuestra propia existencia, el de la generación anterior a la nuestra y el de la nueva generación que los estudiantes universitarios de hoy representan.

Ahora veamos en qué consiste la filosofía del materialismo dialéctico.

¿Qué es lo fundamental de ella? ¿En qué medida representa una contraposición al pensamiento idealista en sus formas primeras, al irracionalismo posterior, a la filosofía de la vida, al existencialismo y al pragmatismo?

El materialismo dialéctico es una teoría y un método. Como teoría, es la teoría del materialismo. Como método, es el método de la dialéctica.

¿Qué es lo que afirma el materialismo? Principalmente los siguientes postulados:

La realidad existe con independencia del pensamiento.

Es posible el conocimiento de la realidad.

El conocimiento es absoluto en cuanto a su validez y relativo respecto del tiempo. En otras palabras, el conocimiento es progresivo.

El conocimiento se adquiere mediante la razón.

El origen del conocimiento es la experiencia.

La única forma de probar la validez del conocimiento es la práctica.

No es la conciencia del hombre la que determina la existencia, sino que es la existencia la que determina la conciencia. La conciencia humana, sin embargo, transforma la existencia.

El ser y el pensamiento son sustancialmente idénticos. Todo lo que existe en el universo está compuesto de materia, de materia en todas las formas posibles: de materia que se mueve o de materia que piensa.

La dialéctica, a su vez, como método afirma:

Hay una conexión entre todos los hechos y fenómenos del universo, de la naturaleza y de la vida social.

La conexión es causal, de causa a efecto. La conexión causal es recíproca. Todos los fenómenos son, a la vez, causas y efectos. La causa y el efecto son simultáneos.

Todo lo que existe se halla en movimiento. El movimiento se produce por la oposición de fuerzas antagónicas.

La oposición se resuelve siempre dando lugar a un hecho nuevo. El hecho nuevo implica un cambio de la cantidad a la calidad.

El cambio cuantitativo en cualitativo es siempre súbito.

Es fácil apreciar que el materialismo dialéctico es una filosofía opuesta al agnosticismo, al idealismo, al materialismo mecanicista, al irracionalismo, a la filosofía de la vida, al existencialismo, al pragmatismo y al fascismo,

Al concebir la naturaleza como un todo y como un proceso y la razón humana con capacidad para el conocimiento de todo lo que existe, el materialismo dialéctico otorga al hombre la posibilidad del aprovechamiento de la naturaleza en beneficio suyo. Descubre las leyes del progreso histórico y da al hombre también la posibilidad de transformar la vida social en otra más avanzada.

La trascendencia del materialismo dialéctico estriba, como teoría filosófica, en que, como lo afirmara Marx, hasta antes de hoy —cuando formuló junto con Engels la doctrina— los sistemas filosóficos se han ocupado sólo de investigar la realidad. El materialismo dialéctico investiga la realidad; pero con el propósito de transformarla.

La filosofía del materialismo dialéctico, aplicada al estudio de la sociedad humana, se llama materialismo histórico.

El materialismo histórico afirma que la vida social está determinada por condiciones materiales. Las condiciones materiales son el factor geográfico, el factor demográfico y el factor económico. Este último, el factor económico, es el determinante.

El factor económico es el modo de la producción de los bienes que el hombre necesita para su subsistencia. El modo de la producción depende de las fuerzas productivas, del trabajo humano y de la técnica, y de la forma en que el producto se reparte entre los componentes de la sociedad.

En un momento de su desarrollo, las fuerzas productivas, que se hacen cada vez más sociales, entran en contradicción violenta con las relaciones de producción, con la forma, cada vez más individual, en que el producto se distribuye, y entonces, según las leyes de la dialéctica, se opera un cambio brusco de la cantidad a la calidad, y el sistema social establecido se remplaza por otro.

Éste es el escenario de las ideas que se halla frente a nosotros.

El mundo capitalista dejó de ocuparse de los principios renovadores de la sociedad humana desde hace largos años.

El mundo socialista se ha construido por el dominio de la filosofía marxista y por su aplicación fiel a la realidad objetiva y concreta.

Porque el marxismo, el materialismo dialéctico, no es un dogma, sino un instrumento para la acción creadora. Sobre la base del conocimiento de la identidad sustancial de los fenómenos del universo, del mundo y de la vida, y de las leyes que rigen su evolución, tanto los problemas teóricos como los prácticos pueden ser resueltos.

Contra el materialismo dialéctico ya no valen los medios que durante mucho tiempo emplearon sus adversarios. Ya no se le puede ignorar. No se le puede desfigurar. No se le puede "revisar", como ahora mismo ocurre entre ciertos individuos que no tienen pudor al llamarse revolucionarios porque así se proclamaron en su juventud.

El materialismo dialéctico, en el terreno de la ciencia, ha visto sus principios fundamentales comprobados por los grandes descubrimientos de la razón, dedicada a la búsqueda de las leyes y los hechos que rigen el mundo y la vida: la ley de la transformación de la energía; el descubrimiento de la célula orgánica; la teoría de la evolución; la teoría de la relatividad; la transformación de la masa en energía; la teoría atómica y cuántica, y la teoría del cromosoma. Esos grandes hallazgos del pensamiento científico de nuestro tiempo, a pesar de que todavía algunos sabios se detengan a la puerta de las conclusiones finales a las que lógicamente debía llevarlos su trabajo, porque prevalece en ellos el ancestral complejo religioso, constituyen la victoria esplendorosa de la filosofía materialista y del método dialéctico.

En el campo social, sus principios han sido también comprobados por los hechos. Estos hechos, los de ayer y los de hoy, demuestran que la contradicción congénita al régimen capitalista produce su aniquilamiento; que el imperialismo se halla en proceso de liquidación; que la socialización de los instrumentos de la producción económica concluye con la lucha de clases, termina con la explotación del hombre por el hombre y extingue la querella secular entre el hombre y la naturaleza.

¿Cuál es la perspectiva?

Colocándonos en el terreno estricto de las ideas, podemos afirmar que restaurado el razonamiento como arma del saber y del progreso, el horizonte de la humanidad es más amplio y más prometedor que nunca.

Lo que se halla ante nosotros, jóvenes de mi país, lo que está frente a las nuevas generaciones de todo el mundo, es un nuevo humanismo. Es, otra vez, la posibilidad de hacer del hombre la base y el objeto de la filosofía, de la ciencia, del arte, de la cultura. Pero este humanismo no ha de ser, ni puede ser, venturosamente, como el humanismo del pasado.

El humanismo de la Antigüedad clásica trataba al hombre en abstracto, lo mismo el humanismo del Renacimiento y también el de la Ilustración. Por eso hoy no tiene más valor que el de una reliquia literaria, de un conjunto de atisbos brillantes del pensamiento infantil de la humanidad. Era un humanismo proclamado por altos pensadores representativos de una sociedad basada en la esclavitud. Un humanismo que jamás se propuso, ni siquiera en el terreno de las ideas, la liberación de los hombres, de los hombres reales, de la mayoría de los hombres privados de dignidad y de libertad.

Mientras exista la lucha de clases, la explotación del hombre por el hombre, no puede haber en el campo del pensamiento y, menos en el de la realidad viva, un humanismo que comprenda a todos los humanos. Y ante este hecho todas las doctrinas filosóficas, todas las teorías morales, todas las tesis políticas tienen que definirse sin ofrecer como solución al tremendo conflicto una vida ultraterrestre, la fuga de la realidad, la resignación o el consejo cínico de incorporarse a la clase social de los explotadores.

El humanismo que está ante nosotros es un humanismo concreto, que se refiere a todos los seres humanos, a los más humildes e ignorantes y a los que han logrado mejores condiciones de existencia o una elevación espiritual y un refinamiento envidiable en su vida.

El humanismo que está ante nosotros es un humanismo que trata de hacer de todos los hombres seres con acceso real y no hipotético a los beneficios de la civilización y de la cultura.

Pero este humanismo, jóvenes de la Universidad Nacional Autónoma de México, hay que construirlo.

LLEGÓ EL MOMENTO DE NACIONALIZAR EL ESTADO. EL CAMINO MEXICANO HACIA LA NUEVA DEMOCRACIA[1]

CUANDO los filósofos del siglo XVIII formularon su tesis acerca de la estructura del Estado republicano que debía remplazar el orden feudal, las nuevas clases sociales estaban aún en embrión, ninguna de ellas había alcanzado su madurez, y por esta causa concibieron la doctrina de la división de los poderes —el Ejecutivo, el Legislativo y el Judicial— y establecieron los derechos del hombre o garantías del individuo como base y objeto de las instituciones sociales, otorgando igualdad jurídica a todos los ciudadanos, independientemente de sus recursos económicos y del grado de su cultura. Así nació la democracia moderna, porque la burguesía era una fuerza revolucionaria que necesitaba del apoyo de las masas populares para llegar al poder y abrir una nueva etapa en la historia de la humanidad, liquidando las trabas que en todos los órdenes habían caracterizado la vida de la Edad Media.

La doctrina republicana fue adoptada por las fuerzas democráticas de todos los países que vivían, en mayor o en menor proporción, dentro del feudalismo o bajo el régimen monárquico, y penetró en las colonias de las metrópolis más poderosas, como las que España había organizado y mantenido desde el siglo XVI en América. Esa doctrina sirvió a los precursores de nuestra guerra de Independencia y a sus caudillos para lograr la autonomía política de la nación y, más tarde, para crear el Estado republicano como forma definitiva de la estructura política de México.

Era la doctrina liberal, basada en la libertad de producción, de comercio, de pensamiento, de imprenta y de creencias, la que, a juicio de sus más altos exponentes, habría de realizar la felicidad de los hombres, según las aptitudes y la conducta de cada uno, en una especie de concurso que el Estado cuidaría para que nadie lo perturbara o pretendiera malograr los frutos que de él se esperaban.

[1] Vicente Lombardo Toledano, *Escritos en "Siempre!"*, t. IV, vol. II, Centro de Estudios Filosóficos, Políticos y Sociales Vicente Lombardo Toledano, México, 1994.

El camino sería, para lograr ese objetivo, el sufragio universal, porque todos los ciudadanos eran iguales ante la ley y, en consecuencia, bastaría con sumar sus votos para tener, de una manera automática y justa, el gobierno perfecto.

Pero esa teoría de la vida política no dio resultados positivos, porque partía de un hecho falso: el de la igualdad jurídica, que no podía funcionar sino entre iguales, y la igualdad era imposible en la sociedad dividida en clases antagónicas. La sociedad basada en la propiedad privada de los instrumentos de la producción económica, a partir del régimen de la esclavitud, separó a los hombres en clases opuestas, y desde entonces también ninguna teoría igualitaria podía tener éxito sino a condición de cambiar las bases materiales de la sociedad.

Al llegar la burguesía al poder y apropiarse de los medios de la producción, coincidiendo con la revolución industrial que se operaba en Europa, no pudo funcionar el sistema representativo porque la vieja lucha entre las clases sociales de la etapa esclavista y del periodo del feudalismo se agudizó a tal punto que en los primeros tiempos del régimen burgués, que instauró el sistema capitalista de producción, las masas trabajadoras, sin percibir las causas de la situación en que se hallaban, acudieron hasta la violencia, destruyendo las máquinas por estimar que a éstas, que remplazaron el trabajo manual tradicional, se debían su miseria y la explotación que empezaron a padecer de manera dramática.

Durante muchas décadas, sin embargo, la burguesía desarrolló las fuerzas productivas de una manera importante, respetó las libertades individuales que le habían servido para atraer en su ayuda a las grandes masas del pueblo, porque todavía no había alcanzado sus características definitivas; pero en virtud de una ley congénita al nuevo sistema de producción fue concentrándose el capital en pocas manos y, más tarde, se centralizó la economía en los monopolios, que iban liquidando la libre concurrencia y convirtiéndose en la fuerza omnímoda de los intereses colectivos. De este modo, pasó el capitalismo de los derechos del hombre a la restricción de esos derechos, que negaría en la práctica de un modo rotundo cuando el régimen llega a la hegemonía de los monopolios financieros sobre los monopolios de la producción, que salen de las fronteras de su país para conquistar los recursos y el trabajo de los pueblos atrasados, abriendo la era del imperialismo.

La intensificación de la lucha de clases en el seno de las naciones que se industrializaban y la expansión de los monopolios sobre los pueblos débiles, con los cuales organizan sus esferas de influencia, acabaron con las ilusiones del liberalismo y dieron muerte, de hecho, a la democracia representativa basada en la igualdad de los ciudadanos. Es entonces cuando se organizan los partidos políticos como instrumentos de difusión ideológica y de defensa de los intereses de las diversas clases de la sociedad. La lucha no ocurre ya únicamente por el logro de mejores condiciones de vida para quienes sólo cuentan con el salario que reciben, sino que se proyecta al campo de las luchas por los puestos de mando en el gobierno y por los del Poder Legislativo que representan la opinión de los ciudadanos. En otros términos, la lucha de clases llega al terreno electoral y al seno del Parlamento o del Congreso, como prolongación del combate de afuera.

La doctrina de la democracia llega a nuestro país, a pesar de las prohibiciones para la difusión de las ideas revolucionarias, hacia la mitad del siglo XVIII y produce los mismos efectos que en Europa y en la América del Norte. Los insurgentes y después los hombres de la Reforma creen en ella y la proclaman y la aplican porque había que liquidar el poder de la Iglesia católica, que se había convertido en un estado dentro del Estado, trabando el desarrollo de las fuerzas productivas, interviniendo en los actos principales de la vida humana y manteniendo el monopolio de la educación, con ideas que la República naciente había condenado. Por eso, se elevan también entre nosotros los derechos del hombre a la categoría de normas supremas del nuevo orden jurídico y político. Sin embargo, no podían surgir aún los partidos, porque no habían nacido ni la burguesía industrial ni el proletariado. Las clases sociales, durante casi todo el siglo XIX, estaban constituidas en México por los grandes hacendados, los comerciantes y los banqueros, asociados a los capitalistas extranjeros, y por los peones y aparceros de los latifundios, los artesanos, los profesionistas y el débil sector de los empleados públicos. La lucha de clases no se expresaba a través de los partidos, sino de los movimientos políticos, de las corrientes de opinión, hasta que en 1910, al estallar la tercera gran revolución de nuestra historia, empieza a adquirir los perfiles de los antagonismos contemporáneos.

Al multiplicar las fuerzas productivas, la reforma agraria, poniendo en cultivo grandes extensiones de tierra inactivas, liberando a centenares de miles de esclavos de las haciendas y convirtiéndolos en factores de consumo, fue formándose el mercado nacional. Se amplió la industria, creció la clase obrera y nuestro país entró en la etapa capitalista. Todavía durante las primeras décadas, después del triunfo de la Revolución, los partidos políticos giran alrededor de los caudillos y, en consecuencia, se extinguen con éstos al desaparecer o perder su influencia. Ésta es la causa que explica la tardanza en la aparición de verdaderos partidos políticos y también su lento proceso en el seno de una sociedad que se movía por medios distintos a los de los partidos y cuyas mayorías iletradas ignoraron siempre el valor del sufragio.

Así hemos llegado a la situación actual, en la que ya se puede hablar de partidos verdaderos, permanentes, con programas precisos y objetivos claros, inmediatos y futuros. Su lucha entre ellos y su rápida evolución han tenido y tendrán pronto repercusiones todavía mayores en todos los órdenes de la vida nacional, especialmente en la integración de los poderes públicos y, más concretamente aún, en la formación del Poder Ejecutivo, al que incumbe el gobierno de la República. Porque en las naciones capitalistas más desarrolladas que adoptaron el sistema republicano y representativo, exceptuando las que lo desnaturalizaron para abrirle la puerta al fascismo y las que tienen formas fascistoides de organización, el Parlamento o el Congreso impone limitaciones al jefe del gobierno. Pero en donde ese poder no funciona con completa independencia, como en México, el presidente de la República se ha convertido, queriéndolo o no, en el único poder real, proyectando su gran influencia, a veces positiva y en ocasiones negativa, sobre todos los aspectos de la vida pública.

Por eso, tiene tanta importancia en México la lucha electoral cada vez que se presenta, a pesar de que existe la opinión generalizada de que el partido gubernamental lo decide todo, sin importarle las protestas de los sectores sociales y los partidos independientes. El interés va creciendo porque encierra la esperanza de que algún día se establecerá un régimen político en el cual los ciudadanos no sólo tengan contacto con los poderes del Estado en el momento en que depositan sus votos, sino de modo permanente, participando lo mismo en el Poder Legislativo que en el Ejecutivo, creando así un sistema democrático verdadero por cuanto intervendrán en él, orgánicamente, las fuerzas progresistas más valiosas.

Empiezan a forjarse ya, con gran claridad, una serie de ideas para que nuestro país pueda pasar de la etapa de la democracia liberal a la democracia de los partidos políticos afines, y especialmente a la alianza de las fuerzas democráticas, sin la cual no puede haber ni programa permanente para el desarrollo de México ni política interna constructiva ni política exterior autónoma. La reciente reforma a la Constitución que establece el sistema de diputados de partidos es un paso valioso; pero no el único. Es urgente también poner en consonancia el gobierno con el desarrollo material y social del país, superando el gobierno unipersonal del presidente de la República para enriquecerlo con la colaboración de elementos representativos de las mejores fuerzas sociales de la nación.

Un examen atento sobre la forma en que se ha integrado el gobierno presidencial desde 1917 hasta hoy, y acerca de la labor que como equipo ha llevado a cabo, llegaría a la conclusión de que la obra de los colaboradores del presidente de la República —los secretarios de Estado, jefes de departamento y directores de las empresas estatales— no ha sido todo lo positiva que se esperaba de ella ni en los periodos en los que la administración ha estado dirigida por los presidentes de la República más progresistas.

Eso ocurre porque, salvo casos de excepción, los colaboradores inmediatos del presidente son escogidos por él por razones de confianza personal, de amistad o de recomendaciones que no ha podido rechazar. Por eso, sólo se sienten obligados ante su jefe y no ante las fuerzas democráticas del país. Y como sigue prevaleciendo la idea de que el presidente de la República es infalible, de que jamás yerra y de que, en consecuencia, no puede remplazar a sus colaboradores por otros porque eso equivaldría a confesar que se ha equivocado, a pesar de la ineptitud demostrada por muchos, se les mantiene hasta el fin del mandato del jefe del gobierno, haciendo nugatorio su programa, frustrando sus propósitos o saboteando sus órdenes.

El progreso de la democracia en México tiene que abarcar no sólo el Poder Legislativo, sino también el Poder Ejecutivo. El Estado ha nacionalizado los recursos naturales del territorio, algunas de las actividades productivas y los más importantes servicios públicos, siguiendo un camino certero, impuesto por la dinámica del movimiento revolucionario. Pero ha llegado el momento para nacionalizar el Estado, integrando el gobierno con los más capaces elementos representativos de los sectores democráticos de la nación.

Si en lugar de un gabinete presidencial compuesto por amigos del presidente, por hombres de su confianza o por recomendados de quien le entregó el poder, se formara en el futuro con elementos capaces, honestos y patriotas, escogidos del seno de los sectores deseosos de hacer progresar a México con independencia, de ampliar el sistema democrático y de elevar el nivel de vida de las mayorías, la democracia mexicana daría un paso de enorme significación, que impulsaría vigorosamente el desarrollo económico y haría posible el acceso a los beneficios de la civilización y de la cultura para un número cada vez mayor de mexicanos.

Un industrial dedicado a la producción, que haya demostrado su capacidad profesional y sus deseos de engrandecer al país, si formara parte del gobierno presidencial daría al jefe del gobierno el apoyo del sector al que pertenece. Lo mismo ocurriría si fuera miembro del más alto equipo de la administración un agricultor auténtico, no latifundista ni ligado a las fuerzas regresivas; y un comerciante que haya probado, con hechos, su convicción de que es necesario ampliar el comercio interior y difundir el mercado internacional de México; un elemento representativo de la clase obrera, por su ideología, su preparación personal y su limpieza de conducta; un exponente de las masas rurales con cualidades semejantes; uno o varios cuadros con méritos verdaderos dentro del sector de los técnicos de tipo superior; un alto exponente de la cultura para elevar la educación en todos los niveles, que sería como un padre espiritual del pueblo mexicano; una o varias personas dedicadas a la investigación científica; una mujer, que representaría a la mitad de los electores de nuestro país y que hasta hoy, a pesar de todo lo que se dice, no se le reconoce capacidad para compartir con el hombre el mando de la nación; uno o varios de los jefes de las fuerzas armadas, con noción clara de la labor patriótica que deben desempeñar en apoyo del pueblo y del movimiento revolucionario, y varios secretarios de Estado sin cartera, ligados a los partidos y fuerzas determinantes de la sociedad, harían un gobierno de tipo nuevo y transformarían la democracia liberal del pasado en una democracia nacional que, junto al fortalecimiento y al aumento de las empresas del Estado y a la transformación del Poder Legislativo en un Parlamento de todas las fuerzas y corrientes de opinión, podrían llevar a México, en muy poco tiempo, al grado de desarrollo que necesita, si no quiere quedarse rezagado en un momento en que en todos los países, los grandes y los pequeños, hay sólo dos móviles principales: el mantenimiento de la paz internacional y el desarrollo impetuoso de su economía y de su vida política, para satisfacer las necesidades de las grandes masas del pueblo y poder participar, en igualdad de circunstancias, lo mismo en el mercado mundial que en los órganos representativos de las naciones.

Todos los pueblos del mundo tienen un camino propio hacia el porvenir, hacia el progreso ininterrumpido, hacia el logro de metas cada vez más grandes. La Revolución iniciada en 1910, dando tumbos y venciendo obstáculos numerosos, ha labrado ya el camino de México, liquidando el liberalismo del siglo pasado, fortaleciendo las funciones del Estado, nacionalizando las ramas más importantes de la industria y los servicios, y precisando su política internacional independiente. Pero sin una nueva democracia, distinta de la tradicional, ese camino no se puede ampliar y, por tanto, no puede conducir, con la rapidez que exigen las presiones internas y las exteriores, al logro de las metas que el pueblo debe alcanzar para liquidar la miseria, la ignorancia y la angustia en que todavía vive.

La obra de los presidentes de la República más valiosa, desde Venustiano Carranza hasta hoy, necesita ampliarse con urgencia, imprimiéndole nueva dinámica desde los poderes más altos de la República, principalmente desde el gobierno; pero es incuestionable que sólo con la participación permanente, responsable y entusiasta de los elementos más representativos de las fuerzas patrióticas y avanzadas se puede gobernar sin riesgos y sin dificultades, que no pueden ser resueltas por la sola acción gubernativa. La hora ha llegado para proceder así y levantar todavía más alto el prestigio de México en el escenario del mundo.

Viernes 11 de octubre de 1963

LA CULTURA ES PATRIMONIO DEL PROLETARIADO[1]

Compañeros y amigos:

Hay una opinión vulgarizada, desde hace años incontables, en el sentido de que la cultura es patrimonio sólo de un grupo privilegiado de la sociedad, a la que sólo pueden pertenecer las personas que disponen de cuantiosos recursos económicos, y también existe un juicio muy extendido que afirma que la cultura sólo puede ser alcanzada por los individuos superdotados por la naturaleza para llegar a los altos niveles del saber.

Nosotros no compartimos ninguna de esas ideas, porque aun cuando es cierto que sólo tienen acceso a los establecimientos superiores de la enseñanza quienes disponen de tiempo libre y no se ven obligados a trabajar para mantener su existencia, se han ido abriendo, poco a poco, las escuelas superiores para quienes trabajan durante el día, y ya son muchos los profesionales que han surgido de las universidades y los institutos técnicos de nuestro país que, siendo obreros, empleados o personas de otros sectores de la sociedad, obligados a trabajar constantemente para vivir, lograron su empeño de mejorar su capacidad.

Pero la otra opinión, la que afirma que la cultura sólo puede ser lograda por las personas superdotadas para poder comprender el conocimiento, la verdad en todos los aspectos del saber humano, es una opinión que no resiste el más elemental análisis, porque la cultura no es la suma de conocimientos que se van acumulando, aun cuando ese proceso obedezca a un método pedagógico. No es posible poner de acuerdo a todo mundo respecto a una definición de la cultura; pero yo recuerdo ahora una definición de un hombre de ciencia eminente, un británico, que fue interrogado sobre el particular. Dijo: "para mí la cultura es lo que nos queda después de haber olvidado todo lo que aprendimos". Y aun cuando esta defini-

[1] Discurso en la Universidad Obrera de México, al inaugurar el año escolar, el 4 de marzo de 1963. Vicente Lombardo Toledano, *Obra educativa*, t. I, coed. UNAM-IPN, México, 1987, recopilación, selección y coordinación del Centro de Estudios Filosóficos, Políticos y Sociales Vicente Lombardo Toledano.

ción parezca una paradoja, no deja de tener un valor cierto, porque la cultura es, esencialmente, el conocimiento de la verdad en sus aspectos sustanciales para usarlo orientando la vida propia y la vida colectiva, a fin de mejorarla de una manera sistemática.

La cultura no es un cuerpo muerto de enseñanzas. No es tampoco el aprendizaje de las ideas que ha formulado la humanidad a lo largo de los siglos. Hay quienes afirman que la cultura es difícil lograrla, porque hay que pasar años y años averiguando y conociendo lo que el hombre ha pensado, desde las primeras formas de la sociedad por él constituida hasta nuestros tiempos, y así merece el nombre de persona culta, para muchos, quien tiene el conocimiento de lo que se llama la cultura clásica, la cultura anterior a nuestra época, a nuestra era histórica: la cultura de los griegos, de los latinos y, aun antes de ellos, la cultura de sociedades cuya antigüedad data de miles de años. Y después no basta con ese conocimiento. Queda incompleta la cultura si no se aprende el pensamiento y las expresiones del saber de las épocas posteriores, especialmente aquellas que aportaron un nuevo impulso a la investigación, al conocimiento de la naturaleza y que lograron también hacer aportaciones nuevas en el campo del arte, como el Renacimiento o la "Etapa de las Luces".

Pero no es ésa la cultura sustancial. Lo que importa, fundamentalmente, es saber; pero saber qué es el hombre, qué lugar ocupa en el mundo en que habita, cuáles son sus capacidades, cuáles son los obstáculos con los que tropieza en su afán de superación, que nunca se agota. Lo que interesa es saber cómo está estructurada la sociedad, quiénes la integran; si es homogénea o no, si la forman clases sociales distintas, si el antagonismo entre esas clases —como nosotros lo afirmamos— es tan viejo como la sociedad misma y si ha desempeñado el papel de motor de la historia. Lo que importa es analizar esas clases opuestas por sus intereses en cada periodo de la evolución de la sociedad humana y en nuestra época, y saber de dónde ha surgido esa lucha entre las clases opuestas, cuáles son las razones verdaderas de la lucha de clases, qué persigue cada una de ellas, cuál es la clase obrera. En consecuencia, lo que importa es utilizar el saber; los descubrimientos incesantes del pensamiento humano; las reflexiones sistemáticas de la razón, los hallazgos; los descubrimientos de las leyes que gobiernan cuanto existe en la naturaleza, el universo y la vida, independientemente de la voluntad de los hombres, para mejorar la existencia de quienes viven constantemente en el sufrimiento y en la opresión; pero también para saber cuál es el futuro de las clases sociales que existen, de las que todos los días combaten lo mismo por intereses materiales económicos que en el campo de las ideas y en relación con el futuro.

La cultura no es erudición, no es un acopio enorme de fechas, de datos, de nociones parciales. Es una concepción dinámica de la vida, del hombre y de la clase que en cada periodo de la historia representa una función revolucionaria, liquidando un sistema anticuado e injusto de la vida social para remplazarlo por otro nuevo, más justo, más elevado y con posibilidades de mejoramiento para la humanidad.

Si así comprendemos qué es la cultura, tenemos que llegar a la conclusión de que aun los analfabetos, los ignorantes —porque no tuvieron la posibilidad de emplear muchos años de su vida en las escuelas—, sabiendo leer y escribir y después, al conocer la verdad, pueden alcanzar pronto lo sustancial de la cultura para servirse de ella, mejorar su condición momentánea y establecer las bases para una transformación a fondo de la sociedad injusta en que vivimos.

¿Qué es lo que compone la cultura, entonces? ¿Cuál es su *substratum*, su meollo, su esencia? Algunos dicen que la literatura, la música, las artes plásticas, el arte como expresión superior del sentimiento y de la razón del hombre constituyen lo sustancial de la cultura. Quienes eso afirman tienen razón sólo en parte. El hombre, desde que existe, siempre ha tratado de expresar en una forma bella su sentimiento y sus ideas, de una manera rudimentaria cuando el hombre apenas disponía de algunos elementos materiales para decir con ellos sus ideas, y cuando el hombre, en cuanto a éstas, apenas vivía en la nebulosa de su propia ignorancia. Desde entonces hasta hoy, el hombre ha querido expresar de una manera sintética y hermosa sus inquietudes, sus preocupaciones internas, sus anhelos; pero ésa no es la cultura en su parte medular.

Otros dicen que las ideas filosóficas que surgen espontáneamente del interior del hombre constituyen lo sustancial de la cultura, por cuanto a que esas ideas forman doctrinas, teorías, explicaciones de la sociedad humana, del mundo, del universo; pero que para que esas formulaciones o esos principios filosóficos lleguen a la verdad, es indispensable que el hombre no sea perturbado por nada de lo que lo rodea, sino hay que dejar que el espíritu sea el que produzca, a manera de iluminación repentina, las fórmulas del conocimiento. Esta tesis es falsa y no constituye, de ninguna manera, lo principal de la cultura.

Para nosotros, lo que constituye la cultura, es decir el saber, el conocimiento, es el aprendizaje de las leyes objetivas que existen fuera de nuestro espíritu y que gobiernan el proceso del universo, del mundo y de la vida que nunca se detiene. La naturaleza está sujeta a leyes. El hombre es uno de los fenómenos de la naturaleza, uno de los hechos que constituye la naturaleza; pero es el hecho más extraordinario; el fenómeno humano es la expresión más alta de cuanto existe, porque siendo el fruto de un proceso, es decir, de un desarrollo histórico de la naturaleza, tiene la facultad de actuar sobre la naturaleza —de la cual proviene— y transformarla en su propio provecho. Porque el desarrollo de todo lo que hay, de cuanto hecho se produce en el seno de lo que existe, no es sistemático, mecánico, como en una cadena de causa a efecto, sin transformación. La evolución no es simplemente cuantitativa, de tal manera que cambien las cosas y los hechos sólo de forma. El proceso de la evolución se realiza de una manera cuantitativa; pero, fundamentalmente, de un modo cualitativo. Todo está cambiando; pero no cambiando sólo de cantidad, sino también de contenido, de esencia, y esos cambios de la cantidad a la calidad son —en el caso de la sociedad humana— las revoluciones, los factores que cambian el sistema de la vida social por otro más avanzado.

Para nosotros la cultura consiste, fundamentalmente, en el conocimiento de las leyes que gobiernan el universo, el mundo y la vida, es decir la naturaleza y, por tanto, el conocimiento de las leyes que el hombre es capaz de manejar no sólo para saber. Lo que importa no es sólo conocer la verdad, sino conocerla para remplazarla por otra en el caso de la vida social. Si no tuviera un carácter transformador la cultura, en consecuencia no tendría más que el valor de una erudición, de una serie de datos que se irían acumulando, y sería tarea de ociosos o de personas que les interesara poco la humanidad a la cual pertenecen.

Para nosotros la cultura es un instrumento de trabajo y un instrumento de lucha. Saber para revolucionar la vida a la cual pertenecemos en este periodo de la historia. Usar el conocimiento de la realidad y las leyes que la gobiernan para transformar la realidad en otra mejor y llegar, así, hasta una sociedad en la que estén dados todos los hechos, en la que sus bases permitan unas relaciones distintas a las que actualmente existen en todos los países capitalistas.

Cuando la Universidad Obrera de México se fundó hace 27 años, nuestros enemigos creyeron que nosotros íbamos a transformar, con el nombre de esta casa de estudios, el deseo de aprender de los obreros en un simple pretexto para conducirlos políticamente, desde el punto de vista de un partido o de una organización cualquiera, hacia finalidades ajenas a sus intereses inmediatos y lejanos. Hemos demostrado en este cuarto de siglo ya corrido que, con todos los defectos y deficiencias que no han estado a nuestro alcance remediar, hemos tratado de fundar las enseñanzas de la ciencia en el conocimiento de la naturaleza, del universo, del mundo y de la vida, en el análisis de la sociedad humana para poder transformarla desde hoy, porque las transformaciones no ocurren de un modo repentino, sino que se gestan en la propia sociedad que debe desaparecer hasta que ocurra el cambio de calidad.

Hemos tratado de enseñar de acuerdo con las normas de la ciencia y, por esa razón, como la ciencia cambia, como todos los días domina más la verdad, como va despojando de sombras la mente del hombre, como va entregándole nuevos conocimientos y nuevos instrumentos para mejorar su existencia, la enseñanza que se basa en las disciplinas científicas es, inevitablemente, revolucionaria.

Esta Universidad Obrera ha tratado de trabajar de acuerdo con estas preocupaciones, con este método de labor, y lo ha hecho porque han concurrido una serie de factores de todo tipo, en medio a veces de borrascas, de momento de ataque directo contra nuestra institución con la mira de suprimirla. Nació en un momento en que la Revolución mexicana tuvo un nuevo ascenso, ante todo por la unidad de la clase obrera en el campo sindical; cuando nació la segunda gran central sindical de nuestro país —la Confederación de Trabajadores de México— en 1936, porque la unidad de la clase obrera no significaba sólo la asociación orgánica de los trabajadores, sino, como ocurre siempre en estos cambios de cantidad a calidad, representó esa unidad de la CTM un motor revolucionario que creó un clima propicio para nuevas medidas avanzadas en el ámbito de nuestro país. Ese clima hizo posible que hasta recursos económicos del Estado llegasen públicamente a la Universidad Obrera.

Después, andando los años, los recursos oficiales del poder público desaparecieron; pero quedó siempre un factor que ha sido el más importante de todos: la voluntad desinteresada de sus maestros, de los que han venido aquí durante muchos años ya a desempeñar la cátedra en los cursos, en las escuelas permanentes de la institución, o a dar conferencias, a participar en seminarios, en mesas redondas. Este grupo de maestros es el que ha hecho posible la obra de la Universidad y, además, porque otro factor ha hecho posible también que sobreviva y crezca y se difunda y adquiera cada vez más prestigio y más influencia: la comprobación de que esta casa de estudios no pertenece a ningún partido ni a ninguna central obrera determinada.

Cuando el movimiento obrero se dividió seguimos trabajando. Se crearon después otras centrales. La Universidad Obrera no puede participar en esos problemas. Obreros de la CTM aquí, hoy; obreros de otros sindicatos que integran lo que se llama el Bloque de Unidad Obrera (BUO) son nuestros camaradas y hermanos; obreros que pertenecen a agrupaciones de la CROC o del otro bloque que se llama la Confederación Nacional de Trabajadores. Bienvenidos, son nuestros camaradas y hermanos. No podríamos nosotros reducir un esfuerzo que tiende a la clase trabajadora para que se preparen no sólo para vivir mejor hoy, sino para que todos vivamos mañana mejor definitivamente; no podríamos empequeñecer esta mira, este alto propósito, discriminando, clasificando o prefiriendo a uno o a otros. Y lo que se afirma de las organizaciones sindicales se dice de los partidos políticos. Ésta es la casa de estudios de la clase obrera de México, de todos.

El otro factor que también ha contribuido es el de la aportación económica de los amigos de la universidad, convencidos de que ha hecho una labor útil y de importancia. Desde hombres que han ocupado y ocupan lugares prominentes en la vida de la nación hasta los trabajadores más humildes, todos han ayudado económicamente a la Universidad Obrera. Yo no quiero decir sus nombres ahora, porque en un acto de modestia, que prueba su profunda convicción revolucionaria, me pidieron que no los diera; pero aquí hay dos maestros que durante cinco años fueron abonando mensualmente de sus salarios —que no son altos— una cantidad pequeña de dinero para comprar un bono de ahorro de un banco, y hoy han entregado la suma de mil pesos para la Universidad Obrera de México.

Así son los amigos de nuestra casa, y por eso seguirá viviendo, y debemos hacer no sólo que viva, sino que su labor sea más fructífera que en todo el pasado.

El mundo de hoy lleno de confusiones; nuestro país sujeto a presiones diarias y a propaganda oscura y falsa de los enemigos de nuestro pueblo. A veces da la impresión de que la gente que tiene a su cargo la obra más importante de todas, que es la de construir un México nuevo, no sabe cuál camino seguir ni qué actitud adoptar. Hoy, precisamente por eso, por el momento en que estamos viviendo de tránsito de una sociedad que se extingue para ser reemplazada por otra nueva, en un país semicolonial como el nuestro, al lado de los Estados Unidos —la potencia imperialista más grande de la historia—, en un continente en revolución, desde el norte hasta el sur, la clase obrera mexicana necesita aprender, saber, conocer las leyes esenciales que gobiernan la naturaleza, los principios que explican el desarrollo de la historia para que los que dominen esos conocimientos adquieran la base de la cultura y, al mismo tiempo, formen la vanguardia de los reformadores, de los transformadores, de los revolucionarios que han de llevar a cabo los cambios que la clase obrera y que nuestro pueblo exigen desde hace mucho tiempo.

Porque la revolución no es aventura, no es sólo actitud de valentía ni renuncia a la vida. Ésas son posiciones románticas, infantiles, emocionales que no corresponden ni al saber ni a la eficacia. Una revolución es una concepción del momento histórico en que se vive, de la forma de transformar la sociedad que prevalece y de la manera de sustituirla por otra. La ya célebre frase que preside esta casa de estudios modesta —"sin teoría revolucionaria no hay acción revolucionaria"— ha sido y sigue siendo nuestra preocupación constante. Porque para muchos es sencillo inclinarse por el camino simple e irreflexivo de la aventura, que siempre concluye en fracaso.

Nosotros queremos dotar de armas revolucionarias a la clase obrera de nuestro país, y las únicas armas, fundamentalmente revolucionarias, son las ideas. Cuando las ideas penetran en la cabeza del hombre, decía el fundador del socialismo científico —Carlos Marx— se transforman en fuerza. Y eso es verdad. Queremos que los cuadros del movimiento obrero de nuestra patria se capaciten, que sean cultos, que liquiden el prejuicio del que no ha ido a la escuela durante muchos años, la idea errónea de que la cultura pertenece a un cenáculo, a un pequeño grupo de elegidos o a un conjunto de seres dotados de medios materiales para gastar el tiempo en la escuela. No. Son tan pocas las verdades esenciales que componen el saber, que todos pueden aprenderlas de un modo fácil.

Tampoco se trata de cosas sólo para los superdotados porque el conocimiento de la verdad está al alcance de todos. Siempre la verdad es simple y diáfana; sólo la mentira es abstrusa y difícil de interpretar y sentir.

Bienvenidos los nuevos obreros a esta casa de estudios. Veo jóvenes camaradas de nuestros sindicatos que no supieron de las luchas del pasado, las que nosotros emprendimos; pero me da mucha alegría porque sé que son los hombres de la lucha de hoy y de mañana. La clase obrera nunca cesará de luchar y, por lo tanto, nunca puede cesar de aprender. La cultura es patrimonio del proletariado.

Abrimos, pues, este nuevo año de estudios y recibimos a nuestros compañeros con el júbilo de siempre, seguros de que estamos contribuyendo a formar el verdadero estado mayor del pueblo de México.

EL ARTÍCULO 3° NO SÓLO ES POLÍTICO; TAMBIÉN POLÉMICO[1]

FRACASADO el nuevo intento de los elementos reaccionarios para reformar el artículo 3° de la Constitución, ahora se han acogido a la idea, surgida del Sindicato Nacional de Trabajadores de la Educación, de reglamentar ese precepto de la Carta Magna, diciendo que debe hacerse una ley de carácter técnico, sin pronunciamientos ideológicos, para que las normas fundamentales de la enseñanza puedan aplicarse de un modo eficaz, pedagógico, pues un ordenamiento secundario de carácter político perturbaría la labor de la escuela en todos sus grados.

Viene a mi memoria, a propósito de esta pequeña maniobra, lo que ocurrió cuando nuestro país entró en guerra con la Alemania nazi y sus aliados. A petición del presidente de la República, general Manuel Ávila Camacho, el Congreso de la Unión declaró el estado de guerra. No había tenido éxito la labor subterránea o pública de los partidarios del fascismo para que México fuera neutral, como había ocurrido durante la guerra de 1914 a 1918. Entonces acudieron a un subterfugio: el estado de guerra, dijeron, no equivale a la guerra, y amontonaron uno tras otro numerosos argumentos falsos, de tipo verbal, para que no se considerara obligado nuestro país a luchar junto con los que se encontraban ya en pleno combate contra las potencias del Eje nazi-fascista. Fue necesario salirles al paso y aclarar que el estado de guerra era la guerra misma. Y así procedimos el gobierno y los dirigentes de las fuerzas patrióticas. La petición de que al reglamentar el artículo 3° no se utilicen argumentos de tipo político equivale a una chicana jurídica.

Ninguna ley reglamentaria puede alterar los principios y los mandatos expresos de la ley principal, porque eso equivaldría a anularla. La reglamentación consiste en una serie de disposiciones concretas y prácticas para aplicar con exactitud el espíritu, la doctrina, la intención esencial de la ley. Veamos cuál es el contenido ideológico del artículo 3°.

[1] Vicente Lombardo Toledano, *Obra educativa*, t. III.

Texto del primer párrafo del artículo 3°. La educación desarrollará armónicamente todas las facultades del ser humano y fomentará el amor a la patria y la conciencia de la solidaridad internacional en la independencia y en la justicia. Comentario. Esto quiere decir que la educación será completa —intelectual, moral y física— y que debe contribuir a mantener vivo el amor a la patria, que no es una entelequia, sino una entidad económica, social, política y cultural, formada históricamente y no de un modo apacible, sino en lucha violenta entre las fuerzas democráticas y progresistas y las fuerzas retardatarias. Quiere decir también que, además del amor a la patria, la educación enseñará que México es una parte del mundo, formado por pueblos y países distintos, en diversos estados de desarrollo, con los cuales debe sentirse solidario para luchar en conjunto por la independencia de cada nación y por el establecimiento, en cada una de ellas, de un régimen de justicia. Este párrafo es un precepto eminentemente político.

Segundo párrafo del artículo 3°. La educación será ajena por completo a cualquier doctrina religiosa. Se basará en los resultados del progreso científico y luchará contra la ignorancia y sus efectos, las servidumbres, los fanatismos y los prejuicios. Comentario. La libertad de creer es una de las garantías individuales; un asunto de la conciencia personal y no una cuestión de tipo colectivo. Por tanto, la escuela no puede ser un centro de enseñanza religiosa, o sea, que la educación no debe basarse en el concepto religioso del mundo y de la vida, sino en la ciencia, y por eso debe luchar contra el sometimiento del ser humano a las servidumbres de carácter intelectual o espiritual, y contra el fanatismo y los prejuicios, que son las formas más generalizadas de las servidumbres. Se trata, en consecuencia, de un precepto filosófico, apoyado en el progreso intelectual de la humanidad y no en las formas atrasadas del pensamiento.

El criterio de la educación será democrático —inciso a) del mismo párrafo segundo—, considerando la democracia no sólo como una estructura jurídica y un régimen político, sino como un sistema de vida fundado en el constante mejoramiento social, económico y cultural del pueblo. Comentario. Esto significa que la Constitución que nos rige postula una democracia diferente a la del siglo XIX. No es ya la democracia formal, que declara la igualdad abstracta de los hombres y los ciudadanos, sino una democracia dinámica que mira al progreso material, social y cultural de las mayorías, de las masas populares. He aquí un principio polémico que rectifica la filosofía social que prevaleció en nuestro país desde la Constitución de Apatzingán de 1814 hasta la Constitución de 1857.

El criterio que orientará la educación —inciso b) del párrafo segundo— será nacional y tenderá a la comprensión de nuestros problemas, al aprovechamiento de nuestros recursos, a la defensa de nuestra independencia política, al aseguramiento de nuestra independencia económica y a la continuidad y acrecentamiento de nuestra cultura. Comentario. En este breve párrafo hay todo un programa para el desarrollo actual y futuro de México, consistente en la utilización hacia adentro de los recursos de nuestro territorio, en la defensa de nuestra independencia política, en la conquista de nuestra independencia económica y en la defensa de nuestro acervo cultural. Otro pronunciamiento político más, que tiende a que la escuela haga suya la política del Estado, creada por la Revolución, cuyo objetivo es el progreso con independencia completa frente al extranjero y cuya meta debe ser también la defensa de nuestra cultura nacional, rechazando las ideas caducas provenientes del exterior.

El criterio que orientará la educación contribuirá a la mejor convivencia humana —inciso c) del párrafo segundo— sobre la base del respeto a la dignidad de la persona, a la integridad de la familia y al interés general de la sociedad y, también, sustentando ideales de fraternidad y de igualdad de derechos de todos los hombres, sin privilegios de raza, secta, grupo, sexo o calidad individual. Comentario. Esto quiere decir que la convivencia humana no puede ser estática, sino activa, partiendo de la igualdad de derechos de todos los hombres y de su trato fraternal, y rechazando la discriminación en todos sus aspectos, porque sólo así las personas pueden ser dignas y la familia puede integrarse sólidamente. Este párrafo es un alegato en favor de una nueva concepción de las relaciones sociales, de los vínculos que debe haber entre quienes integran la comunidad nacional. Otro principio político y polémico.

Párrafo tercero del artículo 3º. Los particulares no pueden impartir la educación primaria, secundaria y normal, ni la dedicada a obreros y campesinos, sin autorización previa, en cada caso, del poder público, el que puede negarla o revocarla sin que contra su determinación proceda juicio o recurso alguno. Comentario. Esto significa que es al Estado a quien corresponde la eduación en sus grados fundamentales, los que forman la conciencia del hombre y de la sociedad. En esta trascendental tarea los particulares pueden ayudar al Estado; pero no es una labor que implique para ellos un derecho o una obligación. Este párrafo es el resultado de más de siglo y medio de experiencia política.

Párrafo cuarto del artículo 3°. Los planteles particulares que hayan recibido la autorización expresa del poder público para dedicarse a los grados fundamentales de la educación deberán aceptar y servirse de los principios del artículo 3°, y cumplir con los planes y los programas oficiales. Comentario. Este párrafo es complemento del anterior. Se apoya en la misma experiencia histórica y es una norma eminentemente política.

Párrafo quinto del artículo 3°. Las corporaciones religiosas, los ministros de los cultos, las sociedades por acciones que se dediquen a actividades educativas y las ligadas a la propaganda de cualquier credo religioso no podrán intervenir en forma alguna en planteles en que se imparta la educación primaria, secundaria y normal y la dedicada a obreros y campesinos. Comentario. Los dos párrafos anteriores se refieren a la misma cuestión. Este quinto es una prohibición específica para la participación en la enseñanza de la Iglesia, de su sacerdocio y de sus empresas. Como en todos los que constituyen el artículo 3°, se hallan presentes en este párrafo los motivos que inspiraron las Leyes de Reforma y la experiencia acumulada desde entonces hasta la Revolución de 1910. Por esta causa surge esa prohibición que robustece, al mismo tiempo, la función del Estado en materia educativa como uno de sus deberes fundamentales.

Párrafo sexto del artículo 3°. El Estado podrá retirar, discrecionalmente, en cualquier tiempo, el reconocimiento de la validez oficial a los estudios hechos en los planteles particulares. Comentario. Es un precepto que completa y cierra la teoría educativa del artículo 3° y la función del Estado en materia de enseñanza.

La ley reglamentaria del artículo 3° de la Carta Magna, en consecuencia de lo que antecede, no puede ser un conjunto de normas de tipo técnico, pedagógico y administrativo, sino lo contrario: debe ser un ordenamiento que de manera concreta diga cómo se debe aplicar cada uno de los principios filosóficos y políticos, y el programa del desarrollo nacional que preconiza, para que pueda existir no sólo en las leyes, sino, ante todo, en la conciencia del pueblo, una idea clara de las relaciones entre el hombre y la naturaleza, de las relaciones entre los hombres mismos, de las relaciones del pueblo con otros pueblos del mundo, y del progreso ininterrumpido de la nación mexicana como nación independiente y soberana en el seno de la familia internacional.

De otro modo, quitarle el filo político al artículo 3º equivaldría a hacer lo que los domadores de mentirijillas de los circos, que extraen las garras y los colmillos de las fieras, convirtiendo a los leones y a los tigres en perros de alcoba que usan algunas señoras extravagantes. Pero es indudable que nadie logrará extraer de la Constitución los torrentes de sangre con la que está escrita, porque eso sería un suicidio nacional o una traición que algunos pueden intentar, pero que no contaría con el apoyo del pueblo.

EN MÉXICO NO PUEDE EXISTIR LA LIBERTAD DE ENSEÑANZA[1]

Desde la época de la Reforma hasta hoy, los elementos reaccionarios vienen luchando por que la educación pública no sea fundamentalmente una tarea del Estado, sino una función de los particulares. Pretenden, sobre todo, que las escuelas dedicadas a los niños y adultos en el grado elemental, así como las escuelas normales que forman a los maestros, se conviertan en centros de enseñanza religiosa y, además, en establecimientos con una orientación política al servicio del retroceso histórico de nuestro país.

Con motivo de la Junta Nacional de Educación Normal, convocada por la Secretaría de Educación Pública y que acaba de concluir sus tareas, los elementos reaccionarios han abierto otra vez el fuego de su inveterada actitud contra las conclusiones de esa reunión, porque fueron positivas, ajustadas a la letra y al espíritu de la Constitución de la República, y han vuelto a proclamar la primacía de los particulares para educar al pueblo, relegando al Estado al papel de factor complementario de la obra que, según ellos, corresponde a las personas físicas.

En México no existe la libertad de enseñanza, si por ésta ha de entenderse el derecho para transmitir conocimientos sin ninguna condición y sin tendencias ni criterio determinados. El artículo 3° de la Carta Magna establece el principio de que el Estado es el que tiene derecho de impartir la educación primaria, secundaria, normal y la dedicada especialmente a los obreros y campesinos. Los particulares pueden también impartir la educación en esos grados, pero sólo con autorización expresa del poder público. Esto quiere decir que en nuestro régimen jurídico la educación fundamental es un atributo del Estado y que los particulares pueden realizarla complementariamente con autorización del gobierno. Pero ni el Estado mismo puede impartir la educación de manera libre: las escuelas dependientes del gobierno federal, de los go-

[1] Vicente Lombardo Toledano, *Obra educativa*, t. III.

biernos de los estados y de los municipios están sujetas a condiciones precisas.

En cuanto a sus tendencias, la educación debe proponerse: *a)* el desarrollo armónico de las facultades del ser humano; *b)* el amor a la patria; *c)* la solidaridad internacional, basada en la justicia y en la independencia de las naciones.

Respecto del criterio que debe presidirla, la norma constitucional precisa que la educación debe ser ajena a toda doctrina religiosa y que se basará:

a) En los resultados del progreso científico.

b) En el sistema democrático de la vida social, entendido como el constante mejoramiento económico, social y cultural del pueblo.

c) En el concepto de lo nacional, en su múltiple acepción de aprovechamiento de los recursos naturales de nuestro territorio para el desarrollo económico, autónomo del país, de defensa de la independencia nacional, política y económica, y de continuidad y acrecentamiento de nuestra cultura.

d) En el respeto a la dignidad de la persona y la integridad de la familia, en la igualdad de derechos y la fraternidad entre los hombres y en la ausencia de privilegios de raza, secta, grupo, sexo o individuo.

Además de la autorización expresa del poder público para que pueda impartirse la educación en sus grados fundamentales, quienes realicen esa tarea tendrán la obligación de sujetarse a las tendencias y al criterio mencionados, así como a los planes de estudios y a los programas de las escuelas oficiales.

La educación en México está, pues, condicionada. Las autoridades educativas, las escuelas y los maestros, ya dependan del Estado o de instituciones privadas, tienen la obligación de impartir una educación tendenciosa —la señalada antes— y de educar de acuerdo con el criterio definido en la Constitución de la República. Esto significa que está prohibida la enseñanza religiosa; que será menester enseñar siempre de acuerdo con los resultados del progreso científico; que no se pueden improvisar explicaciones de la realidad fuera de la ciencia; que se deben destruir en los alumnos las ideas de servidumbre y los fanatismos y prejuicios; que la escuela debe ser un instrumento para que en nuestro país exista un verdadero régimen democrático en beneficio de las grandes masas populares; que la escuela debe cooperar a la independencia económica y política de la nación mexicana; que debe inculcarse a los alumnos la idea de que no debe haber diferencias entre los hombres por razones de clase, de raza, de secta o de sexo.

Esta educación corresponde a un país cuyo pueblo viene luchando desde hace siglo y medio por formar la nación y por defender la independencia de la nación ya formada frente al extranjero. Es la educación que corresponde a un pueblo que ha puesto en marcha una revolución democrática, nacional y antimperialista, y cuyo objetivo final es la creación de un México independiente y próspero, en el que imperen la libertad y la justicia y cuyo pueblo sea el único dueño de sus destinos.

Luchar contra esta orientación de la educación pública en nuestro país equivale a luchar contra el derecho de los campesinos a la tierra, contra el derecho de los obreros a asociarse y a defender sus derechos de clase con métodos de clase, a abolir los derechos humanos o garantías individuales, a levantarse en contra del principio de que la soberanía nacional radica en el pueblo, a abolir el régimen republicano y representativo, porque nuestra revolución histórica iniciada en 1810 y que no termina todavía es una revolución ascendente económica, social, política y cultural. No se puede avanzar en el terreno político sin tomar en cuenta los otros aspectos de la revolución. Tampoco se puede progresar en el campo económico olvidando el desarrollo trascendente de la vida cívica y de la cultura. La revolución es un movimiento que trata de edificar un México nuevo, opuesto al México esclavista y feudal, dentro del cual el Estado estaba subordinado a los intereses de la Iglesia, y al México semicolonial que subsiste, que limita la autodeterminación del pueblo mexicano y la soberanía de la nación en provecho de las fuerzas del imperialismo.

Los elementos reaccionarios sólo podrán alcanzar su propósito de abolir el artículo 3° de la Constitución cuando México sea un país en el que deje de imperar la Carta Magna —liberal, democrática, nacionalista y antimperialista—, forjada en la fragua de las tres grandes revoluciones de nuestra historia, e impere en lugar de ella un régimen fascista. Pero eso no lo verán nunca los mexicanos, porque lo más que puede ocurrir es que las fuerzas del imperialismo, asociadas a los sectores reaccionarios del mundo capitalista, provoquen una nueva guerra. Los estudiosos de la política internacional y de las leyes que rigen el proceso de la sociedad humana de nuestra época saben bien que una nueva guerra mundial sería la liquidación definitiva de las formas fascistas de la vida pública y la tumba del imperialismo.

LA UNIVERSIDAD OBRERA DE MÉXICO EN SU 25 ANIVERSARIO[1]

EL PROGRESO sistemático de un país, cualquiera que sea el estado de desarrollo en que se encuentre, no se puede lograr sin cuadros capaces para las diversas actividades que implica el logro de las metas colectivas. Por esta razón, ha sido siempre preocupación del Estado, desde la revolución industrial del siglo XVIII hasta hoy, bajo todos los sistemas de la vida social, la formación de los cuadros, partiendo de la agricultura hasta la investigación científica. En México a este respecto, por desgracia, no hemos logrado mucho, porque se puede afirmar que no ha habido una política para la formación de los cuadros en ningún orden de la vida pública, ya que aun los institutos, como el Politécnico Nacional, realizan su labor sin estrecho vínculo con las demandas concretas y las transformaciones que se operan en el país. Pero hay también cuadros que les corresponde preparar a los organismos de las clases sociales para que puedan defender con eficacia sus intereses. Lo mismo en las agrupaciones de masas y en los partidos políticos, el problema es el de los directores, porque sin cuadros capaces es imposible realizar acciones que obedezcan a un programa permanente, pues si es cierto que la práctica forma los cuadros, también es verdad que sin una preparación teórica la práctica resulta a la postre infructuosa, del mismo modo que la teoría sin su comprobación en la acción carece de trascendencia.

La organización de la clase obrera nació bajo el signo de las doctrinas revolucionarias y del internacionalismo proletario, es decir, de la unidad de los trabajadores por encima de las fronteras e independientemente de su raza, de su color, de su idioma y del grado de evolución de los países a los que pertenecen. La Primera Internacional, creada por Carlos Marx y Federico Engels, fue el primer gran intento de reunir a los representantes de la clase obrera; pero no sólo para el fin de alcanzar reivindicaciones inmediatas,

[1] Vicente Lombardo Toledano, *Obra educativa*, t. III.

sino para el propósito de abrir ante las masas trabajadoras de todo el mundo la perspectiva de un cambio revolucionario de la sociedad capitalista. El *Manifiesto Comunista* sirvió para ese propósito. Quienes han oído hablar de él sin haberlo leído y analizado suelen decir que tiene el valor de una proclama o de un instrumento de agitación; pero quienes lo estudian reconocen que es el documento filosófico más importante de todo el siglo XIX. Después siguió la copiosa literatura marxista de las últimas décadas del siglo pasado y la primera del XX, que abarcó los temas del pensamiento puro y el examen concreto de la realidad social, hasta llegar a la obra de Lenin, que enriqueció la filosofía de la clase obrera con aportaciones geniales y, posteriormente, en nuestra época, la riquísima literatura en la que la clase trabajadora se nutre para poder lograr sus objetivos inmediatos y lejanos. Esto demuestra que si la clase obrera no está guiada por un conjunto de cuadros que tengan la cultura fundamental y el conocimiento teórico indispensable para aplicarla a la vida, siempre con espíritu creador, o cae en el economismo —en las demandas concretas de tipo material y circunstancial— o actúa bajo la influencia de las ideas de la clase social dominante, que en el régimen capitalista es la gran burguesía dueña de los instrumentos de la producción. Hay también, por supuesto, y de esto está lleno el mundo occidental, teorías que aparentemente corresponden a la clase obrera; pero que bien examinadas resultan armas del adversario para estorbar la acción del proletariado y anularlo como fuerza de dirección revolucionaria. Estas teorías corresponden a lo que, en términos generales, puede llamarse la socialdemocracia, que en los últimos años ya no invoca siquiera los textos clásicos del socialismo científico, sino que se abstiene también de mencionar las transformaciones profundas de la sociedad, limitándose a ensayos de falsificación de la historia y del desarrollo progresivo, de una manera deliberadamente confusa, para crear ilusiones entre las masas trabajadoras. Desde el punto de vista ideológico, todas las fracciones y corrientes de la socialdemocracia, desde el laborismo inglés hasta las revisiones hechas al marxismo por los yugoslavos, son deformaciones de la filosofía revolucionaria que se han apartado del socialismo científico. En todas las luchas de la clase obrera, lo que se percibe de la manera más clara es que el proletariado no puede marchar sin una concepción del universo, del mundo y de la vida, porque de ella depende su acción práctica.

La clase trabajadora, en consecuencia, lucha mejor en tanto que se educa y se educa en la medida en que lucha. Ésa ha sido también preocupación del proletariado en México.

En 1912 se fundó la Casa del Obrero Mundial. Quienes la concibieron fueron cuadros del proletariado no nacidos en nuestro país, con la cooperación de algunos dirigentes nacionales de la clase trabajadora. Eran anarquistas y, de acuerdo con su concepción doctrinaria, se propusieron organizar sindicatos y educarlos políticamente. Por eso, la Casa del Obrero se convirtió en un centro de debates permanentes, alrededor de las tareas de la clase obrera mexicana y del proletariado internacional. Fue la primera escuela formadora de cuadros. Casi paralelamente a la Casa del Obrero surgió la Universidad Popular Mexicana, creada por El Ateneo de México, para extender los problemas de la cultura a la clase trabajadora. No era un organismo de lucha como la Casa del Obrero Mundial; pero sí una gran aula desde la cual se ofrecían a los obreros las opiniones, muchas veces centradas, que existían entonces alrededor del llamado problema social. Ésa fue también una escuela de cuadros. Posteriormente, la Confederación Regional Obrera Mexicana formó el Instituto de Ciencias Sociales con fines semejantes. Fue, asimismo, una escuela de cuadros. En 1926 concebimos, para formar los cuadros, una institución en la que deberían vivir por uno o dos años los elementos jóvenes de las organizaciones sindicales para prepararlos en el aspecto teórico de la lucha. Se habría de llamar el Colegio Obrero Mexicano. Por último, después de la crisis política de junio de 1935, que agrupó instantáneamente las diversas centrales sindicales que había en México, y ante la inminencia de la unidad orgánica de todas ellas, para dar origen a la Confederación de Trabajadores de México, surgió nuevamente la idea, y se realizó, de crear la Universidad Obrera de México, dedicada a la formación de los cuadros de la clase trabajadora.

Durante un cuarto de siglo, desde el 8 de febrero de 1936 hasta hoy, la Universidad Obrera ha cumplido su tarea en medio del ataque sistemático de los agentes de la burguesía reaccionaria y del imperialismo norteamericano. Con la ayuda económica, al principio, del Estado —durante el gobierno de los presidentes Lázaro Cárdenas, Manuel Ávila Camacho y los primeros años del licenciado Miguel Alemán—, y después con la cooperación de las personas que estuvieron de acuerdo siempre con la labor que debía realizar ese centro educativo, ha cumplido su tarea, a veces con tropiezos y a veces con estímulos. El día de la inauguración de la Universidad Obrera el licenciado Luis I. Rodríguez, secretario del presidente de la República, general Lázaro Cárdenas, dijo estas palabras: "...¿Qué podrán decir los eternos inconformes y los contumaces opositores a las reivindicaciones del trabajador, ante este impulso de llevar el pensamiento y la cultura a los campos de la acción, cuando aquéllos creen, en su ofuscación o en su perversidad egoísta, que sólo la violencia y la rapacidad son las armas de que pueden hacer uso las masas? [...] Va a demostrarse una vez más que la justicia social y la ciencia no se desplazan, sino que armonizan en el campo de las realidades. La Universidad Obrera de México, camaradas, nace en el momento justo cuando el país se halla en un régimen de equidad y reivindicaciones que propugnan por que no haya privilegios en ninguna parte y mucho menos en la noble actividad de educar. Bajo la égida de esta aurora estemos seguros de que será una realidad la paradigmática división que ostenta el frontispicio de este nuevo instituto: 'por un México mejor'". Y en nombre de la Confederación de Estudiantes Socialistas de México el joven Carlos Madrazo afirmó: "La Universidad Obrera de México es la primera piedra en firme que pone la mano vigorosa del proletario de México para edificar la nueva sociedad, basada en una economía que destruya las contradicciones y los fracasos del régimen capitalista; en una economía que acabe con la explotación del hombre por el hombre, y en una economía que destruya el patrimonio de la cultura como privilegio de la clase dominante y de la burguesía mexicana, que ha hecho de ella un patrimonio exclusivo, un ariete para fustigar las espaldas cobrizas del proletariado".

Muchas veces ha sido acusada la Universidad Obrera de difundir "ideas exóticas" o "teorías disolventes", y hubo un momento en que el procurador general de la República llamó al director de la institución para que informara acerca de las teorías filosóficas que se impartían en ella en virtud de una denuncia formal de un llamado líder obrero que lo acusó de emplear el dinero del pueblo, que le daba como subsidio el gobierno, para enseñar a la luz del marxismo-leninismo. La verdad, así lo expresó el compareciente al consejero jurídico del Estado, era la de que no siempre ha sido posible enseñar a la luz del materialismo dialéctico, porque los profesores partidarios de esa doctrina no abundan en nuestro medio. Pero la casa de estudios dedicada a la clase obrera ha continuado su labor, habiendo contribuido a la orientación de miles de cuadros que en diversas regiones de la República defienden a la clase trabajadora y le explican la importancia de la lectura, del estudio sistemático y de la preparación teórica.

La Iglesia católica ha multiplicado sus centros de formación de cuadros, desde los menores hasta los más altos en nuestro país, a veces con la ayuda directa o indirecta de las autoridades. La clase patronal ha hecho lo mismo. La única institución con la que cuenta la clase trabajadora es la Universidad Obrera de México. Por la convicción de sus maestros y su absoluto desinterés personal al impartir su enseñanza, por la cooperación de sus amigos y por el deseo de los obreros y trabajadores intelectuales de conocer los grandes problemas de nuestro país y sus soluciones adecuadas y los del panorama internacional, la Universidad Obrera forma parte ya del panorama educativo de México y continuará su labor imperturbablemente, sirviendo a la divisa más generosa y elevada que existe: la de ayudar a la preparación de los forjadores de la sociedad del mañana, sin miseria, sin desocupados, sin fugitivos, sin ignorantes, sin una minoría opulenta y una mayoría desvalida y explotada.

24 de enero de 1961

DISCURSO COMO CANDIDATO A LA PRESIDENCIA[1]

MEXICANOS:

En este lugar en donde se hallan los restos de Cuauhtémoc, el héroe más grande de nuestra historia, inicio mi peregrinación cívica para pedirle a nuestro pueblo que me elija presidente de la República, a fin de que desde el gobierno pueda yo ayudar a redimir a las masas populares de nuestro país y a lograr la completa independencia de la nación mexicana.

Y siendo éste mi empeño, tengo que comenzar, lógicamente, por expresar mis ideas acerca de la población indígena, que fue y sigue siendo la sangre y el espíritu de México, porque si algo nos distingue en el seno del hemisferio occidental y de los países de otros continentes es nuestro sello de pueblo indígena y mestizo, acostumbrado al sufrimiento, introvertido, sobrio y austero, pero erguido siempre, dueño de sí mismo, señor de su tierra y amante apasionado de la vida, que por defenderla la pierde fácilmente, para volverla a ganar con la decisión renovada de hacerla mejor.

Por el origen y por el desarrollo histórico de nuestra nación no existen, por fortuna, entre nosotros, ni el prejuicio racial ni la discriminación de los hombres a causa de su color o de su lengua, como ocurre en otras que, aunque civilizadas por su desarrollo material, son todavía naciones bárbaras por su pensamiento.

Las tres revoluciones históricas de nuestro país: la Revolución de Independencia, la Revolución de Reforma y la Revolución democrática, antifeudal y antimperialista de 1910 fueron obras de indios, mestizos y criollos con mentalidad de mexicanos, en busca de la libertad nunca disfrutada, de la justicia jamás impartida y del bienestar en ningún tiempo probado.

Lejos de mí, creer que nuestra nación deba ser sólo una nación de indígenas, llevando hasta la hipérbole el amor a los fundadores y

[1] Discurso en la campaña como candidato a la Presidencia de la República por el Partido Popular, pronunciado en Ixcateopan, Guerrero, el 13 de enero de 1952. *El Popular*, México, D. F., 14 de enero de 1952. Vicente Lombardo Toledano, *Escritos acerca de la situación de los indígenas*, Centro de Estudios Filosóficos, Políticos y Sociales Vicente Lombardo Toledano, México, 1991.

Lombardo Toledano con veteranos zapatistas en Cuautla, Morelos, durante la campaña presidencial de 1952

dueños de México. Lejos de mí, también, el pensamiento —más lejos todavía— de que las poblaciones indígenas de nuestro territorio pertenecen a razas inferiores a las de origen europeo y de que, por este motivo, deben ser ayudadas con espíritu de caridad o de conmiseración.

No, ni la una ni la otra cosa. México es una nación nueva, formada por un pueblo surgido del crisol de la conquista cruel e inhumana y de largos siglos de explotación económica, política y moral y por sectores privilegiados que sólo han cambiado de nombre, pero que medraron ayer y siguen hoy aumentando su fortuna con el trabajo del pueblo.

Nuestra nación es una nación nueva; pero no es todavía una nación definitivamente construida, porque la cuarta parte de la población total de la República está compuesta de indígenas que no han participado en la vida económica, social, política y cultural del país.

Mientras este gran problema no haya sido resuelto de una manera justa y completa, la nación mexicana no acabará de formarse.

Dos clases de reivindicaciones fundamentales existen para los núcleos indígenas: las que se refieren al mejoramiento económico, social y cultural de los que los forman, y las reivindicaciones de orden político, que consisten en el respeto a la personalidad histórica de las comunidades indígenas.

En cuanto a las primeras, las reivindicaciones principales son las siguientes:

Confirmación de la propiedad de las tierras comunales

Hasta hoy sólo un pequeño número de las tierras de las comunidades aborígenes han sido reconocidas legalmente por el Estado. La posesión de la tierra se basa en la tradición, y tanto sus límites como los recursos del suelo y del subsuelo están constantemente amenazados por la voracidad de quienes, en su fuero interno, tienen un profundo desprecio para las razas mexicanas.

Incorporación de las tierras de las comunidades indígenas en el sistema ejidal del país

Hasta hoy la reforma agraria no se ha aplicado a las comunidades y, por tanto, no disfrutan del derecho de ampliación de sus tierras, de crédito, maquinaria y de fertilizantes, de dirección científica de la producción ni de la defensa de los precios de los artículos que llevan al mercado.

Estudio de los recursos de las tierras de las comunidades indígenas para que sean explotadas racionalmente

Hasta hoy la economía de las comunidades es casi una economía de autoconsumo, lo cual significa que no sólo se hallan sustraídos a la economía nacional varios millones de mexicanos, sino que este sector importante del pueblo se encuentra abandonado a su suerte, sin que se promueva la transformación de su producción primitiva y precaria en una producción de tipo nuevo que eleve las condiciones de vida material de los indígenas y los ligue al mercado interior del país.

Proyección y realización de obras de irrigación en las tierras de las comunidades indígenas

Hasta hoy se ha sostenido la política de las grandes obras de irrigación para crear la agricultura de tipo capitalista y se han iniciado las obras llamadas de pequeña irrigación que benefician a los propietarios agrícolas medianos y en segundo término a los ejidatarios; pero a pesar de ser fácil el aprovechamiento de los escurrimientos de las tierras comunales —la mayor parte de ellas situadas en las regiones montañosas—, no sólo no se ha promovido ese servicio, sino que se han perdido los sistemas de irrigación de la época prehispánica. Es necesario llevar la irrigación a los pequeños valles y cañadas comprendidos dentro del territorio de las comunidades indígenas y, si no los tienen, dotarlas de tierras susceptibles de riego para completar su producción agrícola.

Reforestación de las tierras de las comunidades indígenas

Hasta hoy no existen esfuerzos serios por parte del Estado para repoblar los bosques, sino que se ha seguido la política opuesta, o sea, la de explotar anticientíficamente los recursos forestales del país, en beneficio exclusivo de unos cuantos favorecidos por concesiones absurdas, a un grado tal que en pocos años ocurrirá no sólo una crisis seria en la agricultura, sino que el clima hostil producirá múltiples efectos perniciosos para la vida del pueblo mexicano. Se acusa a los indígenas de haber talado sus bosques; pero nadie los ha enseñado a conservarlos y a aumentarlos. Ellos saben bien que las plantas son sus únicos amigos, porque les dan desde los alimentos hasta el abrigo y los remedios para curar sus enfermedades; pero han tenido que vivir de lo que tienen y en muchas ocasiones son los negociantes los que explotan sus bosques sin beneficio para las comunidades indígenas.

Agricultura mixta en las tierras comunales

Hasta hoy no sólo la producción de las comunidades va hacia el interior de ellas mismas, sino que es una economía monocultural que aspira únicamente a satisfacer las necesidades de la alimentación y del vestido de quienes las integran. Es preciso transformar ese sistema primitivo en agricultura mixta, combinando, según las condiciones de la tierra, la agricultura con la ganadería, diversificando la producción agrícola y estableciendo pequeñas industrias de transformación que aprovechen al máximo las materias primas y los frutos de la tierra.

Caminos que liguen a las comunidades indígenas con los centros de consumo próximos

Hasta hoy las tierras de las comunidades siguen siendo inaccesibles o pobres, porque a ellas fueron arrojados los indígenas por la barbarie de la conquista y después por la explotación y la persecución inhumana de los señores feudales de nuestro país. Es necesario unir las comunidades indígenas a la comarca en que se hallan enclavadas y cada región con los centros de intercambio económico.

Establecimiento de centros industriales de importancia en las regiones indígenas en donde la tierra sea improductiva o en donde la técnica y las necesidades de la población indiquen la posibilidad de transformar radicalmente la producción económica

Hasta hoy nuestros gobernantes han tenido una idea bucólica de las demandas materiales de las poblaciones indígenas y, por ello, todas las soluciones intentadas para sus principales problemas han girado alrededor de la agricultura, aunque ésta sea imposible o insuficiente. Es menester acabar con ese concepto romántico de la agricultura *a fortiori* y levantar fábricas y centros de producción manufacturera de importancia en donde sea conveniente y útil.

Cooperativas de producción y de venta

Hasta hoy no sólo la economía de las comunidades indígenas es de autoconsumo, sino que, en el seno de estas unidades aisladas del resto del país, existe un individualismo feroz, basado en parte en fuertes supervivencias del pasado remoto. Cada familia atiende sus propias necesidades y sólo funciona la comunidad para defenderse de los atentados contra su existencia o para las fiestas religiosas. Es indispensable coordinar la producción familiar en forma eficaz y sencilla y la defensa de los productos que concurran al mercado.

Contratos colectivos de trabajo para los miembros de las comunidades indígenas

Hasta hoy siguen bajando de las sierras altas de nuestro país a la "tierra caliente" los indígenas que prestan sus servicios durante varios meses del año en diferentes actividades agrícolas, sin garantías ni protección alguna por parte de las autoridades. Se practica todavía el sistema afrentoso del contrato de trabajo verbal por enganchadores o intermediarios sin escrúpulos, como en las épocas de la Colonia y de la dictadura porfiriana. Salarios de hambre, carencia de habitaciones, falta de médicos y medicinas, pago del trabajo en mercancías, anticipos de salarios para el siguiente año, etcétera, constituyen estos contratos de enganche, lo mismo en las regiones montañosas del noroeste que en las zonas abruptas del sureste de la República. Es necesario que el trabajo temporal de los grupos indígenas migratorios esté amparado por contratos colectivos de trabajo en los términos de la Ley Federal del Trabajo, y en consecuencia, que para los efectos de la prestación de sus servicios se organicen en sindicatos y tengan las garantías de que disfrutan todos los obreros del país.

Prohibición del trabajo gratuito de los indígenas

A pesar de que han pasado ya muchos años desde que la Revolución iniciada por Francisco I. Madero abolió los trabajos gratuitos para construir caminos y otras obras públicas, ese servicio esclavista se practica aún en las regiones pobladas por indígenas, ya para abrir o reparar caminos, para construir escuelas o iglesias o para otras obras. Es menester acabar, definitivamente, con esa práctica vergonzosa para nuestro país.

Sanatorios y hospitales en las comunidades indígenas

Hasta hoy la atención de la salud está confiada en la mayor parte de los grupos indígenas a los curanderos que aplican las yerbas medicinales y que con frecuencia combinan los medicamentos con la brujería. Es urgente poblar de sanatorios y hospitales eficaces, sin esperar a construir grandes edificios, todas las regiones indígenas del país, como una tarea de honor del Estado, proscribiendo para siempre las llamadas misiones extranjeras de ayuda a los indios, que no son sino instrumentos de penetración del imperialismo extranjero, y también las llamadas misiones religiosas, que tienen como fin ganar influencia política e ideológica entre los núcleos aborígenes.

Enseñanza elemental en las lenguas vernáculas

Hasta hoy, a pesar del noble esfuerzo realizado hace algunos años, ya casi abandonado, de dotar las lenguas nativas de alfabetos fonéticos, se sigue enseñando a los niños y a los adultos indígenas en la lengua española, con desprecio profundo para las lenguas maternas. Éste ha sido uno de los más bárbaros sistemas de tortura moral empleado en nuestro país dizque para incorporar a los indios a la civilización. Una nación como la nuestra, de pluralidad de lenguas, que no respeta los idiomas de las comunidades indígenas, conservados a través de los siglos, no podrá ser una nación que pueda vivir libre y respetada en el seno de la vida internacional, porque ningún pueblo que oprima a otros puede exigir consideración para sus derechos. Es indispensable enseñar por lo menos hasta el tercer año de la escuela primaria en las lenguas vernáculas, y enseñar a la vez el español, de acuerdo con los métodos que la ciencia aconseja, no sólo para no seguir oprimiendo a las poblaciones indígenas, sino también para facilitar el aprendizaje y el uso del español, que debe ser la lengua común de los mexicanos.

Por lo que toca a las reivindicaciones de tipo político, éstas son, principalmente, dos:

El respeto al régimen de gobierno tradicional de las comunidades indígenas

El sistema de gobierno doméstico constituye uno de los rasgos fundamentales de la comunidad que, junto con la lengua propia, ha contribuido a que sobrevivan las poblaciones indígenas de nuestro país con un alto sentido de su propia personalidad y de su destino histórico. Imponer autoridades a las poblaciones indígenas o subordinar sus autoridades propias a los representantes de la corrupción política, que corroe hasta los tuétanos nuestra pobre democracia mexicana, no es sólo una forma de violencia, sino también un medio para destruir la fe en la vida de nuestros aborígenes.

La modificación de la división político-territorial de los municipios en las zonas indígenas

Si la división político-territorial de los municipios a lo largo de la República es arbitraria desde el punto de vista de los intereses económicos y sociales de la población, tratándose de las regiones habitadas por los indígenas es muchas veces más perjudicial e ilógica. Es necesario hacer coincidir el territorio de los municipios con las características económicas de la población, como regla general, y tratándose de las zonas pobladas por indígenas, es indispensable hacer coincidir la extensión municipal con las poblaciones autóctonas para facilitar no sólo su organización económica, sino también su incorporación política, natural y consciente, en el régimen constitucional de la República.

Apoyado en las consideraciones anteriores, si el voto del pueblo me lleva a la Presidencia de la República, ofrezco resolver, de una vez por todas, los problemas económicos, sociales y políticos de las poblaciones indígenas de nuestro país e impulsar el progreso de las comunidades indígenas que pueden calificarse de esta manera.

No es sólo la lengua el dato que ha de servirnos para considerar a las comunidades. Muchos de los habitantes de la República hablan las lenguas nativas; pero no forman comunidades indígenas, porque se incorporaron ya en la gran masa del pueblo. Para estos elementos existen las reivindicaciones y los derechos de todos los mexicanos.

Las comunidades indígenas son aquellas que conservan un territorio común, formas económicas semejantes, la lengua vernácula, que tienen una manera propia de entender la vida y la misma actitud psicológica ante el resto de la población del país. De acuerdo con esta definición, no todos los que hablan las lenguas nativas pueden considerarse como miembros de las comunidades indígenas.

De la familia *hokana,* los *seris* son una comunidad casi extinguida; los *cucapás* se han incorporado plenamente en la economía del Valle de Mexicali, y los *tlapanecos* casi no existen.

De la familia *zoqueana,* la única comunidad indígena importante es la formada por los *zoques* del estado de Chiapas, ligada estrechamente a los *tzeltal-tzotziles* de la misma entidad federativa.

De la gran familia *maya-quiché* existe, ante todo, la gran población *maya* de Yucatán, Campeche y Quintana Roo, que llega a 300000 habitantes, y junto a ella la comunidad *tzeltal-tzotzil* con 70 000 miembros, vinculada a la comunidad de los *mames* con 20 000 habitantes.

Por último, existe la comunidad de los *huastecas*, que tiene su núcleo principal en el estado de San Luis Potosí.

En el seno de la gran familia *yuto-azteca* sólo encontramos las siguientes comunidades: la de los *coras* y la de los *huicholes* en el estado de Nayarit; la comunidad de los *tarahumaras* en el estado de Chihuahua, y la comunidad de los *yaquis* en el estado de Sonora.

La gran tribu *azteca*, la última y la más importante de las razas que habitaron el territorio de México hasta antes de la Conquista, perdió sus perfiles de comunidad indígena hace varios siglos. Carece de comunidad de territorio, de formas económicas particulares y los grupos que actualmente la constituyen se hallan diseminados en buena parte del país, aunque en algunas regiones constituyen agrupamientos especiales que es preciso atender como comunidades pequeñas.

Dentro de la familia *mixteca*, la única comunidad de significación es la formada por los indígenas de esa raza, asentados en Oaxaca y en el sureste de Puebla.

De la familia *totonaca*, la comunidad importante es la que lleva ese nombre, con características de verdadera comunidad, ubicada en la Sierra Norte del estado de Puebla y en la región montañosa limítrofe del estado de Veracruz.

De la familia otomiana, la comunidad principal es la otomí, particularmente la que tiene como centro el Valle del Mezquital en el estado de Hidalgo.

De la familia *tarascana*, a pesar de que la población de habla tarasca cubre parte importante del territorio de Michoacán, dos son actualmente las verdaderas comunidades purépechas: la que tiene como centro la región denominada la Cañada de los Once Pueblos, y la que habita en la isla de Janitzio y alrededor del Lago de Pátzcuaro.

De la familia *zapoteca* queda la gran comunidad *zapoteca* que ocupa las más importantes regiones del estado de Oaxaca.

De la familia *popoloca*, la gran comunidad estaba constituida por los popolocas; pero éstos se encuentran repartidos en grupos distantes los unos de los otros, aunque algunos de ellos conservan sus características de comunidades indígenas que es necesario tratar como a las pequeñas comunidades de lengua náhuatl.

Finalmente, de la familia *algonquiniana*, queda la comunidad de los kikapús en el estado de Coahuila, con escasos pobladores.

El problema indígena de México, en consecuencia, considerado desde el punto de vista de los intereses y de los derechos de las comunidades indígenas, es un problema localizado en las siguientes comunidades: la maya, la tzeltal-tzotzil, la huasteca, la cora, la huichol, la tarahumara, la yaqui, la mixteca, la totonaca, la otomí, dos núcleos de la tarasca, la zapoteca y la kikapú.

Todas estas comunidades, independientemente de su antigüedad en el territorio de México, del número de sus componentes, del grado de evolución histórica al que llegaron en los albores del siglo XVI y de la situación en que hoy se encuentran, *forman verdaderas minorías peculiares en el seno de la nación mexicana, que van desde las supervivencias de la forma tribal de los antiguos cazadores y recolectores de frutos, como la tribu yaqui, hasta el gran pueblo maya con características de una nación en el sentido tradicional y antiguo de la palabra.*

Ha llegado la hora de resolver los múltiples problemas de estas minorías con métodos prácticos, de acuerdo con los progresos de la ciencia y de la técnica, para relacionarlos leal y vigorosamente con la vida económica, social, política y cultural de la República, respetando su fisonomía propia y terminando con el aislamiento en que han vivido o con la explotación secular, encubierta o franca, de que han sido objeto.

Si el pueblo mexicano me designa para regir sus destinos en el próximo sexenio, no he de permitir que las comunidades indígenas de nuestro país sigan siendo objeto de curiosidad para los turistas extranjeros, de motivo de investigaciones que jamás llegan a conclusiones concretas, de explotación de mexicanos rapaces que, por su complejo de inferioridad, quisieran extraer de su cuerpo la sangre indígena que corre por sus venas y remplazar su idiosincrasia de mexicanos por la psicología de los hombres de origen europeo.

En Yucatán y en toda la región maya reivindicaremos para su pueblo el derecho a manejar sus propios intereses económicos sin la interferencia indebida del gobierno federal. Los campesinos no sólo tendrán la tierra de su país, sino también la maquinaria necesaria para beneficiar el henequén y para industrializarlo. Reorganizarán la Sociedad de Henequeneros de Yucatán para cuidar sus intereses desde la administración de esa empresa, y buscarán el mercado para su producción en todas partes del mundo, prefiriendo a los compradores que paguen los mejores precios. El gobierno de la federación intervendrá para el fin de librar al pueblo maya de la obligación de vender el henequén en el mercado de los Estados Unidos de manera obligatoria. *[sic]*.

La explotación del chicle y de las maderas preciosas se hará de la misma manera que el henequén.

El gobernador del territorio de Quintana Roo[2] será designado por el Ejecutivo de la Unión a propuesta de la mayoría de su pueblo, consultado en plebiscito limpio y democrático.

Finalmente, se establecerán los centros industriales indispensables para la transformación de los productos forestales y de las fibras duras, a fin de que aumente el consumo de las mercancías elaboradas en el interior de la República y se amplíe su exportación.

En la región de la comunidad tzeltal, dedicada exclusivamente a la agricultura, se terminará el camino de San Cristóbal [de] Las Casas a Ocosingo y se construirán los ramales para los poblados indígenas. Se mejorarán los sistemas de cultivo rudimentario y se emplearán las herramientas y las máquinas compatibles con la topografía del terreno. Se hará un hospital en el pueblo de Oxchuc y se establecerá también un gran centro dedicado a la educación higiénica de los pobladores de toda la serranía. Se aplicará la reforma agraria en beneficio de los indígenas que trabajan seis meses del año en las fincas cafetaleras privadas del sureste de Chiapas.

En la zona de la comunidad tzotzil, además de los servicios antes indicados, que serán para las dos poblaciones indígenas, se intensificará el desarrollo del ganado menor, se establecerán curtidurías y talleres de hilados y tejidos de lana, y se prohibirá en lo absoluto el trabajo individual de los chamulas, sustituyéndolo por tareas concretas regidas por contratos colectivos, tanto en las obras que el gobierno realice cuanto en las que lleven a cabo los concesionarios del gobierno federal y de las autoridades locales.

En la Huasteca, la agricultura deberá ser producción de los frutos del más alto rendimiento, de acuerdo con estudios científicos; se formará un gran centro de la industria ganadera, tomando en cuenta la experiencia internacional en climas semejantes; se sanearán las poblaciones de la comarca; se otorgará el crédito necesario a los campesinos para que rescaten los terrenos ejidales que actualmente tienen arrendados, contra la prohibición expresa de la ley, y se

---

[2] Fue erigido en estado de la federación el 8 de octubre de 1974. [N. de Martín Tavira U.]

organizarán las sociedades necesarias para llevar los productos de la comarca a los centros de consumo.

En la región de las comunidades integradas por los coras y los huicholes se hará una intensa reforestación; se llevarán a cabo las obras de irrigación necesarias para aprovechar al máximo las tierras cultivables; se establecerán fábricas de las industrias textil y de la cerámica, y se crearán importantes talleres para la utilización de la palma y de las fibras duras, a fin de proveer de esos productos al noroeste del país, como mercado inmediato, y al resto de la República.

En la región que habita la comunidad tarahumara se llevará a cabo una obra intensa de reforestación; se pondrán las bases para una industria ganadera de primera importancia; se establecerán curtidurías y fábricas de calzado, talleres modernos para producir telas de lana y se construirán poblados modelo con todos los servicios públicos.

En la región poblada por la comunidad yaqui se suprimirán inmediatamente el control y la vigilancia militares sobre los ocho pueblos de la tribu; se respetará el gobierno tradicional de la comunidad indígena; se confirmará el territorio de la comunidad; se señalarán los límites de la tierra que corresponde a cada pueblo; se incorporarán las superficies delimitadas al sistema ejidal; se aplicará a ellas la Ley de Crédito Agrícola, confirmándose el sistema de trabajo colectivo; se crearán las sociedades locales colectivas de crédito ejidal y con todas ellas la Unión de Sociedades Locales Colectivas de Crédito Ejidal de la Tribu Yaqui; se ampliará el sistema de irrigación de la zona para llevar el agua a todas las tierras de la comunidad indígena; se organizará una gran cooperativa de pesca a la que se dotará del crédito necesario para su funcionamiento eficaz; se establecerá un centro médico, con hospital, y una escuela de educación higiénica; se construirá el servicio de agua potable en la región; se edificarán poblados higiénicos con los principales servicios; se establecerán todas las escuelas primarias que sean necesarias, para niños y adultos, una escuela secundaria, un internado para jóvenes y una escuela de agricultura y ganadería prácticas; se construirán caminos vecinales entre los ocho pueblos, y se conectará la red interior con la carretera internacional.

En la Mixteca se realizará una obra intensa de reforestación; se organizará la producción artesanal de las fibras duras; se localizarán los lugares apropiados para la producción de frutas; se llevarán a sus poblados las industrias conexas y complementarias de la agricultura; se restaurarán los antiguos sistemas de riego de la época prehispánica, y se fundarán talleres importantes para la industria textil de la lana, mejorando el ganado, y para la industria de la cerámica.

En la vasta y rica región de la comunidad totonaca se mejorarán los métodos de cultivo de los árboles frutales; la agricultura será intensiva de acuerdo con las indicaciones de la técnica; se aprovecharán todas las caídas de agua y se establecerán numerosas plantas eléctricas; se mejorarán y se ampliarán los cultivos tradicionales, como los de la vainilla y las diversas variedades de chile; se mejorará el ganado lanar y se establecerán numerosos talleres para la producción de telas dedicadas al mercado nacional.

En la zona de la comunidad otomí, el gobierno federal creará un gran control [sic] industrial dedicado principalmente a satisfacer las demandas del equipo del ejército, de la marina, de la policía, etcétera. Se construirán varias fábricas de telas, de calzado, de ropa, uniformes, de equipos ecuestres y de productos metálicos.

En la zona de la Cañada de los Once Pueblos se establecerán grandes talleres para producir artículos de cobre, de madera, de arcilla, de lana y de algodón; se intensificará la producción de frutas de la comarca; se mejorarán el ganado vacuno y el lanar y se establecerá un gran centro de productos derivados de la leche.

En la región de Pátzcuaro se construirá una carretera de circunvalación del lago; se multiplicarán las variedades de peces; se organizarán cooperativas de pesca y de conservas; se unificará la agricultura intensiva, y se desarrollarán las industrias tradicionales, restaurando su valor estético original.

En la gran región habitada por la raza zapoteca se hará una planeación científica para aprovechar al máximo los recursos del suelo y del subsuelo y para transformar la agricultura tradicional y arcaica en una agricultura moderna; se crearán varios centros industriales de acuerdo con las necesidades del mercado del sureste de la República; se organizarán en gran escala y de un modo científico la pesca y la explotación de las salinas; se aprovecharán todos los recursos naturales para electrificar esa parte del territorio nacional, y se llevará a cabo una obra intensa de saneamiento.

La comunidad formada por los kikapús deberá ser objeto de una educación sistemática para incorporarla en la economía del estado de Coahuila y de las entidades limítrofes; se le dotará de la tierra necesaria para la ganadería bovina y equina, y se crearán varias tenerías para el beneficio de las pieles; se erigirá un poblado con condiciones higiénicas y los servicios públicos esenciales y se establecerá un centro médico.

Éste es el programa mínimo para resolver los problemas básicos de las comunidades indígenas de nuestro país.

Ésta es la ofrenda del Partido Popular a la memoria de Cuauhtémoc, símbolo imperecedero de la nación mexicana.

Es para mí un gran honor —acaso el más grande que haya recibido en mi vida— el hecho de que al comenzar a pedir el voto de mis conciudadanos para gobernarlos, los primeros ofrecimientos de apoyo para mi candidatura se expresen en las lenguas originarias de México.

Durante largos siglos, los mexicanos han hablado sus idiomas propios únicamente para entenderse en el seno de la familia y de la comunidad indígena; pero han tenido que usar el español o han empleado intérpretes para reclamar sus derechos, porque fue el español la lengua de los conquistadores y después ha sido el idioma de los "blancos", de los "ladinos" o de las "víboras".

Por primera vez en la historia de nuestro país los indígenas usan sus hermosos idiomas para reclamar derechos y para intervenir en las luchas cívicas con orgullo legítimo, con emoción y con alegría.

Si se repasan los textos que nos quedan de la literatura prehispánica, se verá que las lenguas indígenas, cuando florecieron en la épica, sólo cantaron la humildad del pueblo o lloraron la afrenta de las derrotas.

Yo estoy seguro de que hoy nace en México, para las lenguas vernáculas, con este acto en Ixcateopan, una nueva literatura en las lenguas aborígenes: el canto de una nueva fe en el destino profundo de México, que surge de la sangre y del espíritu de los fundadores de nuestra patria.

Padre Cuauhtémoc:

Tú nos legaste, con tu conducta y tu sacrificio, el mandato eterno de defender a México contra la opresión venida de afuera. Yo te prometo, en nombre del Partido Popular y en el mío propio, creyendo ser fiel intérprete del sentimiento de todos los mexicanos, que seremos leales a tu ejemplo y que defenderemos hoy, mañana y siempre la integridad de nuestro territorio, el ser de nuestro país y los ideales de nuestro pueblo, y que haremos imposible, con nuestra vida, una nueva conquista de México, violenta o pacífica, por parte del extranjero, como quiera que éste se llame.

Padre Cuauhtémoc:

Nuestra tierra es todavía pobre. La naturaleza puede más en nuestro país que el hombre. La miseria es la norma. La tristeza, el ambiente. Te prometo que cambiaremos la pobreza por la abundancia, la opresión por la libertad, la pena por la alegría.

Padre Cuauhtémoc:

Aquí estamos junto a ti, agrupados por tu recuerdo, haciendo voto de arquitectos de un México nuevo, próspero, independiente y confiado en su destino.

Volverás a nacer cuando la tierra alimente bien a los millones de hijos tuyos que hoy habitan la patria.

Volverás a nacer cuando no haya un solo mexicano que no viva disfrutando de los beneficios esenciales de la civilización.

Volverás a nacer cuando no haya un solo mexicano que no sepa leer y escribir.

Volverás a nacer cuando no haya ningún mexicano que no tenga trabajo libremente elegido y reciba el fruto legítimo de su esfuerzo.

Volverás a nacer cuando las otras naciones, y especialmente la del norte, nos hablen en tono amistoso y de respeto y no empleando el lenguaje de la insolencia o de la superioridad fingida.

Mexicanos:

Que el ejemplo de Cuauhtémoc aliente y presida esta campaña electoral que es preciso que concluya en el respeto a la verdadera voluntad de nuestro pueblo, para que algún día sea realidad la soñada grandeza de nuestro país, según el poema de Quetzalcóatl:

Quetzalcóatl reinaba en Tula... Todo era abundancia y dicha, no se vendían por precio los víveres, todo cuanto es nuestro sustento. Es fama que eran tan grandes y gruesas las calabazas y tenían tan ancho su contorno que apenas podían ceñirlo los brazos de un hombre abiertos. Eran tan gruesas y largas las mazorcas del maíz, cual la mano del metate. Por todas partes rodaban, caídas cual cosa inútil. Y las matas de los bledos, semejantes a las palmas, a las cuales se podía subir, bien se podía trepar en ellas.

También se producía el algodón de mil colores teñidos: rojo, amarillo, rosado, morado, verde, verdeazulado, azul marino, verde claro, amarillo rojizo, moreno y matizado de diferentes colores y de color de león. Todos estos colores los tenía por su naturaleza, así nacían de la tierra, nadie tenía que pintarlos. También se criaban allí aves de rico plumaje: color de turquesa, de verde reluciente, de amarillo, de pecho color de llama. Y aves preciosas de todo linaje, las que cantan bellamente, las que en las montañas trinan. También las piedras preciosas y el oro era visto como si no tuviera precio: tanto era el que todos tenían. También se daba el cacao, más rico y fino, y por todas partes se alzaban las plantas del cacao. Todos los moradores de Tula eran ricos y felices, nunca sentían pobreza o pena, nada en sus casas faltaba, nunca había hambre entre ellos.

Mexicanos del siglo xx:
Despojada la utopía de la ilusión, la lumbre de la esperanza en una vida nueva ha quedado ardiendo en el corazón inagotable de nuestro pueblo.
Hagamos realidad esa esperanza.
¡Viva México!

LA COEXISTENCIA DE TODOS LOS SISTEMAS DE LA VIDA SOCIAL EN AMÉRICA ES LA ÚNICA SALIDA PARA LOS ESTADOS UNIDOS[1]

LA ASOCIACIÓN de las naciones americanas ha tenido que seguir el curso de los grandes acontecimientos mundiales y regionales a pesar de los intentos del gobierno de los Estados Unidos de mantenerla a veces inalterable o de modificarla de acuerdo con sus propósitos.

El presidente James Monroe (1817-1825) formula la famosa doctrina que lleva su nombre cuando en Europa surge la Santa Alianza, como fruto del pacto firmado en París en 1815 entre Rusia, Prusia y Austria, a la que se une la Francia nuevamente monárquica con el fin de impedir la victoria de la revolución democrático-burguesa que conmovía al Viejo Mundo. El continente americano, antimonarquista y envuelto en revoluciones por la independencia nacional y contra el sistema feudal y esclavista, trataba de impedir toda injerencia de las potencias europeas conservadoras en su vasto territorio. Por eso la doctrina Monroe, no consultada con los gobiernos de las nacientes repúblicas de la América Latina, a pesar de su carácter unilateral, tuvo en el momento de surgir el valor de repudio de las fuerzas reaccionarias y representaba un panamericanismo adverso al retroceso histórico. Pero este carácter habría de cambiar en las décadas siguientes.

Entre 1860 y 1880, la libre concurrencia llega a su apogeo en los grandes países capitalistas. Los monopolios empiezan apenas a formarse. En 1873 se presenta una crisis, seguida de un periodo de prosperidad, que concluye con una nueva crisis (1900-1903), más grave que la anterior. Para entonces, los monopolios representan ya la fuerza predominante en la vida económica de las naciones industrializadas. El capitalismo se convierte en imperialismo. Se multiplican los carteles internacionales: en 1897 eran sólo 40; en 1910 llegaban a 100, y en 1931 ascendieron a 320. Este periodo de

[1] Vicente Lombardo Toledano, *Escritos en "Siempre!"*, t. II, vol. 2°, Centro de Estudios Filosóficos, Políticos y Sociales Vicente Lombardo Toledano, México, 1994.

expansión de los Estados Unidos se inicia y se proyecta con ímpetu, y como uno de sus productos se organiza la Unión Panamericana, que ha perdido el sello de alianza continental contra las corrientes regresivas de afuera y se transforma en programa para la conquista económica de la América Latina por los monopolios yanquis. La doctrina Monroe adopta un nuevo lema, que formulan con ironía nuestros pueblos: "América para los norteamericanos".

De la primera Guerra Mundial, los Estados Unidos salen como un gran acreedor de las naciones europeas. En América han terminado sus conquistas territoriales: pero aumentan sus inversiones más que en el resto del mundo. El panamericanismo acentúa su carácter de asociación de una metrópoli con veinte colonias. Después, los monopolios norteamericanos, cabeza de los carteles internacionales, intervienen en todos los países atrasados, proveedores de materias primas: en el Medio Oriente, en China, en Japón y en África, solos o aliados a otros consorcios financieros. Rehabilitan a Alemania para lanzarla contra la Unión Soviética, que se desarrolla en un ritmo sin precedente y consolida el régimen socialista.

Años después, con motivo de la segunda Guerra Mundial, el imperialismo, como fenómeno histórico, pierde influencia en vastas regiones del planeta, porque China se libera y aparecen las democracias populares de Europa. Pero el imperialismo yanqui se convierte en la potencia decisiva del mundo capitalista. Trata entonces de realizar el sueño de Hitler: construir un superimperialismo para dominar a todos los pueblos, previa liquidación del socialismo en donde se ha establecido. Divide a Alemania, rehabilita en su región occidental al militarismo, perdona a los nazis e incorpora a la República Federal de Alemania en la Organización del Tratado del Atlántico Norte (OTAN), pacto militar dirigido contra el mundo socialista. Éste, sin embargo, en los 15 años transcurridos desde la terminación de la guerra, crece y se convierte en una fuerza superior a la de las grandes potencias occidentales, al mismo tiempo que se generaliza la rebelión de los pueblos coloniales de África y Asia contra las metrópolis que los han explotado durante siglos. Los monopolios norteamericanos redoblan su intervención económica y política en todas partes, y construyen un gigantesco cordón de bases militares alrededor de los países socialistas, que va desde el norte de la Gran Bretaña, pasando por Alemania, Francia, España, Italia y Turquía, hasta Vietnam del Sur, Taiwán, Japón y Corea.

Las naciones de América Latina, por razones propias de su crecimiento demográfico y de su estructura de países agrícolas, en los que prevalece el latifundio y el monocultivo, que tienen proyección política en las dictaduras militares estrechamente unidas a las oligarquías reaccionarias y a los monopolios extranjeros, inician su segunda gran revolución histórica por su progreso económico independiente. Pasar del feudalismo al capitalismo es el objetivo de Guatemala desde el derrocamiento de la dictadura personal de Jorge Ubico. Esa decisión es intolerable para los monopolios norteamericanos, especialmente para la United Fruit Company, señora de Centroamérica. En la Conferencia Interamericana celebrada en Caracas en marzo de 1954, el jefe del Departamento de Estado, John Foster Dulles, reviviendo el lenguaje lépero de Teodoro Roosevelt y, empuñando como éste el garrote, exige a los gobiernos latinoamericanos —presididos en su mayoría por tiranos en aquel momento— que declaren "comunista" el régimen del presidente Jacobo Árbenz. Meses después, una invasión de filibusteros y la traición de los militares derroca al gobierno constitucional. El imperialismo ha ganado la batalla.

El panamericanismo adquiere, de ese modo, un nuevo perfil: "las naciones de América Latina deben juntarse para combatir el comunismo", llamándole así a la revolución pacífica para desarrollar sus fuerzas productivas y liberarse económicamente del extranjero. Pero después estalla la revolución en Cuba contra el dictador Fulgencio Batista, sargento del gobierno yanqui. Se propone revisar la estructura económica y social que ahoga a su pueblo. Washington se decide a aplastarla mediante el boicot diplomático de los gobiernos latinoamericanos y el boicot económico, dejando de comprarle el azúcar y de venderle los bienes de consumo y de uso durable que tradicionalmente le envía. Pero el pueblo no se amedrenta y la revolución alcanza rápidamente proporciones que espantan a los ciegos —entre los cuales sobresale la Casa Blanca—, que no advierten la imperiosa necesidad que tiene Cuba de romper su condición de predio sirviente de los monopolios norteamericanos. El boicot fracasa en su doble aspecto por la decisión de los países más importantes de América Latina, entre ellos México, de hacer respetar el principio de no intervención y el derecho de autodeterminación del pueblo cubano, y por la rápida ayuda económica de la Unión Soviética y de otros países socialistas.

Por su propia dinámica, la Revolución cubana, implantada la reforma agraria y la reforma urbana, nacionaliza las riquezas naturales de su territorio, diversifica su producción y establece las bases para su industria pesada y para las manufacturas que el pueblo necesita. La "libre empresa", es decir, la puerta abierta a las inversiones yanquis se cierra. Surge entonces el grito: "¡el comunismo se ha establecido en un país vecino de los Estados Unidos! [...] ¡El panamericanismo, que tiene como espina dorsal la 'iniciativa privada' en todos los aspectos del desarrollo económico, ha recibido una herida, que el 'mundo libre' no puede contestar sino con el castigo del gobierno 'delincuente' que preside Fidel Castro...!"

El gobierno yanqui comprende, sin embargo, que es urgente "ayudar" a los pueblos latinoamericanos para que no caigan en las garras del "comunismo". ¿Cómo? Mediante la Alianza para el Progreso, que consiste en ofrecerles la prosperidad en los próximos 10 años. Con este fin se reúnen en Punta del Este los ministros responsables de la economía de las naciones del hemisferio. La ayuda es generosa; pero deben obligar a Cuba a que regrese al sistema interamericano de la "libre empresa". El resultado es el opuesto: la comisión dictaminadora más importante de la conferencia resuelve que pueden coexistir diferentes sistemas económicos sin que se rompa el interamericanismo. Cuba ha triunfado.

Es necesario, al mismo tiempo, que los gobiernos partidarios de la no intervención y de la autodeterminación cambien de conducta. Se organiza un golpe de estado militar en Brasil contra el gobierno legítimo; pero fracasa y el orden constitucional prevalece. Se aprovecha el descontento popular contra el gobierno del Ecuador y se intenta el golpe militar; pero también fracasa. Los pueblos latinoamericanos no aceptan ya en silencio el cuartelazo ni la pérdida, aunque sea transitoria, de sus libertades y derechos democráticos. La causa de Cuba triunfa en Brasil y en Ecuador.

Respecto de México, el tratamiento es distinto; pero igualmente enemistoso. Menos turistas norteamericanos; menos braceros mexicanos al norte; compras menores de productos agrícolas y de minerales dedicados a la exportación; aliento a la ofensiva del clero católico contra el gobierno; intervención del embajador de los Estados Unidos en la vida interior del país. Y siguen las consultas para convocar a una reunión de cancilleres que condenen a Cuba; pero los gobiernos sensatos no la aceptan, porque ya fijaron su posición, y es inútil que los gobiernos de Perú y de Colombia recorran el continente como mensajeros de la Casa Blanca.

El interamericanismo, si se empeñan los círculos dominantes de los Estados Unidos en mantenerlo como fue en el pasado, no sólo está amenazado de muerte, sino que ya ha dejado de existir, porque el proceso de la nacionalización de las riquezas nacionales y de las diversas ramas de la producción fundamental y de los servicios, que implica el desplazamiento de los capitales norteamericanos de esas actividades, nadie puede detenerlo. Obedece a las leyes del desarrollo de todos los países coloniales y semicoloniales del mundo.

La única posibilidad que tiene el panamericanismo de sobrevivir formalmente es la de aceptar la realidad como es, y no como quisiera el gobierno yanqui: la coexistencia de todos los sistemas de la vida social. Por primera vez en la historia de América hay un país que marcha con decisión hacia el socialismo. Mañana habrá otros. Así ha ocurrido en Europa y en Asia y sucederá también en África en los años que vienen.

No es intentando destruir lo que los pueblos crean con su trabajo, su sangre y su genio como puede lograrse su amistad, sino respetando sus designios. Al final de sus sacrificios triunfan, y sus verdugos los pierden para siempre.

24 de noviembre de 1961

FUENTES DE INFORMACIÓN

Bibliografía general

Abbagnano, Nicolás, *Historia de la filosofía*, t. III, Montaner y Simón, Barcelona, España, 1973.

Aguirre Beltrán, Gonzalo, introd. al libro de Vicente Lombardo Toledano, *El problema del indio*, Secretaría de Educación Pública, México, 1973 (Col. SepSetentas), reed. con el título *Escritos acerca de la situación de los indígenas*, Centro de Estudios Filosóficos, Políticos y Sociales Vicente Lombardo Toledano (CEFPSVLT), México, 1991.

Bergson, Henri, *Introducción a la metafísica. La risa*, Porrúa, México, 1996.

———, *Memoria y vida*, Atalaya, Barcelona, España, 1995.

Calderón Vega, Luis, *Los Siete Sabios de México*, Jus, México, 1972.

Carriedo López, Lourdes, "El romanticismo francés (I)", *Historia universal de la literatura*, t. 3, Origen, Bogotá, Colombia, 1983 (Ediciones para el Pacto Andino).

Caso, Antonio, *Antología filosófica*, UNAM, México, 1993 (Biblioteca del Estudiante Universitario).

Chassen, R. Francie, "La CTM y la expropiación petrolera", *Memoria del Primer Coloquio de Historia Obrera*, Centro de Estudios Históricos y Sociales del Movimiento Obrero (CEHSMO), México, 1977.

Dynnik, M. A. *et al.*, *Historia de la filosofía*, t. V, Grijalbo, México, 1963.

García Morente, Manuel, "La filosofía de Bergson", estudio introductorio a la obra de Henri Bergson, *Introducción a la metafísica. La risa*, Porrúa, México, 1996.

González, Manuel José, "Goethe: El espíritu universal", *Historia universal de la literatura*, t. 3, Origen, Ediciones para el Pacto Andino, Bogotá, Colombia, 1983.

Hernández Luna, Juan, *Conferencias del Ateneo de la Juventud*, UNAM, México, 1984.

Hirschberger, Johannes, *Historia de la filosofía*, t. II, Herder, Barcelona, España, 1967.

Historia Documental, CTM, *1936-1937*, vol. 1, y *1938-1939*, vol. 2, Ediciones del Partido Revolucionario Institucional, México, 1981.

Krauze de Kolteniuk, Rosa, *La filosofía de Antonio Caso*, UNAM, México, 1961.

Lukács, Georg, *El asalto a la razón*, Fondo de Cultura Económica, México, 1959.

Marx, Carlos, "Tesis sobre Feuerbach", en Marx-Engels, *Obras escogidas*, Editorial Cartago, Buenos Aires, Argentina, 1957.

Orozco, José Clemente, *Autobiografía*, Secretaría de Educación Pública, México, 1983.

Otero y Gama, Rosa María, "Efemérides de Vicente Lombardo Toledano", en *Vicente Lombardo Toledano, obra histórico-cronológica*, t. I, vol. I, CEFPSVLT, México, 1994.

Ponce, Aníbal, "¿Marxismo sin nación?" *Antología de Óscar Terán*, Siglo XXI, México, 1983 (Col. Cuadernos del Pasado y del Presente).

Prado, Javier del, "El romanticismo francés (II)", *Historia universal de la literatura*, t. 3, Origen, Bogotá, Colombia, 1983 (Ediciones para el Pacto Andino).

————, "La aurora romántica", *Historia universal de la literatura*, t. 3, Origen, Bogotá, Colombia, 1983 (Ediciones para el Pacto Andino).

Ramos, Samuel, "Hipótesis", colección de ensayos, *Obras completas*, t. I, UNAM, México, 1990.

————, "Historia de la filosofía en México", *Obras completas*, t. II.

Tavira Urióstegui, Martín, *Vicente Lombardo Toledano, rasgos de su lucha proletaria*, coed. Publicaciones Mexicanas y Partido Popular Socialista, México, 1990.

Testimonios de nuestro tiempo, CTM, *1936-1941*, t. I, Ediciones del Partido Revolucionario Institucional, México, 1981.

Torres Orozco, José, "Antonio Caso y el positivismo", en *Veinte ensayos sobre filosofía y psicología*, Universidad Michoacana de San Nicolás de Hidalgo, Centro de Estudios de la Cultura Nicolaíta, Morelia, Michoacán, México, 1993.

Wilkie, James W., y Edna Monzón de Wilkie, *México visto en el siglo xx*, entrevista con Vicente Lombardo Toledano, Ediciones del Partido Popular Socialista, México, 1982.

Yankelevitch, Vladimir, *Henri Bergson*, Universidad Veracruzana, Biblioteca de la Facultad de Filosofía y Letras, Xalapa, Veracruz, México, 1962.

Zea, Leopoldo, *El positivismo en México*, El Colegio de México, México, 1943.

Bibliografía de Vicente Lombardo Toledano

La Universidad Nacional, Estudio, Boletín de la Universidad Nacional de México, diciembre de 1917.

Intervenciones en la Convención Obrero-Patronal, celebrada del 15 de noviembre al 8 de diciembre de 1928, *Obras completas*, t. v, Gobierno del Estado de Puebla.

Discurso pronunciado en el Teatro Olimpia, de la ciudad de México, el 18 de septiembre de 1932, revista CROM, 1° de octubre de 1932.

"El camino está a la izquierda", revista *Futuro*, mayo de 1934.

Renuncia de Lombardo a la CROM, revista *Futuro*, mayo de 1934.

"Programa Mínimo de Acción de la CROM", revista *Futuro*, mayo de 1934.

"La CTM ante la amenaza fascista", discurso pronunciado en la sesión inaugural del Primer Congreso Ordinario de la CTM el 22 de febrero de 1938, revista *Futuro*, México, D. F., marzo de 1938.

La CTAL ante la guerra y ante la posguerra, discurso pronunciado en el Teatro Esperanza Iris de la ciudad de México el 5 de agosto de 1945, Universidad Obrera de México, México, 1945.

Carta a Henri Barbusse, fechada el 23 de junio de 1935, copia mecanográfica, Fondo Documental del Centro de Estudios Filosóficos, Políticos y Sociales Vicente Lombardo Toledano (CEFPSVLT).

Por un mundo mejor. Diario de una organización obrera durante la segunda Guerra Mundial (con la colaboración de Vittorio Vidali), Ediciones de la Confederación de Trabajadores de América Latina (CTAL), México, 1948.

"Discurso como candidato a la Presidencia de la República", pronunciado en Ixcateopan, Guerrero, el 13 de marzo de 1952, *Escritos acerca de la situación de los indígenas*.

"Plataforma mínima electoral sostenida por el Partido Popular", *El Popular*, núm. 4885, 4 de enero de 1952.

La perspectiva de México, una democracia del pueblo, Ediciones del Partido Popular, México, 1957.

"La evolución política de la América Latina después de la segunda

Guerra Mundial", trabajo fechado en Moscú el 27 de mayo de 1959, Fondo Documental del CEFPSVLT, copia mecanográfica.

La situación política de México con motivo del conflicto ferrocarrilero, Ediciones del Partido Popular, México, 1959.

El neonazismo, sus características y peligros, Facultad de Ciencias Políticas y Sociales, UNAM, México, 1960.

Las corrientes filosóficas en la vida de México, Universidad Obrera de México, México, 1963.

Teoría y práctica del movimiento sindical, Editorial del Magisterio, México, 1961.

III Asamblea Nacional Ordinaria del Partido Popular, Materiales de estudio, México, 1960.

Caso-Lombardo, *Idealismo vs. materialismo dialéctico*, Universidad Obrera de México, 1963.

¿Moscú o Pekín? La vía mexicana al socialismo, Ediciones del Partido Popular Socialista, México, 1963.

La Confederación de Trabajadores de América Latina ha concluido su misión histórica, Editorial Popular, México, 1964.

A un joven socilista mexicano, Empresas Editoriales, México, 1967.

"Lombardo contesta a Martínez Domínguez", discurso de Lombardo en la Asamblea Estatal del PPS, en la ciudad de Morelia, Michoacán, el 31 de marzo de 1968, revista *Nueva Democracia*, núm. 4, junio de 1968, México, D. F.

Las corrientes filosóficas en la vida de México, Universidad Obrera de México, México, 1976.

"Proyecto para un nuevo capítulo en la Constitución Política de los Estados Unidos Mexicanos, relativo a la economía nacional", presentado a la Cámara de Diputados del Congreso de la Unión, el 5 de octubre de 1965, en *Los derechos del pueblo mexicano. México a través de sus Constituciones*, t. V, Porrúa, México, 1978.

"XXV aniversario de la expropiación petrolera", en *Nacionalizar es descolonizar*, El Combatiente, México, 1978.

Presencia de Lombardo en el Parlamento mexicano, edición de la Diputación del Partido Popular Socialista, L Legislatura del Congreso de la Unión, México, 1979.

"Carta a la juventud sobre la Revolución mexicana", en la recopilación *La juventud en México y en el mundo*, Ediciones de la Juventud Popular Socialista, México, 1980.

"Objetivos y táctica del proletariado y del sector revolucionario de

México en la actual etapa de la evolución histórica del país, en *Mesa redonda de los marxistas mexicanos*, CEFPSVLT, México, 1982.

"El capitalismo de Estado", *Escritos económicos*, Universidad Obrera de México, México, 1986.

"Consecuencias de las inversiones extranjeras en los países subdesarrollados", *Escritos económicos*, Universidad Obrera de México, México, 1986.

"La Universidad Obrera de México al servicio del proletariado", discurso pronunciado en la inauguración de la Universidad Obrera el 8 de febrero de 1936, *Obra educativa*, t. III, coed. UNAM-IPN, recopilación, selección y coordinación del CEFPS VLT, México, 1987.

La Revolución mexicana, Instituto de Estudios Históricos de la Revolución Mexicana, t. II, México, 1988.

"La batalla de las ideas en nuestro tiempo", en *Selección de obras de Vicente Lombardo Toledano*, Ediciones del Partido Popular Socialista (PPS), México, 1989.

"Análisis filosófico del artículo 3° constitucional", *Obra educativa*, t. III, UNAM-IPN, recopilación, selección y coordinación del CEFPSVLT, México, 1989.

"Las cinco tesis del artículo 3° constitucional", *Obra educativa*, t. III, UNAM-IPN, recopilación, selección y coordinación del CEFPSVLT, México, 1989.

"La cultura es patrimonio del proletariado", *Obra educativa*, t. III, UNAM-IPN, recopilación, selección y coordinación del CEFPSVLT, México, 1989.

"En México no puede existir la libertad de enseñanza", *Obra educativa*, t. III, UNAM-IPN, recopilación, selección y coordinación del CEFPSVLT, México, 1989.

"El derecho público y las nuevas corrientes filosóficas", tesis para optar por el título de abogado en la Facultad de Jurisprudencia de la Universidad Nacional, *Obras completas*, vol. I, Gobierno del Estado de Puebla, México, 1990.

"El ejido y la pequeña propiedad no son instituciones de igual categoría. Nueva ofensiva contra la reforma agraria", *En torno al problema agrario*, Ediciones del PPS, México, 1990.

"Los enemigos de la reforma agraria y la Revolución mexicana", en *En torno al problema agrario*, 2ª ed., PPS, México, 1990.

Intervenciones en el Primer Congreso de Escuelas Preparatorias, septiembre de 1922, *Obras completas*, vol. I, Gobierno del Estado de Puebla, México, 1990.

"El problema de la educación en México", *Escritos acerca de la situación de los indígenas*, CEFPSVLT, México, 1991.

"El Estado en México, sus actuales funciones y responsabilidades históricas", en *Escritos acerca de las Constituciones de México*, t. I, CEFPSVLT, México, 1992.

"Las tesis fundamentales de las Constituciones de México", *Escritos acerca de las Constituciones de México*, t. I, CEFPSVLT, México, 1992.

"Llegó el momento de nacionalizar el Estado. El camino mexicano hacia la nueva democracia", *Escritos en Siempre!*, t. IV, vol. II, CEFPSVLT, México, 1994.

"La acción política de la Universidad Nacional", *Obra histórico-cronológica*, t. I, vol. I, CEFPSVLT, México, 1994.

"La filosofía de la voluntad y el pensamiento griego", *Obra histórico-cronológica*, t. I, vol. I, CEFPSVLT, México, 1994.

"Lo que la vida me ha enseñado", *Escritos en Siempre!*, t. I, vol. I, CEFPSVLT, México, 1994.

Palabras a los jóvenes del PPS, versión taquigráfica de María González Ayón, s. f., copia mecanográfica.

HEMEROGRAFÍA

Boletín de la Universidad Nacional de México, diciembre de 1917.

Boletín del Gobierno del Estado Libre y Soberano de Puebla, núm. 2, t. I, 7 de enero de 1924.

Boletín Municipal de la Ciudad de México, núm. 1, t. XIII, febrero de 1925.

Revista *CROM*, México, D. F., 1° de octubre de 1932.

Periódico *El Universal Gráfico*, México, D. F., 12 de junio de 1935.

Revista *Futuro*, México, D. F., mayo de 1934 y marzo de 1938.

Periódico *El Popular*, núm. 4885, México, D. F., 4 de enero de 1952.

Revista *Nueva Democracia*, núm. 4, México, D. F., junio de 1968.

Pensamiento Universitario, núm. 4, Archivo Histórico de la Universidad de Guadalajara, Guadalajara, Jalisco, México, 1998.

ÍNDICE

Este libro se terminó de imprimir en octubre de 1999 en los talleres de Impresora y Encuadernadora Progreso, S. A. de C. V. (IEPSA), Calz. San Lorenzo, 224; 09830 México, D. F. En su composición, parada en el Taller de Composición del FCE, se emplearon tipos Aster de 12, 11:13, 10:12 y 8:9 puntos. La edición, que consta de 2 000 ejemplares, estuvo al cuidado de *Rubén Hurtado López.*

Fabela, Isidro. *Documentos históricos de la Revolución mexicana. Revolución y régimen constitucionalista, III. Carranza, Wilson y el ABC.*

Fabela, Isidro. *Documentos históricos de la Revolución mexicana. Revolución y régimen constitucionalista, IV. El Plan de Guadalupe.*

Fabela, Isidro. *Documentos históricos de la Revolución mexicana. Revolución y régimen maderista, I.*

Fabela, Isidro. *Historia diplomática de la Revolución mexicana (1912-1917), I.*

Fabela, Isidro. *Historia diplomática de la Revolución mexicana (1912-1917), II.*

Farías Martínez, Luis M. *Así lo recuerdo. Testimonio político.*

Flores Magón, Ricardo. *Epistolario y textos.*

García Cantú, Gastón. *Idea de México, I. Los Estados Unidos.*

García Cantú, Gastón. *Idea de México, II. El socialismo.*

García Cantú, Gastón. *Idea de México, III. Ensayos 1.*

García Cantú, Gastón. *Idea de México, IV. Ensayos 2.*

García Cantú, Gastón. *Idea de México, V. La derecha.*

García Cantú, Gastón. *Idea de México, VI. El poder.*

Gómez, Marte R. *Vida política contemporánea. Cartas de Marte R. Gómez.*

González Parrodi, Carlos. *Memorias y olvidos de un diplomático.*

González Ramírez, Manuel. *La revolución social de México, I. Las ideas. La violencia.*

González Ramírez, Manuel. *La revolución social de México, II. Las instituciones sociales. El problema económico.*

González Ramírez, Manuel. *La revolución social de México, III. El problema agrario.*

Gortari, Eli de. *La ciencia en la historia de México.*

Hoyo Cabrera, Eugenio del. *Jerez, el de López Velarde.*

Iglesias Calderón, Fernando. *Las supuestas traiciones de Juárez.*

Jiménez de Báez, Yvette. *Juan Rulfo. Del páramo a la esperanza: una lectura crítica de su obra.*

Juárez, Benito. *Epistolario.*

Krauze, Enrique. *Daniel Cosío Villegas. Una biografía intelectual.*

Krauze, Enrique (comp.). *Daniel Cosío Villegas, el historiador liberal.*

León, Luis L. *Crónica del poder. En los recuerdos de un político en el México revolucionario.*

Leonard, Irving Albert. *Don Carlos de Sigüenza y Góngora. Un sabio mexicano del siglo XVII.*

Levy, Daniel C. *Universidad y gobierno en México. La autonomía en un sistema autoritario.*

López Portillo y Weber, José. *El petróleo de México. Su importancia, sus problemas.*

López Tijerina, Reies. *Mi lucha por la tierra.*

Macías, Carlos (prólogo, introducción y notas). *Plutarco Elías Calles. Pensamiento político y social. Antología (1913-1936).*

Macías Carlos (introducción, selección y notas). *Plutarco Elías Calles. Correspondencia personal, 1919-1945, I.*

Macías, Carlos (introducción, selección y notas). *Plutarco Elías Calles. Correspondencia personal, 1919-1945, II.*

Macías, Carlos (prólogo, introducción y notas). *Plutarco Elías Calles. Pensamiento político y social, antología (1913-1936)*

Martínez, José Luis. *Nezahualcóyotl. Vida y obra.*

México: cincuenta años de revolución. I. La economía.

México: cincuenta años de revolución. II. La vida social.

México: cincuenta años de revolución. III. La política.

México: cincuenta años de revolución. IV. La cultura.

México: cincuenta años de revolución. La economía. La vida social. La política. La cultura.

Moreno Rivas, Yolanda. *Rostros del nacionalismo en la música mexicana. Un ensayo de interpretación.*

Noyola Vázquez, Luis. *Fuentes de Fuensanta. Tensión y oscilación de López Velarde.*

Panabiére, Louis. *Itinerario de una disidencia. Jorge Cuesta (1903-1942).*

Paz, Octavio. *El laberinto de la soledad.*

Prieto, Carlos. *De la URSS a Rusia. Tres décadas de experiencias y observaciones de un testigo.*

Quezada, Abel. *Nosotros los hombres verdes.*

Reyes Heroles, Federico (coord.). *50 preguntas a los candidatos.*

Robles, Gonzalo. *Ensayos sobre el desarrollo de México.*

Robles, Martha. *Entre el poder y las letras. Vasconcelos en sus memorias.*

Sáenz, Aarón. *La política internacional de la Revolución. Estudios y documentos.*

Salinas de Gortari, Raúl. *Agrarismo y agricultura en el México independiente y posrevolucionario.*

Schärer-Nussberger, Maya. *Octavio Paz. Trayectorias y visiones.*

Sheridan, Guillermo. *Los contemporáneos ayer.*

Silva Herzog, Jesús. *El agrarismo mexicano y la reforma agraria. Exposición y crítica.*

Torre Villar, Ernesto de la. *El triunfo de la república liberal (1857-1860).*

Torre Villar, Ernesto de la. *La intervención francesa y el triunfo de la república.*

Valender, James (comp.). *Luis Cernuda ante la crítica mexicana. Una antología.*

Vargas Arreola, Juan Bautista. *A sangre y fuego con Pancho Villa.*

Varios. *México. 75 años de revolución. I. Desarrollo económico. 1.*

Varios. *México. 75 años de revolución. I. Desarrollo económico. 2.*

Varios. *México. 75 años de revolución. II. Desarrollo social. 1.*

Varios. *México. 75 años de revolución. II. Desarrollo social. 2.*

Varios. *México. 75 años de revolución. III. Política. 2.*

Varios. *México. 75 años de revolución. III. Política. 1.*

Varios. *México. 75 años de revolución. IV. Educación, cultura y comunicación, 2.*

Varios. *México. 75 años de revolución. IV. Educación, cultura y comunicación, 1.*

Varios. *Rodrigo Gómez. Vida y obra.*

Villaseñor, Eduardo. *Memorias-testimonio.*

Villegas, Abelardo. *Filosofía de lo mexicano.*

Zaid, Gabriel. *Daniel Cosío Villegas. Imprenta y vida pública.*

Zaragoza, Ignacio. *Cartas y documentos.*